周易的智慧

周易

冯国超 ——译注

华夏出版社
HUAXIA PUBLISHING HOUSE

古者包牺氏之王天下也，仰则观象于天，俯则观法于地，观鸟兽之文，与地之宜，近取诸身，远取诸物，于是始作八卦，以通神明之德，以类万物之情。

——《周易·系辞传下》

前　言

一、《周易》的结构和性质

《周易》包含《易经》和《易传》两个部分。不过，有时《周易》也专指《易经》。为了避免混淆，本书在提到《周易》时，均包含《易经》和《易传》。

《易经》成书于西周初年，系总结此前的相关资料（尤其是周文王的创作）编纂而成，作者已不可考，或非成于一人之手。《易经》由六十四卦的卦名、卦序、卦辞、爻题、爻辞组成，共有六十四篇，分为上、下两部分，上半部分共三十卦，从《乾》卦开始，到《离》卦结束，称为"上经"；下半部分共三十四卦，从《咸》卦开始，到《未济》卦结束，称为"下经"。

《易传》则是对《易经》进行解释的文字，成书于春秋战国之际，当由孔子的弟子或再传弟子编纂而成，其中绝大部分内容反映的是孔子的易学思想。《易传》共有七种，包括《彖（tuàn）传》《象传》《文言传》《系辞传》《说卦传》《序卦传》《杂卦传》，其中《彖传》《象传》《系辞传》依据《易经》分为上下经的体例，也分为上下篇，所以《易传》共由十篇文章组成。这十篇文章紧紧围绕《易经》展开论述，阐发《易经》中所蕴含的微言大义，仿佛《易经》的羽翼，所以又称之为"十翼"。《易传》对《易经》的思想作了深入挖掘和阐发，从而使《周易》成为一部充满丰富哲理的著作。

关于《周易》一书的性质，也就是《周易》究竟是一本卜筮（shì）书，还是一本哲理书，较为流行的一种说法是：《易经》是一本卜筮书，《易传》则是一本哲理书。笔者认为，这样的说法虽有一定的道理，但并不准确。说《易经》是卜筮书，这没有错，因为《易经》在古代就是用来预测吉凶的。但是，《易经》不仅仅是一本卜筮书，因为在《易经》中亦蕴含着极为丰富的哲理：（1）《易经》中的六十四卦皆由阴爻、阳爻或阴阳爻相配合而成，这表明《易经》是建立在阴阳观念的基础上的；（2）《易经》中的六十四卦既是对天道的模仿，又对人类社会及人生的规律作出深入的揭示，它本身即是一个充满哲理的宝藏；（3）《易经》中有不少充满哲理的卦爻辞，如《乾》卦上九爻辞"亢龙有悔"，《泰》卦九三爻辞"无平不陂（bì），无往不复"，《否（pǐ）》卦九五爻辞"其亡其亡，系于苞桑"等；（4）从《易经》六爻的爻辞来看，有一个共同的规律，即凡是上爻，几乎都意味着要向相反的方面转化，这无疑蕴含着物极必反的辩证思想……类似的思想还有不少，在此就不一一列举了。

至于说《易传》是一本哲理书，则更是显得片面。因为，《易传》中固然有极其丰富的哲学思想，诸如"一阴一阳之谓道""形而上者谓之道，形而下者谓之器"，等等，但是，《易传》中同样有非常丰富的关于卜筮的思想：（1）《易传》中的《小象传》，即是对《易经》每爻爻辞为什么预示吉、凶、悔、吝的直接说明；（2）《系辞传上》的第九章，对如何运用《易经》进行卜筮作了具体介绍；（3）《易传》对《易经》的卜筮功能充满赞赏之辞，如《系辞传上》第十章说"《易》有圣人之道四焉……以卜筮者尚其占""是以君子将有为也，将有行也，问焉而以言，其受命也如响，无有远近幽深，遂知来物"，等等。因此，笔者认为，无论是《易经》还是《易传》，均是兼具卜筮和哲理两方面内容的著作，只是《易经》偏重卜筮，《易传》则侧重哲理而已。而《易传》重视哲理阐发的一个重要目的，就在于揭示易道的博大精深、完美无缺，从而在客观上也起到了为《易经》所具的卜筮功能的有效性进行论证的作用。

二、如何阅读《周易》

众所周知，《周易》被称为"群经之首"，因此，要了解中国传统文化，《周易》是必读之书。然而，《周易》又是中国古代"群经"中最难读的一本书，素有"天书"之称。《周易》之所以难读，一是因为它建立了一套独特的系统，有其特有的概念术语，诸如卦、爻、卦名、卦序、卦位、卦画、卦辞、爻位、爻题、爻辞等，若不明其具体所指，你便无法读懂《周易》。二是《易经》的卦爻辞中包含大量吉、凶、悔、吝等断辞，若不明当位、应位、承乘、中与中正等解易规则，你便会不知所云。三是《易经》中的卦爻辞都十分简洁，若不能弄清每一条卦爻辞的实质内涵及《易经》的内在逻辑，即使你熟读《易经》，哪怕你能把《易经》从头背到尾，你仍会感到十分迷惘：这一条条互不关联、语言极简的卦爻辞，究竟有何意义？它又有什么魔力，竟能让古今学者为之如此着迷？

正是为了能让读者看懂这部"天书"，历代的注《易》、解《易》之作不计其数。近年来，各种《周易》通俗读物也不断面世。然而，令人遗憾的是，虽然不少《周易》普及读物都自称"通俗易懂""深入浅出"，但是，所谓的"通俗""浅出"却往往是以牺牲《周易》的真实面貌为代价的。而且，人们的种种努力似乎都改变不了这样一个事实：除了极少数研究《周易》的专家，即使是在有很高文化程度的知识分子群体中，不知《周易》究竟讲什么的仍大有人在；至于从头至尾看过《周易》并感觉自己已经看懂《周易》

的人,则更是寥寥无几。

之所以会造成这样一种吊诡的局面,除了《周易》确实深奥难懂,也与人们一直找不到一种行之有效的解读《周易》的方法有极大的关系。笔者认为,在关于如何让普通读者能读懂《周易》的问题上,我们必须采取实事求是的态度。首先应该认识到,一个人要想真正掌握《周易》的实质内涵,必须首先弄清卦、爻、彖、象等《周易》中特有的术语的含义,掌握《周易》六十四卦的结构及卦与卦、卦与爻、爻与爻之间的关系,而这对于一个普通读者来说,无疑是十分困难的事情。其次,《周易》在中国传统文化中虽然有着极其重要的地位,但是,对于一个普通读者来说,他不懂《周易》,亦并非什么大不了的事情,于他的日常生活和工作也不会有什么明显的影响。而这正是目前社会上几乎人人都知道《周易》,却很少有人能看懂《周易》的根本原因。正是基于上述认识,我们在如何能让读者轻松地读懂《周易》的问题上,必须另辟蹊径,否则,任何试图通过先让读者弄清卦、爻、彖、象等含义,然后再来了解易理的做法都将是徒劳无功的。

为了解决上述难题,笔者亦曾煞费苦心,如曾出版《图说周易》一书,试图通过图解的方式使高深的义理变得通俗;如曾出版《华夏国学经典全本全注全译丛书·周易》一书,试图通过对原文的充分注译、解读来揭示《周易》的奥秘;如曾出版《国学经典规范读本·周易》一书,试图通过对《周易》全方位的图解、解读使读者能轻松地掌握易理。然而,这些作品虽然均颇受读者的欢迎,但是,实事求是地说,即使读者有顽强的毅力,坚持逐字逐句地从头看到尾,要想真正掌握易理,仍是十分困难的事情。直到有一天,笔者在重温《周易·系辞传》时,被以下的文字所触动:

是故君子所居而安者,《易》之序也;所乐而玩者,爻之辞也。是故君子居则观其象而玩其辞，动则观其变而玩其占，是以"自天佑之，吉，无不利"。

把它翻译成白话，意思为：**所以君子平素家居时细心考察的，是《易经》的卦序；愉快地玩味的，是每一爻的爻辞。**所以君子平素家居时就考察《易经》的卦象和爻象，玩味卦辞和爻辞，准备有所行动时就观察卦爻象的变化并细细品味占问时所显示的吉凶，所以才能"有上天保佑，吉祥，没有任何不利"。

也就是说，在《易传》看来，一个人若想在日常的生活和工作中诸事吉祥顺利，便需"动则观其变而玩其占"，即行动前观察卦爻象的变化并细细品味占问时所显示的吉凶。那么，"观其变而玩其占"，具体又该如何操作呢？对此，《周易·系辞传上》第九章中有详细的介绍："大衍之数五十，其用四十有九。分而为二以象两，挂一以象三，揲（shé）之以四以象四时，归奇（jī）于扐（lè）以象闰，五岁再闰，故再扐而后挂……"（此可称为"蓍草预测法"）

然而，蓍草预测法过于烦琐，根据笔者的经验，若严格按照《系辞传上》中介绍的步骤，操作一次，大约需要半个小时的时间。而正因为蓍草预测法过于烦琐，故后人又发明了一种"金钱卦"，即取三枚铜钱（亦有取六枚铜钱者），同时抛出后根据其正反面的情形来确定阴阳爻，然后再组成六画卦来判断吉凶。但这种方法较为随意，且同样过于烦琐。当然，还有一个十分关键的问题，就是这么做极易被人视作是宣扬迷信，从而带来诸多不必要的麻烦。

那么怎么做才能既避免宣扬迷信之嫌，又达到"观其变而玩其占"的目的呢？这便需要我们对《周易》六十四卦中每一卦的六个爻的含义及爻与爻之间的相互关系有深入的了解和把握。因为六十四卦为六画卦，而每一个六画卦都可以看作是两个三画卦（即"经卦"，又称"八卦"）重叠而成的，而关于"八卦"的来源，

《周易·系辞传下》第二章中有明确的说明:"古者包牺氏之王天下也,仰则观象于天,俯则观法于地,观鸟兽之文,与地之宜,近取诸身,远取诸物,于是始作八卦,以通神明之德,以类万物之情。"意思是:远古时期包牺氏统治天下时,他抬头观看天上的日月星辰等天象,低头察看大地上的地形地貌,观看鸟兽身上的纹理,以及在大地上生长的各种植物,近的取法于自身,远的取法于各类事物,从而创作出了八卦,用来与神灵的德性相通,并象征万物的情状。

这就明确告诉我们,八卦是包牺氏对天、地、人作出深入的考察后发明出来的,因此,八卦中即蕴含着天、地、人的信息。而六十四卦既由八卦重叠而成,当然亦就蕴含着天、地、人的信息了,如《周易·系辞传下》第十章中即说:"《易》之为书也,广大悉备。有天道焉,有人道焉,有地道焉。兼三才而两之,故六。六者非它也,三才之道也。"意思是:《易经》这本书包括的内容极为广泛而且齐备。其中既包括天道,又包括人道,也包括地道。把包括天、地、人三才的两个三画卦相重叠,所以就有了六画卦。这六画不是别的,反映的仍是天、地、人三才之道。如《周易·说卦传》第二章中也说:"昔者圣人之作《易》也,将以顺性命之理。是以立天之道曰阴与阳,立地之道曰柔与刚,立人之道曰仁与义。兼三才而两之,故《易》六画而成卦;分阴分阳,迭用柔刚,故《易》六位而成章。"意思是:过去圣人创作《易经》,是为了顺应万物的天赋和禀受中所体现的内在规律。所以确立天道为阴和阳,确立地道为柔和刚,确立人道为仁和义。把包括天、地、人三才的两个三画卦相重叠,所以《易经》以六爻组成一卦;六爻又分为阴位和阳位,阴爻和阳爻更迭居于阴位和阳位上,所以《易经》的六爻组成了一个丰富多彩的系统。由此可知,在《易传》看来,圣人创作《易经》的目的是体现万物的内在规律,所以《易经》中包含了天、地、人三才之道，并认为天道就是阴和阳，地道就是柔和刚，人道就是仁和义。《易经》八经卦中的每一卦都包含了三才之道，由八经卦重叠而成的六十四卦，也同样包含了三才之道。而所谓的爻，就是对天、地、人三才之道的仿效。《易经》六十四卦的每一卦都由六爻组成，此六爻中有阴爻和阳爻，六爻的六个爻位又分为阴位和阳位，正是不同的阴阳爻在不同爻位上的更迭变化，使《易经》成为一个丰富多彩、充满变化的复杂系统。因此，通过对体现在六个爻上的天、地、人三才的深入分析，便可揭示万事万物的特点及其变化发展的内在规律。

正是顺着这样的思路，本书对《周易》一书中的卦爻象、卦爻辞及其所预示的吉、凶、悔、吝间的内在联系从天、地、人三才及其相互关系的角度作了尽可能充分、完整、合理的阐释。《易经》本为卜筮之书，因此，其卦爻辞中充满了吉、凶、悔、吝等占断之辞；《易传》中的《彖传》《象传》和《文言传》对其中的原因进行了解释。但是，由于《易经》卦爻辞的蕴意过于隐晦、复杂，加上《周易》经传的文字均极为简洁，因此，关于《易经》的卦爻象、卦爻辞与其所预示的吉、凶、悔、吝间的内在关系，学者们常常是众说纷纭，莫衷一是。本书则努力以《易传》中揭示的解《易》通则为依据（如初爻象征事物的开始，上爻象征事物的终结和向对立面的转化，九五和六二爻象征居中守正，等等），并随时注意变通和灵活运用，对卦爻辞中所说的吉、凶、悔、吝与卦爻象及爻位之间的关系作了深入的剖析和说明，尽量使读者对每卦每爻所预示的吉凶及原因能一目了然。

《周易·系辞传上》第十一章中说："是故《易》有太极，是生两仪，两仪生四象，四象生八卦，八卦定吉凶，吉凶生大业。"意思是：所以《易经》之道中包孕着太极，太极生出阴阳，阴阳生出老阴、老阳、少阴、少阳四象,四象生出八卦,通过八卦可以判定事物的吉凶,趋吉避凶就可以建立大业。因此,通过对《周易》中所论述的各种吉凶情形的深入认识,把握事物的吉凶背后所蕴含的易理,在日常生活中,我们就可以更好地化凶为吉,并做到"吉,无不利",从而找到走向事业成功和家庭幸福的真正答案。

冯国超

2023 年 4 月于北京

目　　录

3

【本卦解析】

《乾》卦是《周易》六十四卦之首，乾象征天，具有刚健有力、运行不息的意义。

乾为什么象征天？是因为《乾》卦由六个阳爻组成，属于纯阳之体；而在古人心目中，天由清而轻的阳气构成，因此，天亦属于纯阳之体，尤其是天上的太阳，更是至阳之物，故以乾象征天。

为什么要把《乾》卦放在六十四卦之首？这是因为古人认为，有天地才有万物，天地是万物之宗；而地与天相比，又处于次要和从属的地位，故象征天的《乾》卦就理所当然地成了六十四卦之首。

《乾》卦卦辞"元亨利贞"，意为"大为亨通，有利之占问"。既然乾象征天，又是纯阳之体，因此，卜筮（shì）时遇到《乾》卦，当然就意味着万事大吉，诸事顺遂。

《彖（tuàn）传》主要从乾创始万物、长养万物的角度来解释卦辞。文中首先赞美乾是伟大的造物者，是天的主宰，当然，这个造物者完全是自然意义上的，而非人格意义上的；然后陈述天兴云布雨，使万物得以茁壮成长；接着又述说太阳周而复始地运行，使上下四方的位置得以确定。这里特别值得我们注意的是太阳"时乘六龙以御天"的说法，它反映了中国古人对太阳运行原理的一种理解，即认为太阳是乘坐着龙驾的车而运行的。

在《彖传》中，还提出了与经文不同的对"元亨利贞"的理解，如它认为"元"指"万物资始"即万物依赖乾而产生，"亨"指"云行雨施，品物流行""六位时成"等，"利贞"指"乾道变化，各正性命，保合大和"。

乾 第一

▤▤▤▤▤▤

《象传》中的"天行,健",意为"天道运行不息,这就是《乾》卦的卦象"。从《象传》的"天行,健。君子以自强不息"一语中,我们可以明显地看出《周易》由天道推出人事,并要求人事必须效法天道的原则:因为天的规则是运行不息,所以君子也要"自强不息"。

【经文+传文】

（乾下乾上）乾　元亨,利贞。

《彖》曰:大哉乾元,万物资始,乃统天。云行雨施,品物流形。大明终始,六位时成,时乘六龙以御天。乾道变化,各正性命,保合大和,乃利贞。首出庶物,万国咸宁。

《象》曰:天行,健。君子以自强不息。

【译文】

乾　大为亨通,有利之占问。

《彖传》说:乾的创始之功真是伟大啊,万物都依靠它而产生,它主宰着天。云在天空中飘移,雨水从天上降下,万物的形态处在不断变化之中。太阳升起降落,使上、下、东、南、西、北六个方位得以确定,它驾着六条飞龙在天空中有规律地运行。天道运行变化,使万物各自获得其天赋和禀受,它维持着一种极为和谐的状态,从而普利万物,体现天之正道。乾处于万物之上,使天下万国都得到安宁。

《象传》说:《乾》卦下乾上乾,乾为天,象征天道运行不息,这就是《乾》卦的卦象。君子观此卦象,从而奋发向上,永远不懈怠。

乾卦·初九阳爻

【本爻解析】

初九爻辞"潜龙勿用",意即龙潜藏于水中,不宜采取行动。为什么不宜采取行动?从爻象来看,初九处于《乾》卦的最下面,象征阳气初发,力量未足,此时若贸然采取行动,则力不从心,必然会导致失败,因此,《易传》用"阳在下也"即阳气初生,所处的位置低下来说明这种阳气不足的状态。那么,当阳气未足时,又该如何应对呢?爻辞中说要"勿用",即不采取行动。但是,这种"勿用"并不是彻底无所作为,而是一种积极的应对之道,其积极之处主要表现在两个方面:一是要反身内修,不断提高自己的道德修养;二是要坚持原则,不受世俗名利的诱惑,坚定地做自己乐意做的事情。历史上,诸葛亮隐居隆中,自称卧龙,躬耕陇亩,修身养性,静观天下大势,与此极为相似。

【经文+传文】

初九　潜龙勿用。

《象》曰:"潜龙勿用",阳在下也。

【译文】

初九　龙潜藏于水中,不宜采取行动。

《象传》说:"龙潜藏于水中,不宜采取行动",是因为初九阳爻处于《乾》卦的最下面,象征阳气初生,所处的位置低下。

乾卦·九二阳爻

【本爻解析】

九二爻辞"见（xiàn）龙在田"，指龙出现在田野上。龙之所以会出现在田野上，是因为经过初九的不断积累，阳气越来越旺，所以龙能离水而起，在大地上自如地行动。根据《易传》，每卦的六爻包括天、地、人三才之道，下两爻象征地，中两爻象征人，上两爻象征天。在下两爻中，下面的一爻又象征地下，上面的一爻则象征地上，九二爻正是"地"的上面一爻，所以象征地上；与龙相联系，则是龙出现在田野上。那么，九二爻为什么会与"利见大人"发生关系呢？这是因为：九二阳爻居下卦之中位，象征阳刚者居于中心地位，与人事相联系，则其必为大人物无疑。九二阳爻代表大人物，又当龙开始在田野上出现之时，所以卜筮者如遇此爻，便利于去见大人物。

【经文 + 传文】

九二　见龙在田，利见大人。

《象》曰："见龙在田"，德施普也。

【译文】

九二　龙出现在田野上，有利于去见大人物。

《象传》说："龙出现在田野上"，表明大人的美德已广泛地惠及天下之人。

乾卦·九三阳爻

【本爻解析】

九三爻的处境并不好，因为爻辞中说它预示"厉"即存在危险。那么，九三爻为什么会有危险呢？这是因为九三爻处在重叠的两个阳爻之上，其位置又不居中，而且上不在天位，下不在地位。也就是说，九三爻相当于一个人孤悬空中，上不着天，下不着地，这种处境，当然是极为危险的。但是，九三的最终结局却是"无咎"，即没有灾殃，这是因为九三以阳爻居阳位，其位置虽不居中，但居位得正，所以能化解危难。当然，这种危难的化解并不是轻而易举的，而是必须付出艰苦的努力，即要"君子终日乾乾，夕惕若"，意为君子整天勤奋努力，到晚上也小心谨慎，始终处于勤奋而又谨慎的状态之中。

【经文＋传文】

九三　君子终日乾乾，夕惕若，厉，无咎。

《象》曰："终日乾乾"，反复道也。

【译文】

九三　君子整天勤奋努力，毫不懈怠，到晚上也谨慎小心，有危险，但不会造成灾殃。

《象传》说："君子整天勤奋努力，毫不懈怠"，说明君子反复地行道。

乾卦·九四阳爻

【本爻解析】

九四爻辞"或跃在渊,无咎",指龙或跃离深渊,或待在渊中,没有灾殃。因为龙之跃离深渊或待在渊中完全是根据客观形势而定的,并非盲目而为,所以才不会有灾殃。

九四爻的关键在于一个"或"字,"或"表示不确定的意思,即究竟该如何行动,并无一定之规,而要依客观情况为转移。这是因为,九四以阳爻居阴位,不仅不居中,而且居位不正,不仅上不着天,下不着地,而且中不应人,所以其行动必须万分小心,绝不能轻举妄动。但同时,九四又处于三个阳爻之上,意味着阳气的积蓄已越来越旺,已到了必须采取行动的时候。这样,一方面是必须采取行动,一方面是不能轻举妄动,其结果就只能是一个:选择合适的时机采取行动。

【经文 + 传文】

九四　或跃在渊,无咎。

《象》曰:"或跃在渊",进无咎也。

【译文】

九四　龙或跃离深渊,或待在渊中,没有灾殃。

《象传》说:"龙或跃离深渊,或待在渊中",表示可以积极进取而不会有灾殃。

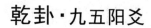

乾卦·九五阳爻

【本爻解析】

九五爻以阳爻居上卦之中位,所处的位置既适当,又居于一卦之核心地位,是《乾》卦六爻中最好的一爻,所以爻辞用"飞龙在天,利见大人"来予以说明。因为阳气经过不断的积累,到九五时,已达到极为充盈的状态,这与巨龙在天空中自由翱翔的情形极为相似。"利见大人",则是指此时利于去见大人物,以充分施展自己的抱负。

在九二爻辞中,也有"利见大人"一语,两者文字虽同,含义却颇为不同。因为九二以阳爻居阴位,所处的位置并不适当,加上九二时阳气积累尚未充盈,因此,此时所见的大人物,无论在品德修养还是在社会地位上,都未臻最高。而到了九五爻,不仅阳气积聚到了极为充盈的状态,而且九五又居于中正之位,所以,此时所见的大人物,无论在道德修养还是在社会地位上,都达到了极高之境。

【经文 + 传文】

九五　飞龙在天,利见大人。

《象》曰:"飞龙在天",大人造也。

【译文】

九五　龙在天空中飞翔,有利于去见大人物。

《象传》说:"龙在天空中飞翔",说明大人物正大有作为。

乾卦·上九阳爻

【本爻解析】

上九爻是《乾》卦六爻中最上面的一爻，象征阳气已充盈之极，根据物极必反的道理，它正处于向阴转化的临界点。凡事发展到极端，常会发生意想不到之灾祸，所以爻辞说"亢龙有悔"，意即就像龙腾飞过高，可能会遭遇不测一样，将会发生令人后悔之事。

上九爻处于象征君位的九五爻之上，位置虽高，却是虚位，处于这种境地的人，极易动辄得咎。那么，处于上九地位的人，是否就必然面临困境而无法解脱呢？不是的！一个人之所以会面临"亢龙有悔"那样的局面，完全是他的行为不当造成的，一个人若能明白进退存亡的道理，并在现实中正确地运用，是不会陷于"亢龙有悔"之类的困境的。

【经文 + 传文】

　　上九　亢龙有悔。

　　《象》曰："亢龙有悔"，盈不可久也。

【译文】

　　上九　龙腾飞过高，将会发生令人后悔的事。

　　《象传》说："龙腾飞过高，将会发生令人后悔的事"，说明盈满的状态是不可能保持长久的。

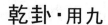 # 乾卦·用九

【本爻解析】

　　用九是《乾》卦特有的爻题,指六爻的数均为九。根据《易传》,占筮时,用五十根蓍草进行操作、演算,最后得出一个数,此数必为六、七、八、九中的一个,得六和八为阴爻,得七和九为阳爻。其中六是老阴,九是老阳,均为变爻。把六个爻依序排列,便得出一个卦。当占筮时得到的六个爻均为九时,就称为用九,意味着六爻皆变。六爻皆变时,用什么爻辞来判断吉凶呢? 就用用九爻的爻辞。用九爻的爻辞"见群龙无首,吉"有其独特的含义。首先,此处"群龙无首"的确切含义是群龙都不以首领自居,而不是群龙没有首领,如同一盘散沙。其次,此处的"群龙无首"同时也是就卦爻象的变化而言的。用九的六爻皆九,意味着六爻皆要由阳爻变为阴爻,《乾》卦将变为《坤》卦。在此将变未变之际,若只以"群龙"来象征,无法体现其将由阳变阴的特点;而用"群龙无首",则既具《乾》卦阳刚的特点,又蕴《坤》卦阴柔的特点。这样,阳刚与阴柔并存,既积极进取,又谦让不争,当然会带来吉祥。

【经文＋传文】

　　用九　见群龙无首,吉。

　　《象》曰:用九天德,不可为首也。

【译文】

　　用九　群龙出现在天空,但都不以首领自居,吉祥。

　　《象传》说:用九体现了天创生万物却又功成而不居之德,所以不能以首领自居。

坤 第二

【本卦解析】

《坤》卦是《周易》六十四卦的第二卦，坤象征地，具有柔顺的意思。坤为什么象征地？因为《坤》卦由六个阴爻组成，属于纯阴之体。而在古人的心目中，大地由重而浊的阴气构成，故以坤象征地。

为什么要把《坤》卦放在六十四卦的第二位？是因为古人认为，天地是万物之宗，而地与天相比，又处于从属的地位，故象征地的《坤》卦就被放在了《乾》卦之后。

《乾》卦卦辞为"元亨，利贞"，《坤》卦卦辞的开头则为"元亨，利牝马之贞"，从而引出了坤与牝马的关系。《乾》卦六爻以龙为象征物，《坤》卦则以牝马为象征物。《坤》卦之所以以牝马为象征物，与牝马的特点有密切的关系。对于这一点，《彖（tuàn）传》中说得十分明白："牝马地类，行地无疆，柔顺利贞。"即牝马与地属于同类，都具有柔顺的特性。

筮（shì）得《坤》卦卦辞，则意味着"元亨，利牝马之贞"，即大为亨通，对占问与雌马相关的事有利。而所谓与雌马相关的事，亦即与柔顺、宁静等相关的事。

《象传》中的"地势，坤"，意为"大地浑厚宁静，这就是《坤》卦的卦象"。一些学者把它释为"大地的特性是柔顺"，这并不恰当。

【经文 + 传文】

（坤下坤上）坤　元亨，利牝马之贞。君子有攸往，先迷后得主，利。西南得朋，东北丧朋。安贞吉。

《彖》曰：至哉坤元，万物资生，乃顺承天。坤厚载物，德合无疆。含弘光大，品物咸亨。牝马地类，行地无疆，柔顺利贞。君子攸行，先迷失道，后顺得常。西南得朋，乃与类行；东北丧朋，乃终有庆。安贞之吉，应地无疆。

《象》曰：地势，坤。君子以厚德载物。

【译文】

坤　大为亨通，对占问与雌马相关的事有利。君子有所前往，先迷失道路，后来受到主人款待，吉利。往西南方向去将会得到朋友，往东北方向去将会失去朋友。占问是否平安，吉祥。

《彖传》说：坤的化育之功真是达到了极致，万物都依靠它而生长，它顺从、秉承着天的意志。大地厚重，承载万物，其德性与天配合，没有穷尽。它包含一切，广阔无垠，使万物无不亨通畅达。雌马属于阴性，与地同类，可以在大地上无尽地自由驰骋；它柔和温顺，利于持守正道。君子出行时，如果抢先而行，会迷失方向；如果在后面跟随，则会走上正道。往西南方向去将会得到朋友，于是能与自己的朋类同行；往东北方向去将会失去朋友，但最终会有值得庆贺之事。安守正道所带来的吉祥，正如广袤的大地一样无边无际。

《象传》说：《坤》卦下坤上坤，坤为地，象征大地浑厚宁静，这就是《坤》卦的卦象。君子观此卦象，从而加强道德修养，以包容天下万物。

坤卦·初六阴爻

【本爻解析】

初六爻辞"履霜，坚冰至"，用"霜"和"坚冰"两种象征物形象而又深刻地揭示了初六爻的丰富内涵：首先，初六是《坤》卦六个阴爻之始，用霜象征阴气始凝，是极为恰当的；其次，《坤》卦从初六阴爻一直发展到上六阴爻，是一个必然的趋势，这与秋冬季节从秋霜初现到严冬时冰封大地的情形极为相似。那么，初六爻主何吉凶呢？对此，爻辞中没有明说，但是，因为阴气常常代表小人、邪恶等，因此，从总体来看，阴气的积累并非好事。不过，换一个角度来看，从霜到坚冰，讲的是一个积微至著的过程，这一过程，既可以是邪恶的积累，也可以是善行的积累，若积累的是善行，则必有余庆；若积累的是恶行，则必有余殃。

【经文＋传文】

初六　履霜，坚冰至。

《象》曰："履霜，坚冰"，阴始凝也。驯致其道，至"坚冰"也。

【译文】

初六　脚踩到霜，冻积着坚厚的冰的日子就要来临。

《象传》说："脚踩到霜"，说明阴气刚刚开始凝结。顺着其中的规律充分发展，阴气必然会最终凝结成坚厚的冰。

坤卦·六二阴爻

【本爻解析】

在《坤》卦六爻中，六二是最重要的一爻，因为六二既处于下卦之中位，又以阴爻居阴位，位置十分恰当，因此，六二爻最能体现《坤》卦之德。爻辞中的"直方大"，正是用来形容六二具有正直、端方、广大的特点。而这一特点，又与大地的特性相吻合。

爻辞中的"不习无不利"，即不熟悉也没有任何不利，这是因为，一个人若具有正直端方之德，那么即使他对具体的事务不熟悉，也不会有任何不利。这正如一个人到一个新的部门担任领导，他可能对具体的业务不是很熟悉，但是，如果他为人谦和，与人为善，好学不倦，很快便会得到人们的拥护。

【经文＋传文】

六二　直方大，不习无不利。

《象》曰：六二之动，"直"以"方"也。"不习无不利"，地道光也。

【译文】

六二　正直、端方、广大，不熟悉也没有任何不利。

《象传》说：六二的行动，"正直"而且"端方"。"不熟悉也没有任何不利"，是因为大地之道广大无边。

坤卦·六三阴爻

【本爻解析】

六三以阴爻居阳位，又不处于中位，可谓不中不正。但六三以阴居阳，又有内含阳刚之意，仿佛人怀有美德美才，所以爻辞中说"含章可贞"，即蕴含着美丽的文采，占问之事可行。六三爻辞中最关键的是两个字，一个是"含"字，一个是"成"字。"含"指蕴含，指虽怀有美德美才，但不显露出来，深藏若虚。"成"是成功的意思，这里则特指功成而不居。"或从王事，无成有终"，意为追随君王做事，事情取得了成功，你虽然立下了汗马功劳，但你没有因此而以功臣自居，故"有终"即有好的结果。

【经文＋传文】

六三　含章可贞。或从王事，无成有终。

《象》曰："含章可贞"，以时发也。"或从王事"，知（zhì）光大也。

【译文】

六三　蕴含着美丽的文采，占问之事可行。或者追随君王做事，取得成功而不居功，会有好的结果。

《象传》说："蕴含着美丽的文采，占问之事可行"，是因为根据适当的时机发挥作用。"或者追随君王做事"，是因为他的智慧极其丰富。

坤卦·六四阴爻

【本爻解析】

六四以阴爻居阴位,处位虽正,但是不居中,纯是一团阴柔之气,不像六三以阴爻居阳位,内含阳刚之气,所以位居六四时,不宜采取任何行动。爻辞中用"括囊"即扎紧袋子、不显露任何形迹来象征,可谓十分恰当。既然不显露任何形迹,当然就不会有灾殃,也不会有美誉,所以爻辞中说"无咎无誉"。

六四象征纯阴而无阳,从自然界来看,就好比"天地闭"即天地阴阳闭塞不通的状态,此时草木凋零,一派肃杀之气;从社会人事来看,则好比君臣隔绝,贤人隐遁。在这种情况下,最好的应对办法,就是像把袋子的口扎起来一样,让自己远离俗世,销声匿迹,这样就会远离灾祸,即《象传》中所说的"慎不害也"。

【经文＋传文】

六四　括囊,无咎无誉。

《象》曰:"括囊,无咎",慎不害也。

【译文】

六四　扎紧袋子,既没有灾殃,也没有美誉。

《象传》说:"扎紧袋子,没有灾殃",因为小心谨慎,所以不会有祸害。

坤卦·六五阴爻

【本爻解析】

六五阴爻居上卦之中位，象征阴柔者居于尊位，对此，爻辞中用"黄裳"来表示。那么，为什么用"黄裳"来表示六五爻的意义呢？这是因为，在古代，衣指穿在上身的衣服，裳指穿在下身的衣服，因此，裳有阴柔的意思；黄裳则指黄色的穿在下身的衣服，黄色的衣服在古代又是尊贵吉祥之服，这样，黄裳便有了阴柔、尊贵之义；另外，黄色既是坤所代表的大地的颜色，在青、白、黄、赤、黑五色中又代表中，象征六五居上卦之中位，所以，黄裳两字可以把六五爻所蕴含的意义充分表达出来。而且，裳是下身所穿之衣，便又有谦下的意义，阴柔者尊贵而又谦下，所以爻辞中断之以"元吉"即大吉。

【经文＋传文】

六五　黄裳，元吉。

《象》曰："黄裳，元吉"，文在中也。

【译文】

六五　黄色的穿在下身的衣服，大吉。

《象传》说："黄色的穿在下身的衣服，大吉"，是因为内中蕴含美德。

坤卦·上六阴爻

【本爻解析】

上六是《坤》卦六爻的最上一爻，意味着阴气已发展到极端。阴极必生阳，因此，上六已孕育着阳气的产生。爻辞用"龙战于野，其血玄黄"来象征，可谓言简意赅，因为龙、血、玄、黄四个字，它们在此都有双重甚至多重的意思。如龙，既是一种刚健之极的动物，又象征阳；血，既是动物的一种体液，又象征阴；玄，既指青色，又指天的颜色，并进一步代表天；黄，既指黄色，又指大地的颜色，并进一步代表地。当上六的阴气发展到极盛时，阳气也从中孕育产生，所以爻辞中借用龙来象征；阳气从阴气中产生，必然导致阴阳之气的激烈搏斗，搏斗的结果是阴阳之气互相混杂，象征天地交合在一起；天地交合的结果，必将是万物化生。所以在上六爻中，正孕育着一个全新的时代。

【经文＋传文】

上六　龙战于野，其血玄黄。

《象》曰："龙战于野"，其道穷也。

【译文】

上六　龙在原野上搏斗，流出的血青色和黄色混杂。

《象传》说："龙在原野上搏斗"，说明坤阴之道已发展到了尽头。

坤卦·用六

【本爻解析】

用六是《坤》卦特有的爻题，指六爻的数均为六。在《易经》六十四卦中，只有《乾》卦有用九，《坤》卦有用六。当占筮时得到六个爻的数均为六时，意味着六爻皆变，当六爻皆变时，就用用六爻的爻辞来判断吉凶。

用六爻的爻辞"利永贞"，指占问长远之事，吉利。为什么当《坤》卦的六爻皆变时，意味着吉利呢？因为《坤》卦六爻皆变，就变成了《乾》卦，《乾》卦的卦辞为"元亨，利贞"，即大为亨通，有利之占问，所以，筮到用六，必预示吉利。但是，用六毕竟仍为阴爻，处于《坤》卦即将变成《乾》卦的临界点上，还没有真正变成《乾》卦，既然没有真正变成《乾》卦，则到"元亨，利贞"还需要一定的时间，所以说"利永贞"——占问长远之事，吉利。

【经文＋传文】

用六　利永贞。

《象》曰：用六"永贞"，以大终也。

【译文】

用六　占问长远之事，吉利。

《象传》说：用六"永远守正"，说明《坤》卦阴气的发展最后以尽归于阳而结束。

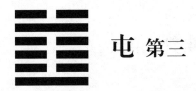 屯 第三

【本卦解析】

《系辞传》中说，《乾》《坤》是《易》之门户，《乾》《坤》两卦一确立，其他六十二卦也就顺次产生。在这顺次产生的六十二卦中，第一卦就是《屯（zhūn）》卦，因此，屯意味着万物初生。万物初生，即新的生命诞生，象征吉祥、亨通，所以说"元亨，利贞"；万物初生时，又常常会面临各种艰难险阻，此时若盲目发展，必会遭遇凶险，所以卦辞中说"勿用有攸往"，即不宜有所前往。

但是，在面临风险时，一味消极地按兵不动，风险不会自我消除，因此，为了消除风险，又必须有所行动。那么怎么行动呢？卦辞中说"利建侯"，即利于册封诸侯。册封诸侯指帝王把爵位、土地分赐给亲戚或功臣，使他们在所封的区域内建立邦国，以拱卫中央政权。当然，这里所谓的"建侯"，除了指册封诸侯，也有事业初创时建立内部秩序，以应对变幻莫测的外部世界之义。

《彖（tuàn）传》则以《屯》卦的卦画结构为依据，深入挖掘《屯》卦的意义。《屯》卦下震上坎，震为雷，坎为水为云，象征云行于上，雷动于下，阴与阳之间刚开始交接，处于艰难的磨合期；另外，震为动，坎为险，所以《屯》卦又象征着"动乎险中"即在危险中运动。《彖传》认为，这种状况，与天地初生万物时的情形极为相似。由自然推导到人事，则相当于社稷初立、国家刚刚结束动荡之时，所以此时要册封诸侯，以使社会稳定。

《象传》依据《屯》卦上坎下震象征"云雷"，推出君子应"经纶"，其间的逻辑关系可以从两个方面进行理解：一是《屯》

卦象征万物初生、事业初创、国家始建，此时当然要用心考虑如何治理国家；二是云可比喻为恩泽，雷可比喻为刑罚，君子看到云行雷动，从中得到启发，从而注意恰当地运用恩泽和刑罚两种手段来治理天下。

【经文＋传文】

（震下坎上）屯　元亨，利贞。勿用有攸往。利建侯。

《彖》曰：屯，刚柔始交而难生。动乎险中，大亨贞。雷雨之动满盈，天造草昧。宜建侯而不宁。

《象》曰：云雷，屯。君子以经纶。

【译文】

屯　大为亨通，有利之占问。不宜有所前往。有利于册封诸侯。

《彖传》说：屯，意味着阴阳二气刚开始交接，艰难也随之产生。《屯》卦下震上坎，震为动，坎为险，象征在危险中运动，有着广大、亨通、守正的品德。雷雨大作，充满天地之间，正是天开始创造万物、一切都冥昧未分之时。适宜于册封诸侯，从而获得安宁。

《象传》说：《屯》卦下震上坎，震为雷，坎为水为云，象征云行于上，雷动于下，这就是《屯》卦的卦象。君子观此卦象，从而考虑如何治理国家。

屯卦·初九阳爻

【本爻解析】

《屯》卦象征万物始生，充满险难，不可轻易向外发展；初九作为《屯》卦六爻之初，更是象征万物始生之最初状态，因此，更应小心谨慎，不能轻举妄动，所以爻辞中说"利居贞"即占问居处方面的事情有利。但是，初九以阳爻居阳位，其位很正，是应该采取某种行动的，只是处于六二、六三、六四这三个阴爻的制约之下，难以很快建功立业，所以此时最宜做的事就是"建侯"即册封诸侯。当然，"建侯"只是一种象征性的说法，其实质是建立良好的内部秩序，所以《象传》以"以贵下贱，大得民也"来解释"建侯"的内涵：居上位者以谦恭的态度对待民众，可以得到民众的广泛支持。

【经文＋传文】

初九　磐桓，利居贞，利建侯。

《象》曰：虽磐桓，志行正也。以贵下贱，大得民也。

【译文】

初九　徘徊不进，利于占问居处，利于册封诸侯。

《象传》说：虽然徘徊不进，但是志向和行为端正。地位尊贵的人以谦虚的态度对待地位低下的人，所以大得民心。

屯卦·六二阴爻

【本爻解析】

六二爻主要体现了两个方面的特点：一是它居于初九阳爻之上，象征阴柔者冒犯尊贵者，所以才会"屯如邅（zhān）如，乘马班如"，即行进艰难，徘徊不进；同时，六二阴爻又象征女子，作为女子而凌驾于男人之上，说明她缺乏柔顺之德，所以才会"不字"即无法出嫁，故《象传》中说："六二之难，乘刚也。"二是六二以阴爻居下卦之中位，有居中得正之义，所以其有难只是暂时的，最终必将顺利，爻辞中说"十年乃字"即十年后能够嫁人，就说明了这一点。

【经文＋传文】

六二　屯如邅如，乘马班如，匪寇婚媾。女子贞不字，十年乃字。

《象》曰：六二之难，乘刚也。"十年乃字"，反常也。

【译文】

六二　行进艰难，骑着马来回盘旋，他们不是盗寇，而是为婚姻之事而来。女子进行占问，结果是不能嫁人，十年后才能嫁人。

《象传》说：六二爻之所以预示艰难，是因为它以阴爻居于阳爻之上。"女子十年后才能嫁人"，是指十年后才回归正常。

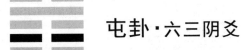

屯卦·六三阴爻

【本爻解析】

六三以阴爻居阳位，所处的位置不正，又不居中，有不中不正之象。一个人若不中不正，必无人相助，所以爻辞中说"即鹿无虞"，即追逐鹿而无虞人（古代掌管山泽之官，同时负责为狩猎的贵族驱出鸟兽）相助。需要指出的是，此处的"即鹿无虞"亦可泛指一个人追求某种心爱之物时无得力的人相助。在这种情况下，明智的人会罢手不追，即"君子几，不如舍"；糊涂的人则会穷追不舍，直到最终陷入困境，追悔莫及："往吝"。

【经文＋传文】

六三　即鹿无虞，惟入于林中。君子几，不如舍。往吝。

《象》曰："即鹿无虞"，以从禽也。君子舍之，"往吝"，穷也。

【译文】

六三　在没有虞人协助的情况下追逐鹿，进入树林中。君子如果能见机行事，不如停止追逐。若继续追逐，就会发生令人悔恨之事。

《象传》说："在没有虞人协助的情况下追逐鹿"，是因为急于追赶鹿。君子停止追逐鹿，是因为"若继续追下去，就会发生令人悔恨之事"，即会陷于困境。

屯卦·六四阴爻

【本爻解析】

六四以阴爻居于阴位，所处的位置很正；六四阴爻又与初九阳爻相应，有阴阳相得相配之象，所以爻辞中说"求婚媾，往吉，无不利"。不过，六四虽然吉利，但它仍属象征艰难的《屯》卦中之一爻，因此，仍当遵循处《屯》时小心谨慎、勿轻举妄动之原则，所以爻辞中说"乘马班如"，即骑着马来回盘旋，以表示心中犹豫不定的意思。

【经文＋传文】

六四　乘马班如，求婚媾，往吉，无不利。

《象》曰："求"而"往"，明也。

【译文】

六四　骑着马来回盘旋，为的是求婚姻之事，前往必获吉祥，没有什么不利。

《象传》说："求婚姻之事"而"前往"，这种行为是明智的。

屯卦·九五阳爻

【本爻解析】

九五阳爻居上卦之中位，居中得正，又与六二阴爻相应合，本当大有作为，无奈它处于六四和上六两个阴爻的挟持之下，象征内外隔绝，仿佛一个人有极多的财富和很好的品德，却无法惠及他人，结果只能是自保有余而无法有大的作为，所以爻辞中说"小贞吉，大贞凶"，即占问小事有利，占问大事则有凶险。

【经文＋传文】

九五　屯（tún）其膏，小贞吉，大贞凶。

《象》曰："屯其膏"，施未光也。

【译文】

九五　积聚肥肉，占问小事吉利，占问大事则有凶险。

《象传》说："积聚肥肉"，说明未能广泛地施与恩泽。

屯卦·上六阴爻

【本爻解析】

上六阴爻处《屯》卦险难之极，六三阴爻又不与之相应合，象征阴柔者处于极度危险之中，所以爻辞中说"泣血涟如"，即眼中的血泪不断地往下流。上六爻辞中虽无吉凶之判词，但血和泪不断地往下流，应属凶兆无疑，故《象传》中说"何可长也"，即这种局面怎么能长久呢。不过，根据物极必反的原则，上六处险难之极，亦说明它距脱离险境的时间已经不远。

【经文＋传文】

上六　乘马班如，泣血涟如。

《象》曰："泣血涟如"，何可长也？

【译文】

上六　骑着马来回盘旋，眼中的血泪不断地往下流。

《象传》说："眼中的血泪不断地往下流"，这种局面怎么能长久呢？

蒙 第四

【本卦解析】

蒙是蒙昧不明的意思。《蒙》卦卦辞讲的则是启蒙之道，它包括两个方面的内容：一是"匪我求童蒙，童蒙求我"，即启蒙时，应该是学生向老师求教，而不是老师主动去教学生。二是在占筮（shì）时，若对方初次来问吉凶，就把占筮的结果告诉他；若对方就同一事情反复来占筮，这是亵渎神灵，就不再告诉他吉凶。

从《蒙》卦的卦辞来看，筮到《蒙》卦，意味着亨通和吉利。为什么蒙昧不明会意味着亨通和吉利呢？这是因为，《蒙》卦承《屯（zhūn）》卦而来，《屯》卦象征万物初生，《蒙》卦则象征初生之物必幼小而蒙昧。但是，从事物发展的规律来看，幼小之物必然会发展壮大，无知之童最终会掌握知识和技能。因此，此时的蒙昧，只是暂时的，蒙昧最终会变成不蒙昧，所以说预示亨通、吉利。

《彖（tuàn）传》则以《蒙》卦的卦画结构为依据，对卦辞进行解释。首先，关于"蒙"的含义，《彖传》认为，从《蒙》卦的结构来看，《蒙》卦下坎上艮（gèn），坎为水为险，艮为山为止，所以《蒙》卦有"山下有险""险而止"之象。其次，关于卦辞中的"亨"字，《彖传》认为，这是因为《蒙》卦的九二阳爻居下卦之中位，六五阴爻居上卦之中位，两者相应，象征合乎时宜，无过与不及之偏，所以必然亨通。

《象传》依据《蒙》卦艮上坎下象征"山下出泉"，推出君子应"果行育德"，其间的逻辑关系是："山下出泉"意味着泉水虽然受到大山的覆压，却仍然顽强地冲破山体而出，其特点正在于刚毅果决；君子受此启发，从而也采取果敢的行动，克制自己的欲望，以培养高尚的品德。

【经文＋传文】

▤（坎下艮上）蒙　亨。匪我求童蒙，童蒙求我。初筮告，再三渎，渎则不告。利贞。

《彖》曰：蒙，山下有险，险而止，蒙。"蒙，亨"，以亨行时中也。"匪我求童蒙，童蒙求我"，志应也。"初筮告"，以刚中也。"再三渎，渎则不告"，渎蒙也。蒙以养正，圣功也。

《象》曰：山下出泉，蒙。君子以果行育德。

【译文】

蒙　亨通。不是我去求幼稚蒙昧的人，而是幼稚蒙昧的人来求我。初次占问则告诉对方吉凶，若反复占问，那是对神灵不恭敬，所以就不告诉他吉凶。有利之占问。

《彖传》说：《蒙》卦上艮下坎，艮为山为止，坎为险，象征山下有危险，遇险而停止，这就是蒙的意义。"蒙，亨通"，是因为九二阳爻与六五阴爻居下卦和上卦之中位，且互相应合，象征亨通之道合乎时宜地发挥作用。"不是我去求幼稚蒙昧的人，而是幼稚蒙昧的人来求我"，说明双方的志趣是相合的。"初次占问则告诉对方吉凶"，因为这种做法符合刚健适中的原则。"反复占问，那是对神灵的不恭敬，所以就不告诉他吉凶"，因为反复占问有违启蒙之道。在蒙昧之时培养纯正之德，这是圣人的功业。

《象传》说：《蒙》卦上艮下坎，艮为山，坎为水为泉，象征山下流出泉水，这就是《蒙》卦的卦象。君子观此卦象，从而采取果断的行动，培养自己的品德。

蒙卦·初六阴爻

【本爻解析】

初六的"蒙"指蒙昧之人，而且专指"刑人"即受刑的人。通过教育受刑的人，使他们觉悟，就有利于他们提前解除刑罚。爻辞中的"以往，吝"，即若不对他们进行教育，听任他们发展，则他们不会真正觉悟，即使将来解除了刑罚，也仍会做出违法之事，所以说会有令人悔恨之事。此爻爻辞承卦辞的意思而来，进一步揭示启蒙的意义，因此，"刑人"只是其所举的一个例子。之所以以"刑人"为例，是因为《蒙》卦下为坎，坎为险，初六又是阴爻，有阴人犯险之义，故以"刑人"为例，是十分恰当的。

【经文＋传文】

初六　发蒙，利用刑人，用说（tuō）桎梏（zhìgù），以往，吝。

《象》曰："利用刑人"，以正法也。

【译文】

初六　启发蒙昧的人，利于受刑的人解除刑具。若有所前往，则会发生令人悔恨之事。

《象传》说："利于受刑的人解除刑具"，这是按照法律来办事。

蒙卦·九二阳爻

【本爻解析】

　　九二阳爻居下卦之中位，象征阳刚者居于重要之位，是《蒙》卦的主爻。九二处于初六、六三、六四、六五诸阴爻的包围之中，仿佛智者在开导、教育众多蒙昧之人，所以预示吉祥，这就是爻辞"包蒙，吉"的意思。九二阳爻居下卦之中位，与居上卦之中位的六五阴爻相应，有阴阳和合之象，所以说"纳妇，吉"。九二居下卦之中位，而非象征至尊的上卦之中位，所以又有儿子持家之象；作为儿子而能在持家时恪守中道，则必能管理好家业，所以爻辞说"子克家"即儿子能管理好家业。

【经文＋传文】

　　九二　包蒙，吉；纳妇，吉。子克家。

　　《象》曰："子克家"，刚柔接也。

【译文】

　　九二　包容蒙昧的人，吉祥；娶女子为妻，吉祥。儿子能管理好家业。

　　《象传》说："儿子能管理好家业"，是因为阴阳之间能互相感应、交接。

# 蒙卦·六三阴爻

【本爻解析】

《蒙》卦六爻爻辞中,有五爻有"蒙"字,如初六"发蒙"、九二"包蒙"、六四"困蒙"、六五"童蒙"、上九"击蒙",唯有六三无"蒙"字,但其内容仍具启蒙之义:不能娶见钱眼开的女子为妻。六三以阴爻居阳位,又处于九二阳爻之上,象征女子不中不正,且凌驾于男子之上,这样的女子,肯定不是贞节的女子;她见到别的男子有钱有势或长得貌美,就会委身相从,所以不宜娶这样的女子为妻。

【经文 + 传文】

六三　勿用取女,见金夫,不有躬,无攸利。

《象》曰:"勿用取女",行不顺也。

【译文】

六三　不适合娶这种女子,她见到有钱的男子就委身相从,娶这种女子没有什么好处。

《象传》说:"不适合娶这种女子",因为这种女子的行为悖逆不顺。

蒙卦·六四阴爻

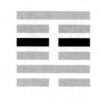

【本爻解析】

六四爻的上下为两个阴爻,远离九二和上九两个阳爻,与初六爻又不相应合,仿佛一个人被阴柔者重重围困,又得不到阳刚者的支持,所以预示着"吝"即将会有令人悔恨之事。六四是《蒙》卦六爻中最差的一爻。

【经文+传文】

六四　困蒙,吝。

《象》曰:"困蒙"之"吝",独远实也。

【译文】

六四　陷于困境中的蒙昧者,将会有令人悔恨之事。

《象传》说:"陷于困境中的蒙昧者""将会有令人悔恨之事",这是因为远离了可依靠者。

蒙卦·六五阴爻

【本爻解析】

六五阴爻居上卦之中位,与九二阳爻相应合,且处于上九阳爻之下,因此,六五象征阴柔者居于尊位,而能尊敬、服从阳刚者,虚心听从阳刚者的教诲,所以预示吉祥。历史上,正直的大臣辅佐幼主,而幼主又能对他言听计从,与此相似。

【经文＋传文】

六五　童蒙,吉。

《象》曰:"童蒙"之"吉",顺以巽(xùn)也。

【译文】

六五　幼稚蒙昧的人(保持纯真的天性),吉祥。

《象传》说:"幼稚蒙昧的人(保持纯真的天性)""吉祥",是因为他柔顺而谦逊。

蒙卦·上九阳爻

【本爻解析】

上九阳爻居《蒙》卦之终,象征阳刚者面对昏聩之极的蒙昧者;对于这样的蒙昧者,必须采取严厉之手段,所以称为"击蒙",即猛击蒙昧者。但是,猛击蒙昧者的目的不是消灭蒙昧者,而是使其觉悟,因此,在采用具体的手段时必须有所选择,不能采用先发制人的凌厉攻势,而应采用防御进攻的方式,这样才能感化对方,使其真正觉悟,这就是爻辞"不利为寇,利御寇"的确切含义。三国时期,西南少数民族首领孟获起兵反蜀,诸葛亮对孟获七擒七纵,最终使其诚心归服,与此极为相似。

【经文 + 传文】

上九　击蒙,不利为寇,利御寇。

《象》曰:"利"用"御寇",上下顺也。

【译文】

上九　猛击蒙昧无知的人以使其觉悟,不利于率先发动进攻,利于防御对方的进攻。

《象传》说:"利于防御对方的进攻",是因为这样做上下和顺。

需 第五

【本卦解析】

需是等待的意思。《需》卦卦辞告诉我们：筮（shì）到《需》卦，就预示着有诚信，光明亨通，占问得吉兆。这是因为，《需》卦的九五爻是一卦之主，九五爻以阳爻居阳位，又处于上卦之中位，象征阳刚者居中守正；这样的阳刚者，必然有诚信，并会光明亨通，获得吉祥。卦辞中的"利涉大川"意味着筮到《需》卦，便诸事顺利。那么，卦辞中为什么要用"涉大川"来象征呢？这是因为，《需》卦下乾上坎，坎为水为川，正是阳刚者面临大川之象；阳刚者面临大川而能耐心等待时机，所以必然顺利。

【经文＋传文】

（乾下坎上）需　有孚，光亨，贞吉，利涉大川。

《彖（tuàn）》曰：需，须也。险在前也，刚健而不陷，其义不困穷矣。"需：有孚，光亨，贞吉"，位乎天位，以正中也。"利涉大川"，往有功也。

《象》曰：云上于天，需。君子以饮食宴乐。

【译文】

需　有诚信，光明亨通，占问得吉兆，利于渡大河。

《彖传》说：需，是等待的意思。前面有危险，但是因为有刚健之德，不会沉陷其中，所以理应不会困穷。"需：有诚信，光明亨通，占问得吉兆"，这是因为九五阳爻处于天位，又居中守正。"利于渡大河"，说明前往一定可获成功。

《象传》说：《需》卦上坎下乾，坎为水为云，乾为天，象征云升上天空，这就是《需》卦的卦象。君子观此卦象，从而注重饮食安乐。

需卦·初九阳爻

【本爻解析】

《需》卦下乾上坎，乾为阳刚者，坎为险，因此有阳刚者面临危险之象。但是代表阳刚者的下乾的三个阳爻，与危险的远近又各不相同，初九离危险最远，九三离危险最近。因此，初九爻辞用"需于郊"即在郊外等待来表示其离危险最远的状态。不过，初九离危险虽远，但若不能耐心等待，盲目行动，必会离危险越来越近，所以爻辞中指出："利用恒，无咎"，即若能安心等待，持之以恒，则没有灾殃。

【经文＋传文】

初九　需于郊，利用恒，无咎。

《象》曰："需于郊"，不犯难行也。"利用恒，无咎"，未失常也。

【译文】

初九　在郊外停留等待，利在有恒心，没有灾殃。

《象传》说："在郊外停留等待"，意思是不要冒险行动。"利在有恒心，没有灾殃"，是因为没有违背常道。

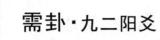

需卦·九二阳爻

【本爻解析】

与初九相比，九二离危险又近了一步，爻辞用"需于沙"即在沙滩中等待来比喻，是十分恰当的。因为沙滩近水，而坎为险为水，因而沙滩有接近危险之意。接近危险当然不是什么好事，因此爻辞又用"小有言"即会受到小小的责怪来形容。不过，九二虽"小有言"，但它以阳爻居下卦之中位，象征阳刚者持守中道，并能耐心等待，所以最终可获吉祥。

【经文＋传文】

九二　需于沙，小有言，终吉。

《象》曰："需于沙"，衍在中也。虽"小有言"，以"吉""终"也。

【译文】

九二　在沙滩中停留等待，受到小小的责怪，但最终获得吉祥。

《象传》说："在沙滩中停留等待"，这当然会有过失。虽然"受到小小的责怪"，但最终将获得吉祥。

需卦·九三阳爻

【本爻解析】

　　九三处下卦之上位，距上坎最近，也就是离危险最近，所以爻辞用"需于泥"来比喻。这里的泥指淤泥，人若陷于淤泥中，当然会十分危险。不过，这里的危险并不是仅指会陷入淤泥中，而且还会招致盗寇的到来。之所以用盗寇来比喻，是因为九三的危险是由于接近坎，这意味着危险来自外部，而盗寇正是来自外部的危险。人陷在淤泥中，旁边又有盗寇到来，因此，九三的处境极为凶险。但是，九三只是有遭遇凶险的可能性，至于是否真的会遇到凶险，关键还要看其如何应对。九三若能恭敬审慎，待时而动，则虽身处淤泥中，仍可避免灾祸的发生，故《象传》说"敬慎不败也"。

【经文＋传文】

　　九三　需于泥，致寇至。

　　《象》曰："需于泥"，灾在外也。自我"致寇"，敬慎不败也。

【译文】

　　九三　在淤泥中停留等待，招致盗寇到来。

　　《象传》说："在淤泥中停留等待"，灾难将从外面而来。虽然盗寇是自己招来的，但是只要恭敬审慎，就不会造成失败。

需卦·六四阴爻

【本爻解析】

六四已进入上卦坎中，表示已进入危险的境地，所以爻辞中说"需于血"即在血泊中等待。血属阴，流血又象征着危险，所以爻辞用"需于血"来比喻六四的处境之险。但六四以阴爻居阴位，位置适当，又处于九五阳爻之下，且与初九阳爻相应合，有阴柔者居于正位并顺从阳刚者之象，所以其最终能够脱离险境，并通过洞穴逃出。据《左传》记载，夏朝时，夏帝相被寒浞（zhuó）之子浇杀死，帝后缗（mín）正怀有身孕，她通过洞穴逃出险境，生下了少康，少康后来又被立为夏帝。此故事与六四爻辞的内容极为相似。

【经文＋传文】

六四　需于血，出自穴。

《象》曰："需于血"，顺以听也。

【译文】

六四　在血泊中停留等待，后来通过洞穴逃出。

《象传》说："在血泊中停留等待"，是能随顺并听从命运的安排。

需卦·九五阳爻

【本爻解析】

九五阳爻居上卦之中位，是《需》卦之主爻，也是《需》卦六爻中最好的一爻，象征人能守中并行正道，所以必然预示吉祥。爻辞中以"需于酒食"来象征九五之吉，是因为九五居上坎之中位，象征处于危险之中，通过酒食滋养，便可积蓄脱离危险的力量，所以预示吉祥。

【经文＋传文】

九五　需于酒食，贞吉。

《象》曰："酒食，贞吉"，以中正也。

【译文】

九五　在有酒和食品的地方停留等待，占问得吉兆。

《象传》说："在有酒和食品的地方停留等待，占问得吉兆"，这是因为九五阳爻居上卦之中位，象征其能行中正之道。

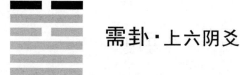

需卦·上六阴爻

【本爻解析】

上六处上卦坎之极,有陷于极端危险之境之象,所以爻辞说"入于穴"。此"穴"当为很深的洞穴,或为陷阱,总之是极其危险之地。但是,上六与九三阳爻相应合,因此,虽"入于穴",但并不是真的陷入绝境,而是会有"不速之客三人"前来,上六只要恭敬地对待他们,就会被他们搭救,所以最终可获吉祥。

【经文 + 传文】

上六　入于穴,有不速之客三人来,敬之,终吉。

《象》曰:"不速之客""来","敬之,终吉",虽不当位,未大失也。

【译文】

上六　进入洞穴,来了三位不速之客,恭敬地对待他们,最终获得吉祥。

《象传》说:"来了""不速之客","恭敬地对待他们,最终获得吉祥",说明虽然其所处的位置不适当,但没有大的失误。

讼 第六

【本卦解析】

讼是争讼的意思，也就是打官司。打官司通常是不得已而为之的事，所以卦辞中说"终凶""不利涉大川"。"不利涉大川"既指打官司时不利于渡大河，也象征打官司是冒险之事。"利见大人"，则是指打官司时利于去见大人物，以求得帮助。对于打官司之事，卦辞中提出的原则是"有孚，窒惕"，即有诚信，怀着抑郁而惕惧的心情，这样就会"中吉"，即在中间阶段吉利。

《彖（tuàn）传》则以《讼》卦的卦画结构为据，对卦辞作出全面的解释。首先，《讼》卦上乾下坎，乾为刚为健，坎为险，象征阳刚者面临危险；阳刚者在面对危险时，必然会设法去排险，争讼也就由此产生。因此，《讼》卦的卦画中即蕴含着争讼之义。其次，之所以在争讼的中间阶段会吉利，是因为九二阳爻居下卦之中位，有阳刚者遵行中道之象。第三，争讼最终会有凶险，是因为上九阳爻处《讼》卦之极，象征执着于争讼而不知停息，故必有凶险。第四，利于去见大人，是因为九五阳爻居上卦之中位，象征居于尊位的大人物行中正之道，会对官司作出公正的判决。第五，不利于渡大河，是因为《讼》卦的下卦为坎，坎象征危险，因此渡大河必会遇险。

《象传》依据《讼》卦乾上坎下象征"天与水违行"，推出君子应"作事谋始"，其间的逻辑关系是：乾为天，坎为水，水自西向东而流，天上的日月则自东向西而行，这说明天和水的运行方向是相反的，两者相背而行，必然会导致争讼；君子受此启发，认识到志向不同或利益不一致的人在一起容易造成争讼，从而在一开始做事时就周密地筹划，以防微杜渐。

【经文＋传文】

☰☵（坎下乾上）讼　有孚，窒惕，中吉，终凶。利见大人，不利涉大川。

《彖》曰：讼，上刚下险，险而健，讼。"讼：有孚，窒惕，中吉"，刚来而得中也。"终凶"，讼不可成也。"利见大人"，尚中正也。"不利涉大川"，入于渊也。

《象》曰：天与水违行，讼。君子以作事谋始。

【译文】

讼　有诚信，心中抑郁而警惕，事情进行到中间阶段时吉利，最终会有凶险。有利于去见大人物，不利于渡大河。

《彖传》说：《讼》卦上面是象征刚健的乾，下面是象征危险的坎，遇险而刚健，必然发生争讼。"讼：有诚信，心中抑郁而警惕，事情进行到中间阶段时吉利"，是因为九二阳爻居下卦之中位，象征刚健之人恪守中道。"最终会有凶险"，说明争讼不可能获得成功。"有利于去见大人物"，是因为崇尚中正之道。"不利于渡大河"，因为这样做将会坠入深渊。

《象传》说：《讼》卦上乾下坎，乾为天，坎为水，象征日月向西而行，水向东奔流，两者的运行方向正好相反，这就是《讼》卦的卦象。君子观此卦象，从而在刚开始做事时就妥善地谋划。

讼卦·初六阴爻

【本爻解析】

初六阴爻居《讼》卦之初位，既表示初六十分柔弱，无力与别人争讼；又代表讼事初起，并不十分严重。在这种情况下，初六能保持守柔退让的态度，以息事宁人为上，宁可遭受别人小小的责怪，也主动把讼事停下来，不让事态扩大，因此最终可获吉祥。爻辞"不永所事"中的"事"指争讼之事，因讼事初起，所以不说"讼"而说"事"。

【经文＋传文】

初六　不永所事，小有言，终吉。

《象》曰："不永所事"，讼不可长也。虽"小有言"，其辩明也。

【译文】

初六　对所从事的事情不长期坚持，受到小小的责怪，但最终获得吉祥。

《象传》说："对所从事的事情不长期坚持"，说明争讼之事不能长期不停地去做。虽然"受到小小的责怪"，但是非曲直最终会分辨清楚。

讼卦·九二阳爻

【本爻解析】

九二阳爻与九五阳爻不相应合,有阳刚者因立场不同而争讼之象。然而九五阳爻居上卦之中位,象征居君位而行中正之道,九二不是其对手,故爻辞中说九二"不克讼"即在争讼中失败。但九二阳爻居下卦之中位,也有阳刚者遵行中道之象;且其在争讼失败后不再缠讼,而是主动退避躲藏,所以最终"无眚(shěng)"即没有灾祸。

【经文 + 传文】

九二　不克讼,归而逋(bū)其邑人三百户,无眚。

《象》曰:"不克讼",归逋窜也。自下讼上,患至掇也。

【译文】

九二　在争讼中失败,回来后逃到他有三百户人家的封邑中躲藏,可免于灾祸。

《象传》说:"在争讼中失败",回来后逃跑藏匿。处在下位的人与居于上位的人争讼,其祸患完全是自找的。

讼卦·六三阴爻

【本爻解析】

六三居下卦坎之终，且以阴爻居阳位，居位不当，故爻辞中说"贞厉"即占问预示有危险。在这种情况下，六三必须正视自己的处境，并根据自己的处境选择正确的应对方案：其处于上卦乾之下，又处在九二和九四两个阳爻的中间，象征彻底受到阳刚者的制约，因此，六三只能选择无所作为，并顺从阳刚者，所以爻辞中说"食旧德"，"终吉"，即享用世袭的俸禄就会最终获吉；而追随君王做事则要注意功成而不居，即所谓"或从王事，无成"。

【经文 + 传文】

六三　食旧德，贞厉，终吉。或从王事，无成。

《象》曰："食旧德"，从上吉也。

【译文】

六三　享用世袭的俸禄，占问预示有危险，但最终可获吉祥。或者追随君王做事，但取得成功后不要居功。

《象传》说："享用世袭的俸禄"，因为顺从居于上位者，所以必获吉祥。

讼卦·九四阳爻

【本爻解析】

九四阳爻居于阴位，有不中不正之象，故在争讼时不能获胜。但是，九四以阳爻居阴位，又预示着阳刚者在面临困境时能守柔退让，所以爻辞中说"复即命，渝"，即九四在争讼失败后能听从命令，改变自己原来的想法，所以最后能平安吉祥："安贞吉"。

【经文 + 传文】

九四　不克讼，复即命，渝。安贞吉。

《象》曰："复即命，渝，安贞"，不失也。

【译文】

九四　在争讼中失败，回来后听从命令，改变自己的想法。占问是否平安，预示吉祥。

《象传》说："回来后听从命令，改变自己的想法，安于守正道"，所以不会有损失。

讼卦·九五阳爻

【本爻解析】

九五居上卦之中位,又以阳爻居阳位,既中且正,象征阳刚者持守中正之道,所以能在争讼中获得大胜。有的学者把九五解释成裁断诉讼的人,认为他能以公正的态度断案,所以大吉。这样也能说通。但《讼》卦全卦说的是争讼之道,所以把九五视作争讼者,应更为恰当。

【经文 + 传文】

九五　讼,元吉。

《象》曰:"讼,元吉",以中正也。

【译文】

九五　争讼,大吉。

《象传》说:"争讼,大吉",因为九五阳爻居上卦之中位,象征其行中正之道。

讼卦·上九阳爻

【本爻解析】

上九居《讼》卦之终，有阳刚者争讼不已之象。阳刚者争讼不已，或许能得到暂时的好处，如被赐"鞶（pán）带"之类，但它最终仍会失去："终朝三褫（chǐ）之。"因为靠争讼而取得好处和地位，不是《周易》所崇尚的，《周易》崇尚的是中正之道、大人之德，所以《象传》中说"以讼受服，亦不足敬也"，即通过争讼获得荣耀，并不值得受到敬重。

【经文＋传文】

上九　或锡之鞶带，终朝三褫之。

《象》曰：以讼受服，亦不足敬也。

【译文】

上九　或许被赐予象征地位尊贵的腰带，但是一天之内多次被剥夺。

《象传》说：通过争讼而获得象征地位尊贵的服饰，这也不值得受到敬重。

师 第七 ䷆

【本卦解析】

　　师指军队，《师》卦讲的就是军队行军打仗之事。卦辞中的"丈人"似应作"大人"，指军队的统帅。卦辞"贞丈人吉"是就卦中的九二阳爻而言的，因为九二爻是《师》卦中唯一的阳爻，一阳配五阴，恰有军中统帅之象。九二阳爻居下卦之中位，与六五阴爻相应合，象征阳刚者持守中道，又得六五君主之信任，可自如地率领军队驰骋疆场，建功立业，所以预示吉祥。但是，卦辞中既然已说吉祥，为什么又要在后面加"无咎"两字呢？这是因为，在古人心目中，战争是不得已而为之之事，这正如《老子》第三十一章中所说："兵者，不祥之器"，"战胜，以悲哀莅之"。因此，《师》卦虽预示吉祥，但作《易》者为防止人们滥用武力，所以加"无咎"两字以示提醒。

　　《彖（tuàn）传》释"贞"为"正"，从而揭示战争中持守正义的重要性，认为只有能使众人都归于正义的人，才能称王于天下。《彖传》还以《师》卦的卦画结构为依据，来说明《师》卦为什么预示吉祥。首先是因为九二阳爻居下卦之中位，与居上卦之中位的六五阴爻相应合，象征阳刚的统帅得到君主之信任；其次是《师》卦下坎上坤，坎为险，坤为顺，象征虽面临危险，但因能顺从形势，从而能得到民众的信任和拥护。军中统帅上有君主的信任，下有民众的拥护，又能顺应形势，就肯定能在战争中取胜，所以预示吉祥。

　　《象传》依据《师》卦坤上坎下象征"地中有水"，推出君子应"容民畜众"，其间的逻辑关系是：地中有水即大地中聚积着水，此正与国家中民众聚居的状况相似；而统治者最重要的职责，就是让其治下的民众过上安定、幸福的生活，所以君子从"地中有水"的卦象中得到启示，从而很好地容纳并养育民众。

【经文＋传文】

▤（坎下坤上）师　贞丈人吉，无咎。

《彖》曰：师，众也。贞，正也。能以众正，可以王（wàng）矣。刚中而应，行险而顺，以此毒天下，而民从之，"吉"又何"咎"矣？

《象》曰：地中有水，师。君子以容民畜众。

【译文】

师　大人占问可获吉祥，没有灾殃。

《彖传》说：师，是指兵众。贞，是指正义。能使众人都来维护正义，就可以称王于天下。九二阳爻居下卦之中位，与居上卦之中位的六五阴爻相应合，象征统帅得到君主的信任；《师》卦下坎上坤，坎为险，坤为顺，象征行动虽然有危险，但是能顺从客观形势，这样来治理天下，民众自然会服从，其结果肯定吉祥，又怎么会有灾殃呢？

《象传》说：《师》卦上坤下坎，坤为地，坎为水，象征大地中聚积着水，这就是《师》卦的卦象。君子观此卦象，从而容纳并养育民众。

师卦·初六阴爻

【本爻解析】

初六阴爻处《师》卦之初，仿佛军队初建或军队刚开始部署行动，此时最重要的就是要有严明的纪律。一支军队，若没有严明的纪律，就会如同一盘散沙，是无法在战争中取胜的。所以爻辞中说"师出以律，否臧，凶"。作《易》者在《师》卦初爻提倡严明军纪，可谓深明军队建设之道。据《史记》记载，春秋时期著名的军事家孙武在晋见吴王阖（hé）庐时，正是用严明的军纪训练宫中女子，从而取得吴王信任的。

【经文＋传文】

初六　师出以律，否臧，凶。

《象》曰："师出以律"，失律凶也。

【译文】

初六　军队行动时一定要纪律严明，若纪律不严明，就会有凶险。

《象传》说："军队行动时一定要纪律严明"，因为失去纪律的约束就必然会有凶险。

师卦·九二阳爻

【本爻解析】

九二是《师》卦六爻中唯一的阳爻，象征军队的统帅。九二居于下卦之中位，是《师》卦的主爻，也是《师》卦中最好的一爻。《师》卦的卦辞就是据九二阳爻而言的，所以卦辞中说"吉，无咎"，爻辞中也说"吉，无咎"。九二阳爻又与居于君位的六五阴爻相应合，象征军队的统帅得到君主的信任和重用，对此，爻辞中用"王三锡命"即君王多次颁令嘉奖来加以说明。

【经文＋传文】

九二　在师中，吉，无咎。王三锡命。

《象》曰："在师中，吉"，承天宠也。"王三锡命"，怀万邦也。

【译文】

九二　身在军中，吉祥，没有灾殃。君王多次颁令嘉奖。

《象传》说："身在军中，吉祥"，是因为九二与六五阴爻相应合，象征受到天子的恩宠。"君王多次颁令嘉奖"，是为了安抚天下万国。

师卦·六三阴爻

【本爻解析】

六三以阴爻居阳位，又处于九二阳爻之上，且与上六阴爻不相应合，仿佛一个阴柔小人偶然得志，取得了对军队的领导权，便凌驾于阳刚者之上，为所欲为，在战争中盲目行动，结果大败，所以爻辞中明确说"凶"。明英宗时，宦官王振弄权，在瓦剌军入侵时，他鼓动明英宗御驾亲征。王振根本不懂军事，却掌握着数十万明军的指挥权，结果土木堡一战，明英宗被俘，明军全军覆没，与此极为相似。

【经文+传文】

六三　师或舆尸，凶。

《象》曰："师或舆尸"，大无功也。

【译文】

六三　军队或许会用车装载尸体而归，有凶险。

《象传》说："军队或许会用车装载尸体而归"，说明军队在作战时大大失利。

师卦·六四阴爻

【本爻解析】

六四阴爻居于阴位，居位很正，但与初六阴爻不相应合，仿佛军队在行动中缺乏友军的支援，因此，此时最好的做法就是选择安全的地方扎下营寨，以等待时机；爻辞中的"师左次，无咎"，正是此意。"师左次"中的"左"字，有退避之意，此与古人的习尚有关。如《老子》第三十一章中说："君子居则贵左，用兵则贵右"，意即平时以左方为贵，打仗时则以右方为贵。这是因为，古人以左为阳，右为阴；阳为生，阴为杀。打仗为阴杀之事，故"贵右"。又"右"有进意，故"左"为退意。

【经文 + 传文】

六四　师左次，无咎。

《象》曰："左次，无咎"，未失常也。

【译文】

六四　军队驻扎在高险之地的左侧，没有灾殃。

《象传》说："军队驻扎在高险之地的左侧，没有灾殃"，是因为没有违背作战的规律。

师卦·六五阴爻

【本爻解析】

六五阴爻居上卦之中位，又与九二阳爻相应合，象征阴柔的君主以阳刚者为军队的统帅，因此，六五爻应该是不错的。爻辞中主要说明了两个道理：一是六五系阴柔者居于尊位，因此，不宜主动采取军事行动；但当敌人前来进犯时，则应出兵抵御，这就像"田有禽，利执言"即只有当鸟兽到田中糟踏庄稼时，才能把它们擒获一样。二是要选择合适的人担任将帅。爻辞中的"长子"，系指九二阳爻而言，九二象征阳刚者持守中道，用这样的人去领兵打仗，必然能获胜；爻辞中的"弟子"，则指六三阴爻，象征无知之少年，六五若任命九二为将帅，又以六三去干扰军务，必会造成"舆尸"的结果，所以爻辞中说"凶"。

【经文＋传文】

六五　田有禽，利执言，无咎。长子帅师，弟子舆尸，贞凶。

《象》曰："长子帅师"，以中行也；"弟子舆尸"，使不当也。

【译文】

六五　田野中有禽兽，宜于把它们逮住，没有灾殃。长子率领军队，无知的少年被用车装载尸体而归，占问预示有凶险。

《象传》说："长子率领军队"，说明行动符合中道；"无知的少年被用车装载尸体而归"，这是用人不当造成的。

师卦·上六阴爻

【本爻解析】

上六阴爻处《师》卦之终，表示军事行动已经取得胜利，此时要做的，就是论功行赏，爻辞中的"开国承家"，说的正是此意。封赏是喜庆之事，但也是极为麻烦之事，因为若封赏得当，则皆大欢喜；若封赏不当，便会群情汹汹，横生事端。爻辞中的"小人勿用"，意为不要重用小人，但小人若立有功劳，则不可不予以奖赏，否则就有违"正功"之原则。对此，朱熹的辨析颇为细致："'小人勿用'，则是勿更用他与之谋议经画耳。汉光武能用此义，自定天下之后，一例论功行封，其所以用之在左右者，则邓禹、耿弇（yǎn）、贾复数人，他不与焉。"

【经文＋传文】

上六 大君有命，开国承家，小人勿用。

《象》曰："大君有命"，以正功也。"小人勿用"，必乱邦也。

【译文】

上六 天子颁布命令，有功人员或封为诸侯，或受邑为卿大夫，小人则不得任用。

《象传》说："天子颁布命令"，是指公正地评定功劳大小以确定封赏。"小人不得任用"，因为任用小人必然会危害国家。

比 第八

【本卦解析】

比是亲密、亲近的意思。人与人之间能够友好相处、亲密无间，当然是极好之事，所以卦辞中一开头就说"吉"。人与人之间能亲密交往，则有利于发展长期、稳定的友好关系，所以卦辞中又说"元永贞"，即占问长远之事有利。卦辞"不宁方来，后夫凶"则以诸侯来朝说明亲附之道在于积极、主动，若犹豫拖沓则会面临凶险。

《彖（tuàn）传》则主要依据《比》卦的卦画结构来解释卦辞，具体内容可分为四个方面：一是认为比有辅佐的意思，因为《比》卦的九五阳爻居上卦之中位，下面为四个阴爻，有处于下位的人顺从居于上位的人之意。二是认为《比》卦之所以利于占问长远之事，而且没有灾殃，是因为九五阳爻居上卦之中位，象征阳刚者持守中道。三是认为原来不安顺的诸侯之所以纷纷来朝，是因为《比》卦由一个阳爻、五个阴爻组成，阳爻居上卦之中位，五个阴爻对之皆表服从，故有诸侯纷纷来朝之象。四是认为迟到者之所以有凶险，是因为其已陷入走投无路之绝境；这是以上六阴爻为据来释"后夫凶"，因为上六处《比》卦之极，有无法与人亲近、陷于彻底孤立之象。

《象传》依据《比》卦坤下坎上象征"地上有水"，推出先王应"建万国，亲诸侯"，其间的逻辑关系是：地上有水，意味着水依附大地而存；《象传》以地比喻君主，以水比喻民众，因此，地上有水又好比民众依附君主，所以先王要建立万国，亲近诸侯，以更好地治理民众。

（坤下坎上）比 吉。原筮（shì），元永贞，无咎。不宁方来，后夫凶。

《彖》曰：比，吉也。比，辅也，下顺从也。"原筮，元永贞，无咎"，以刚中也。"不宁方来"，上下应也。"后夫凶"，其道穷也。

《象》曰：地上有水，比。先王以建万国，亲诸侯。

【译文】

比 吉祥。考察该筮的预兆，它对占问长远之事有利，没有灾殃。原来不安顺的诸侯纷纷来朝，后到的将有凶险。

《彖传》说：比，预示着吉祥。比，是辅佐的意思，《比》卦有四个阴爻位于九五阳爻之下，象征处于下位的人顺从居于上位的人。"考察该筮的预兆，它对占问长远之事有利，没有灾殃"，这是因为九五阳爻居上卦之中位，象征阳刚者持守中道。"原来不安顺的诸侯纷纷来朝"，这是因为居于上位者与处于下位者互相应合。"后到的将有凶险"，因为后到者将陷入走投无路的绝境。

《象传》说：《比》卦下坤上坎，坤为地，坎为水，象征大地上有水，这就是《比》卦的卦象。先王观此卦象，从而建立众多国家，亲近各地诸侯。

比卦·初六阴爻

【本爻解析】

初六阴爻为亲近之始，初六爻亲近的对象是九五阳爻。但六二爻与九五爻为相应合的关系，初六离九五太远，似乎很难与九五亲近，然而初六心中充满诚信，仿佛盛酒的缶（fǒu）中装满了酒一样，所以最终必能与九五亲近而获吉祥。初六与九五的关系，仿佛古代蛮夷之国与华夏天朝帝国的关系。蛮夷之国因倾慕华夏文明，所以虽处僻远之地，仍不畏道路艰险，长途跋涉，前来向中华帝国朝贡；帝国的皇帝因此心中大喜，厚赏虔诚的朝贡者。

【经文＋传文】

初六　有孚，比之，无咎。有孚，盈缶，终来有它，吉。

《象》曰：比之初六，"有它"，吉也。

【译文】

初六　有诚信，与人亲近，没有灾殃。有诚信，就像缶中装满东西一样，终究会有他人来亲近自己，吉祥。

《象传》说：《比》卦的初六爻，因为"终究会有他人来亲近自己"，所以吉祥。

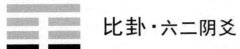

比卦·六二阴爻

【本爻解析】

六二阴爻处于阴位,又居下卦之中位,象征阴柔者居中得正;同时,六二阴爻又与九五阳爻相应合,因此,六二与别人亲近是极为顺利的,所以预示吉祥。爻辞中的"比之自内"包含两层意思,一是六二是主动与九五亲近,二是六二与九五亲近是极其真诚的。正是因为六二既主动又真诚,才会有好的结果。商朝末年,姜子牙为了帮助周文王灭商兴周,主动去渭水边等待周文王,最终得到周文王的重用,与此极为相似。

【经文 + 传文】

六二　比之自内,贞吉。

《象》曰:"比之自内",不自失也。

【译文】

六二　发自内心地与人亲近,占问预示吉祥。

《象传》说:"发自内心地与人亲近",说明自己没有失去为人处事的原则。

比卦·六三阴爻

【本爻解析】

六三阴爻居于阳位，与上六阴爻又不相应合，且其上下的六四、六二均为阴爻，象征阴柔者不中不正，无法与合适的人亲近，所以只好与不该亲近的人相亲近。与不该亲近的人亲近，结果必然是自取其辱。因此，爻辞中虽无吉凶之断语，但《象传》中的"不亦伤乎"已明确指出六三预示不祥。

【经文＋传文】

六三　比之匪人。

《象》曰："比之匪人"，不亦伤乎？

【译文】

六三　与不该亲近的人亲近。

《象传》说："与不该亲近的人亲近"，岂不令人悲伤？

比卦·六四阴爻

【本爻解析】

六四阴爻居于阴位，位于九五阳爻之下，象征阴柔者处于正位，且能顺从阳刚尊者，所以预示吉祥。爻辞中的"外"，与六二中的"内"相对，都是就卦画结构而言的。《周易》中的六画卦由上下两个三画卦组成，居于上面的三画卦叫上卦，又称外卦；位于下面的三画卦叫下卦，又称内卦。因此，这里的"外"，指外卦，而且特指外卦中的九五阳爻。九五阳爻代表阳刚尊者，所以爻辞中又称之为"贤"。六四能与贤人亲近，当然会有好结果，所以爻辞中说"贞吉"。

【经文＋传文】

六四　外比之，贞吉。

《象》曰：外比于贤，以从上也。

【译文】

六四　与外人亲近，占问预示吉祥。

《象传》说：与外面的贤人亲近，是顺从居于上位的人。

比卦·九五阳爻

【本爻解析】

九五阳爻居上卦之中位，象征阳刚者居中守正，在《比》卦中，则好比居于尊位的君主以正道广泛地亲近臣属和百姓，所以爻辞中说"吉"。爻辞中的"王用三驱，失前禽，邑人不诫"，是以古代的一种狩猎方式为例，说明与人亲近时，要顺其自然而不强求，只有这样，才能与众人亲密相处，融洽无间，从而真正体现与人亲近的中正之道。

【经文+传文】

九五　显比。王用三驱，失前禽，邑人不诫，吉。

《象》曰："显比"之"吉"，位正中也。舍逆取顺，"失前禽"也。"邑人不诫"，上使中也。

【译文】

九五　公开、广泛地与人亲近。君王狩猎时三面围网，听任跑在前面的禽兽从无网的一面跑掉，封地上的人也不去阻挡拦截，吉祥。

《象传》说："公开、广泛地与人亲近"而"预示吉祥"，是因为九五阳爻居上卦之中位，象征其持守中正之道。舍弃迎面奔来的兽，捉取背对着狩猎者奔跑的兽，这就是"听任跑在前面的兽从无网的一面跑掉"的意思。"封地上的人也不去阻挡拦截"，这是因为君王恪守中道。

比卦·上六阴爻

【本爻解析】

上六阴爻处《比》卦之终，又凌驾于九五阳爻之上，意味着没有可亲近之人，孤立无助，所以预示有凶险。爻辞"比之无首"中的"首"意为开端，"比之无首"意为与人亲近而没有好的开端，没有好的开端就无法真正与人亲近，此与上六爻位的特点正相吻合。另外，《象传》中以"无所终也"来理解"比之无首"，意即正因为上六想与人亲近而没有好的开端，才会最后没有好的结果。

【经文＋传文】

上六　比之无首，凶。

《象》曰："比之无首"，无所终也。

【译文】

上六　与人亲近而没有好的开端，有凶险。

《象传》说："与人亲近而没有好的开端"，就不会有好的结局。

小畜 第九

【本卦解析】

　　小畜即小有蓄聚的意思。《小畜》卦由六四阴爻和五个阳爻组成，且六四阴爻处于阴位，居位得正，象征阴柔者居于正位而得到众多阳刚者的辅助，所以亨通。但六四所居属于臣位，因此，虽有众多阳刚者的辅助，其成就终究有限，所以称之为小畜。"密云不雨"则是以具体的天象来说明小畜的状况：天空中虽积聚了不少云，但最终没有形成雨降下来，说明云积聚的程度仍然不够，只是"小畜"而已。"自我西郊"是对"密云不雨"的补充解释，它可能与古人对天象的观察有关。在中国古代曾长期流传这样的谚语："云往东，一场空"，"云行东，车马通"，即如果天空中的云自西向东而行，是不会下雨的。而云"自我西郊"，正是指云自西向东而行。

　　《彖（tuàn）传》则从三个方面来解释卦辞。一是指出该卦的卦名为什么叫小畜，是因为《小畜》卦的六四阴爻居于阴位而上下的五个阳爻都与其相应合，有阴柔者得众多阳刚者相助之象。二是说明《小畜》卦为什么象征亨通，是因为《小畜》卦下乾上巽（xùn），有阳刚者刚健而谦逊之象；加上九二和九五两个阳爻分别居下、上卦之中位，象征阳刚者持守中道，既然阳刚者具备众多美德，当然就预示着亨通。三是就天象本身来解释"密云不雨，自我西郊"的含义，而没有作更多的发挥。

　　《象传》以《小畜》卦巽上乾下象征"风行天上"，推出君子应"懿文德"，其间的逻辑关系是：《象传》以风比喻礼乐教化政策，"风行天上"说明礼乐教化政策还未在天下百姓中推行，在这种情况下，君子就要把"懿文德"即使自己的文章、道德更加完美作为自己努力的方向。

【经文 + 传文】

（乾下巽上）小畜　亨。密云不雨，自我西郊。

《彖》曰：小畜，柔得位而上下应之，曰小畜。健而巽，刚中而志行，乃"亨"。"密云不雨"，尚往也。"自我西郊"，施未行也。

《象》曰：风行天上，小畜。君子以懿文德。

【译文】

小畜　亨通。天空中浓云密布，但是没有下雨，云来自西郊。

《彖传》说：小畜，六四阴爻居于阴位，上下五个阳爻与它相应合，象征阴柔之人得到众多阳刚者的辅佐，故能小有蓄聚。《小畜》卦下乾上巽，象征刚健而谦逊；九二和九五阳爻分别居下、上卦之中位，象征阳刚者持守中道，其志向能得到实行，所以"亨通"。"天空中浓云密布，但是没有下雨"，说明云正在上行发展。"云来自西郊"，说明云只是在空中聚积，还没有形成雨降下来。

《象传》说：《小畜》卦下乾上巽，乾为天，巽为风，象征天空中刮着风，这就是《小畜》卦的卦象。君子观此卦象，从而努力使自己的文章、道德更加完美。

小畜卦·初九阳爻

【本爻解析】

　　初九阳爻居于阳位，又与六四阴爻相应合，其所处的位置是不错的。但初九居《小畜》之初，阳质尚弱，不宜急躁冒进，而应静养待时，所以爻辞中说"复自道"，即从原路返回。从原路返回，便不会有意外之险，且符合静养待时的原则，所以预示吉祥。

【经文＋传文】

　　初九　复自道，何其咎，吉。

　　《象》曰："复自道"，其义"吉"也。

【译文】

　　初九　从原路返回，会有什么灾殃呢？吉祥。

　　《象传》说："从原路返回"，理应是吉祥的。

小畜卦·九二阳爻

【本爻解析】

从九二所处的位置来看，其以阳爻居阴位，上面又无可应合的对象，是隐含某种危机的。但九二以阳爻居下卦之中位，又有阳刚者持守中道之象，所以九二必会选择适合自己的行为。从初九爻辞来看，初九因"复自道"即从原路返回而获吉祥，因此，九二的最佳选择，就是效法初九，采用"复"的方法。因为九二的这种"复"是受初九的影响而采取的，所以爻辞中说"牵复"即被牵引着返回。但九二的"复"并非盲目的模仿，而是理智指导下的行为，所以预示吉祥。

【经文＋传文】

九二　牵复，吉。

《象》曰："牵复"在中，亦不自失也。

【译文】

九二　被牵引着返回，吉祥。

《象传》说："被牵引着返回"，因为九二阳爻居下卦之中位，象征其能持守中道，所以也不会给自己带来什么损失。

小畜卦·九三阳爻

【本爻解析】

九三阳爻居于阳位，又居下卦之终，必会躁进不已。但九三处六四阴爻之下，受到六四的制约，两者又仿佛夫妻关系，阳刚的丈夫反而受阴柔的妻子的控制。这样，一方躁动不已，另一方则要牢牢进行控制，双方必会发生激烈的冲突。冲突的结果，就是夫妻间翻脸不和，就像车身上的辐条脱落，车子无法继续前行一样。九三爻辞中无吉凶之断语，但车子的辐条脱落、夫妻间翻脸不和本身就不是什么好兆头。

【经文＋传文】

九三　舆说（tuō）辐，夫妻反目。

《象》曰："夫妻反目"，不能正室也。

【译文】

九三　车上的辐条脱落，夫妻间翻脸不和。

《象传》说："夫妻间翻脸不和"，说明不能使夫妻关系正常有序。

小畜卦·六四阴爻

【本爻解析】

六四阴爻居于阴位，柔顺得位。但六四是《小畜》卦唯一的阴爻，且是《小畜》卦的主爻，其要完成小有蓄聚的任务，需时时谨慎小心，且必须有居于尊位的九五阳爻的支持与帮助。六四要取得九五的支持与帮助，就必须"有孚"，即对九五显示诚意，只有这样，才能最终远离忧患，没有灾殃。《象传》中说的"上合志也"，指的就是这个意思。

【经文＋传文】

六四　有孚，血去惕出，无咎。

《象》曰："有孚"，"惕出"，上合志也。

【译文】

六四　有诚信，忧患已经过去，从忧伤的情绪中摆脱出来，没有灾殃。

《象传》说："有诚信"，"从忧伤的情绪中摆脱出来"，是因为能与居于上位的阳刚者心志相合。

小畜卦·九五阳爻

【本爻解析】

　　九五阳爻居上卦之中位，象征阳刚者居中得正，故必能通过蓄聚而致富裕。但六四是《小畜》卦的主爻，因此，九五的任务，并不是自己先富裕起来，而是要帮助六四完成蓄聚致富的任务。爻辞中说的"富以其邻"中的"邻"，指的就是六四。《象传》中说"不独富也"，则更明确地指出了这一点。九五爻辞中并无吉凶之断语，但九五"有孚"，且能与别人走共同富裕的道路，自然蕴含吉祥的意义。

【经文＋传文】

　　九五　有孚挛如，富以其邻。

　　《象》曰："有孚挛如"，不独富也。

【译文】

　　九五　持续不断地保持诚信，与其邻居共同富裕。

　　《象传》说："持续不断地保持诚信"，说明不是独自享有财富。

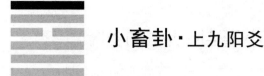

小畜卦·上九阳爻

【本爻解析】

上九阳爻处《小畜》卦之终，说明六四的蓄聚已达极盛的程度。阴气既盛，卦辞中"不雨"的"密云"便化为甘霖下降，所以爻辞中说"既雨既处"：雨不仅下了，而且已经停止。同时，爻辞中还用"月几望"来形容上九时六四的蓄聚已达极盛："月几望"即月亮接近满月，月亮属阴，因此，满月便是阴气积聚极盛的象征。《象传》中则继续用一个"疑"字来反映这种阴气极盛的状态。在这里，"疑"即"拟"的意思，指阴气已达到可与阳气抗衡的程度；阴气既盛，则阳刚君子出征便会有凶险，故爻辞中说"君子征，凶"。

【经文+传文】

上九　既雨既处，尚德载。妇贞厉。月几望，君子征，凶。

《象》曰："既雨既处"，德积载也。"君子征，凶"，有所疑也。

【译文】

上九　雨已经降落并且停止，上位者的阳刚之德已经积满。妇女占问预示有危险。月亮将变成满月时，君子出征会有凶险。

《象传》说："雨已经降落并且停止"，说明阳刚之德已经积满。"君子出征会有凶险"，是因为阴气的力量已能与阳气相抗衡。

履 第十

【本卦解析】

履是踩踏、践行的意思。《履》卦下兑上乾,卦中唯一的阴爻六三爻处于下卦兑中,象征柔弱者柔顺和悦;乾象征刚劲强健,因此,《履》卦有柔弱者尾随刚健者而偶有触犯之象。但柔弱者触犯刚健者后,又能以和悦的态度去处理,故最终能得到刚健者的谅解。卦辞用"履虎尾,不咥(dié)人"即脚踩到老虎的尾巴上,但老虎不咬人来形容,可谓十分恰当。另外,本卦中的九五阳爻居上卦之中位,象征阳刚者居于帝位而能行中正之道,所以预示亨通。

【经文 + 传文】

（兑下乾上）履　履虎尾,不咥人,亨。

《彖(tuàn)》曰:履,柔履刚也。说(yuè)而应乎乾,是以"履虎尾,不咥人,亨"。刚中正,履帝位而不疚,光明也。

《象》曰:上天下泽,履。君子以辩上下,定民志。

【译文】

履　脚踩在老虎尾巴上,老虎不咬人,亨通。

《彖传》说:履,就像柔弱的东西踩在刚健的东西之上一样。《履》卦下兑上乾,兑为悦,乾为健,象征柔弱者以和悦的态度去应合刚健者,所以"脚踩在老虎尾巴上,老虎不咬人,亨通"。九五阳爻居上卦之中位,象征阳刚者居中守正,身居帝位而不会有灾患,因为其有光明之德。

《象传》说:《履》卦上乾下兑,乾为天,兑为泽,象征天在上,泽在下,这就是《履》卦的卦象。君子观此卦象,从而分别上下尊卑,统一民众的思想。

履卦·初九阳爻

【本爻解析】

初九阳爻处《履》卦之初，好比一个人刚踏入社会，暂时还不会碰到阻碍和挫折，所以预示没有灾殃。但是，初九的没有灾殃有一个重要的前提，就是要"素履"。"素履"指白色而无纹饰的鞋，象征朴素、质朴。也就是说，一个人刚踏入社会时，一定要质朴无华，谦卑自守，如此，方能避免意外的发生。

【经文＋传文】

初九　素履往，无咎。

《象》曰："素履"之"往"，独行愿也。

【译文】

初九　穿着白色而无纹饰的鞋前往，没有灾殃。

《象传》说："穿着白色而无纹饰的鞋"而"前往"，说明坚定地按自己的志向行事。

履卦·九二阳爻

【本爻解析】

九二阳爻居下卦之中位，象征阳刚者持守中道，其行必然畅通无阻，故爻辞中说"履道坦坦"。同时，九二以阳爻居阴位，又象征阳刚者居于阴柔之地，爻辞中所说的"幽人"即隐居无争的人，正是指此而言的。九二爻的爻辞和《象传》告诉我们，君子在有所作为时，必须把握两个原则：一是要坚定地持守中道，不做过或不及之事；二是心中一定要有主见，要保持内心的宁静，不为纷繁的外物所左右。

【经文 + 传文】

九二　履道坦坦，幽人贞吉。

《象》曰："幽人贞吉"，中不自乱也。

【译文】

九二　脚下的道路宽阔平坦，隐居无争的人占问预示吉祥。

《象传》说："隐居无争的人占问预示吉祥"，是因为九二阳爻居下卦之中位，象征其不会自乱心志。

履卦·六三阴爻

【本爻解析】

六三阴爻居于阳位,又在下卦的最上位,有阴柔者不中不正之象;处于上卦乾之下,又有"履虎尾"之象;位居九二阳爻之上,还有凌乘阳刚、刚愎自用之象,所以六三的处境十分不妙。对于六三的这种处境,爻辞中用眼睛瞎了却强去视物、腿瘸了却强行走路来形容,仿佛一个能力十分有限的人,非要去担当大任,结果肯定会碰得头破血流,甚至身败名裂,所以爻辞中断以"凶"字。

【经文 + 传文】

六三　眇(miǎo)能视,跛能履,履虎尾,咥人,凶。武人为于大君。

《象》曰:"眇能视",不足以有明也。"跛能履",不足以与行也。"咥人"之"凶",位不当也。"武人为于大君",志刚也。

【译文】

六三　眼睛瞎了却去视物,腿瘸了却强行走路,脚踩在老虎尾巴上,老虎咬人,有凶险。赳赳武夫得到国君的重用。

《象传》说:"眼睛瞎了却去视物",根本不可能见到事物;"腿瘸了却强行走路",肯定不能走远。"老虎咬人"的"凶险",是因为六三阴爻所处的位置不当。"赳赳武夫得到国君的重用",是因为他的意志十分刚强。

履卦·九四阳爻

【本爻解析】

九四阳爻与六三阴爻颇多相似之处：九四阳爻居于阴位，又在上卦之始，有不中不正之象；九四处于九五阳爻之下，也有"履虎尾"之象。然而与六三爻辞中的"凶"不同，九四的爻辞中断以"终吉"，这又是为什么呢？原来，在《周易》看来，六三阴爻居阳位，有阴柔者刚愎自用之象，故预示有凶险；而九四阳爻居阴位，则象征阳刚者守柔处雌，能自我戒慎，所以预示吉祥。

【经文＋传文】

九四　履虎尾，愬（shuò）愬，终吉。

《象》曰："愬愬，终吉"，志行也。

【译文】

九四　脚踩在老虎尾巴上，感到恐惧，最终吉祥。

《象传》说："感到恐惧，最终吉祥"，因为其志向得以实行。

履卦·九五阳爻

【本爻解析】

　　九五阳爻居上卦之中位，象征阳刚君主守中居正，果断地实施自己的治国方针，因此爻辞中说"夬（guài）履"即决然而行。阳刚君主决然行事，按理说并无不妥之处，可是为什么爻辞又说"贞厉"即占问预示有危险呢？对此，有学者指出，这是因为阳刚君主过于刚愎自用，所以预示有危险。笔者认为，《履》卦《象传》中说的"刚中正，履帝位而不疚，光明也"，明显是针对九五而言的，说明九五不应预示有危险。另外，无论从九五爻所处的位置，还是其行事方式"夬履"来看，九五爻都不应预示有危险，而且《象传》中也明确说九五"位正当也"。那么问题究竟出在哪里呢？这有待进一步的研究。

【经文＋传文】

　　九五　夬履，贞厉。

　　《象》曰："夬履，贞厉"，位正当也。

【译文】

　　九五　决然而行，占问预示有危险。

　　《象传》说："决然而行，占问预示有危险"，因为九五阳爻居上卦之中位，所处的位置正当。

履卦·上九阳爻

【本爻解析】

上九阳爻居《履》卦之极，表示一个完整的践行过程已经完成。同时，上九阳爻居于阴位，又与六三阴爻相应合，有阳刚者谦下守柔之象，故能冷静、客观地总结自己走过的历程，分析其中蕴含的吉凶祸福，这种行为，无疑是极为恰当、合理的，所以预示大吉。在上九爻辞中，值得我们注意的是一个"旋"字，"旋"即返回、转身的意思，因为上九处《履》卦之极，若一味向上发展，就会物极必反，招致灾祸，所以此时必须回返；同时，"旋"还有转身与六三相应的意思，上九阳爻与六三阴爻相应合，便能刚柔和谐，趋于大吉。

【经文＋传文】

上九　视履考祥，其旋元吉。

《象》曰："元吉"在上，大有庆也。

【译文】

上九　回视走过的路程，考察其中的吉凶，返回时大为吉祥。

《象传》说：上九爻居于最高位而"大为吉祥"，是指有值得大加庆贺的事情。

 泰 第十一

【本卦解析】

泰是通泰的意思。《泰》卦下乾上坤,象征阳气下降,阴气上升,阴阳之气相交合,从而云行雨施,万物旺盛生长,所以卦辞中说《泰》卦预示着吉祥、亨通。

卦辞中的"小往大来"是就《泰》卦的上下卦而言的。《周易》以阴为小,以阳为大,《泰》卦的上卦为坤为阴,又属外卦,所以有"小往"之象;下卦为乾为阳,又属内卦,所以有"大来"之象。"小"又可用来比喻小人、坏的事物等,"大"则可用来比喻君子、好的事物等,这样,"小往大来"又有坏事离去、好事到来的意思,这当然就意味着吉祥、亨通。

从《泰》卦的卦画结构来看,是乾下坤上,即天在下,地在上。天下地上,这与天地的正常位置恰好相反,为什么会预示吉祥、亨通呢?原来,《周易》把阴阳之气交合看成吉祥、亨通的前提,若天在上,地在下,则天气上升(因为天气属清阳飘浮之气),地气下沉(因为地气属浊阴沉滞之气),天地阴阳之气无法交合。而天在下,地在上,则意味着在下的天气上升,在上的地气下降,阴阳之气恰好能够交合。所以《周易》以天下地上为"泰",而天上地下则是"否",意味着闭塞不通。

《象传》以《泰》卦乾下坤上象征"天地交",推出君主要"财成天地之道,辅相天地之宜,以左右民",其间的逻辑关系是:只有当天地阴阳之气相交时,万物才能通泰,所以君主必须根据这一原则来治理民众,使他们的生产和生活适应天时的变化和四季的更替。

▤▤（乾下坤上）泰　小往大来，吉，亨。

《彖（tuàn）》曰："泰：小往大来，吉，亨。"则是天地交而万物通也，上下交而其志同也。内阳而外阴，内健而外顺，内君子而外小人。君子道长，小人道消也。

《象》曰：天地交，泰。后以财成天地之道，辅相天地之宜，以左右民。

【译文】

泰　小的去了，大的来到，吉祥，亨通。

《彖传》说："泰：小的去了，大的来到，吉祥，亨通。"说明天地中阴阳之气相交合而万物亨通，君臣上下相沟通，其志趣相同。《泰》卦下乾上坤，乾阳居内而坤阴居外，内卦乾刚健而外卦坤柔顺，象征君子在内而小人在外。君子之道增长，小人之道消退。

《象传》说：《泰》卦下乾上坤，乾为天，坤为地，象征天地阴阳之气相交，这就是《泰》卦的卦象。君主观此卦象，从而根据天地运行的规律进行裁度调节，安排相应的活动以辅助天地间的变化，以此来治理百姓。

泰卦·初九阳爻

【本爻解析】

初九阳爻处《泰》卦之初,表示阳刚者处于天地通泰之始,因此,初九是一定要有所动作的。那么初九会如何动作呢?初九必然是向上发展,因为初九阳爻与六四阴爻正相应合。另外,初九也不会单独行动,因为九二、九三均系阳爻,且它们也与六五、上六阴爻相应合,因此,初九必会和九二、九三同时采取行动;这种状况,正如拔起一棵茅草的根,连带着把别的茅草的根也拔起来一样,所以爻辞中说"拔茅茹以其汇"。在天地交合、万物通泰之时,初九与九二、九三一起向上发展,一定会有好的结果,所以爻辞中说"征吉"。

【经文 + 传文】

初九　拔茅茹以其汇,征吉。

《象》曰:"拔茅","征吉",志在外也。

【译文】

初九　拔起茅草的根,连带拔起了其同类植物的根,出征可获吉祥。

《象传》说:"拔起茅草","出征可获吉祥",说明其志向是要向外发展。

泰卦·九二阳爻

【本爻解析】

九二阳爻居下卦之中位，又与六五阴爻相应合，象征阳刚者得到阴柔君主的信任和重用，因此，九二的行动必会顺利。爻辞中的"得尚于中行"，正是此意。另外，九二阳爻居于阴位，又有"冯（píng）河"即渡河之象。

【经文＋传文】

九二　包荒，用冯河，不遐遗，朋亡，得尚于中行。

《象》曰："包荒"，"得尚于中行"，以光大也。

【译文】

九二　包容广大，涉水过河，不遗弃远方的人，失去朋友，在中途得到赏赐。

《象传》说："包容广大"，"在中途得到赏赐"，是因为九二的行为光明正大。

泰卦·九三阳爻

【本爻解析】

九三阳爻居下卦乾的最上位，与上卦坤相邻，正处于由阳向阴转化的临界点。凡事在处于转化的关头时，都会面临风险和考验，故爻辞中说"艰贞"。不过，九三阳爻居于阳位，又与上六阴爻相应合，象征阳刚者力行正道而与阴柔者相合，因此，九三虽面临艰险，但最终不会有什么灾殃，故爻辞中说"艰贞无咎"。同时，爻辞也对九三提出了告诫："勿恤其孚"。即当身处事物转化的临界点时，只有坚持诚信，毫不动摇，方可顺利过关。

【经文＋传文】

九三　无平不陂（bì），无往不复，艰贞无咎。勿恤其孚，于食有福。

《象》曰："无往不复"，天地际也。

【译文】

九三　没有只平坦而不倾斜的地方，没有只出去而不回来的事物，占问面临的艰难之事，预示没有灾殃。不要为自己的诚信而担心，在食物方面会有福气。

《象传》说："没有只出去而不回来的事物"，因为九三阳爻位于与阴爻交接的边际，象征事物正处于向反面转化的临界点。

泰卦·六四阴爻

【本爻解析】

六四阴爻处于上卦坤之初，是《泰》卦中由阳变阴的第一爻，它与初九阳爻相应合，而六五、上六阴爻又分别与九二、九三阳爻相应合，这种状况，仿佛三个阴爻连翩下降以就阳似的，所以爻辞中说"翩翩，不富以其邻"。"翩翩"指鸟飞轻捷的样子，象征阴气下降；"不富"指六四、六五和上六，因为它们都属阴爻，《周易》以阴为虚，故有不富之象，也正因为其不富，所以要下降就阳以获富；"邻"则指六五和上六。六四爻辞无吉凶之断语，但从上述内容看，应属吉祥无疑。

【经文＋传文】

六四　翩翩，不富以其邻，不戒以孚。

《象》曰："翩翩，不富"，皆失实也。"不戒以孚"，中心愿也。

【译文】

六四　轻捷地下降，与其邻居都不富有，不用互相告诫，心中都充满诚信。

《象传》说："轻捷地下降，不富有"，是因为六四与六五、上六皆属阴爻，没有阳气。"不互相告诫而充满诚信"，说明保持诚信是其心愿。

泰卦·六五阴爻

【本爻解析】

六五阴爻居上卦之中位，与九二阳爻相应合，有居于尊位的阴柔者自愿下就阳刚贤者之象，对此，爻辞中以"帝乙归妹"来形容，可谓恰到好处。帝乙是商代帝王，帝乙的妹妹也就是公主，把公主嫁给九二，使阳刚贤者能与阴柔尊者结为夫妻，大合阴阳配合之正理，所以爻辞中说"以祉，元吉"。历史上曾有帝乙把女儿嫁给周文王的说法，若果真如此，则此处的"妹"当释为少女。

【经文 + 传文】

六五　帝乙归妹，以祉，元吉。

《象》曰："以祉，元吉"，中以行愿也。

【译文】

六五　帝乙的妹妹出嫁，因而得福，大为吉祥。

《象传》说："因而得福，大为吉祥"，是因为六五阴爻居上卦之中位，象征其通过行中道来实现自己的意愿。

泰卦·上六阴爻

【本爻解析】

上六阴爻处《泰》卦之极，预示《泰》卦即将向《否》卦转化，因此上六的处境不是很妙，爻辞中的"城复于隍""吝"都说明了这一点。"城复于隍"即城墙倒塌到护城壕中，古代的城池主要靠城墙来防御敌人的进攻，现在城墙倒了，就失去了抵御敌人的屏障。而敌人敢来进攻城池，必有数倍于我之实力，现在城墙已倒，光靠守城的军队是无法与敌人抗衡的，所以不如干脆不动用军队，听任敌人占领，故爻辞中说"勿用师"。这也说明《泰》卦发展到上六，向《否》卦发展已成必然之势，任何想改变这一趋势的努力都是徒劳的。

【经文＋传文】

上六　城复于隍，勿用师，自邑告命，贞吝。

《象》曰："城复于隍"，其命乱也。

【译文】

上六　城墙倾塌到护城壕中，不要用兵，从城邑中传出命令，占问预示会有令人悔恨之事。

《象传》说："城墙倾塌到护城壕中"，说明天命已经改变。

否 第十二

【本卦解析】

否(pǐ)是闭塞不通的意思。《否》卦下坤上乾,与《泰》卦的下乾上坤恰好相反,故对《否》卦卦辞的解释可参阅《泰》卦。《否》卦地在下,天在上,象征阴气下降,阳气上升,阴阳之气不相交,久旱不雨,大地干涸,万物枯萎。以此比喻人事,则是君臣离心,小人得志,所以卦辞中说"不利君子贞"。卦辞中的"大往小来"有好事离开、坏事到来的意思,这种状况,对君子当然是极为不利的。

【经文 + 传文】

(坤下乾上)否 之匪人,不利君子贞,大往小来。

《彖(tuàn)》曰:"否:之匪人,不利君子贞,大往小来。"则是天地不交而万物不通也,上下不交而天下无邦也。内阴而外阳,内柔而外刚,内小人而外君子。小人道长,君子道消也。

《象》曰:天地不交,否。君子以俭德辟难,不可荣以禄。

【译文】

否 君子占问预示不利,大的去了,小的来到。

《彖传》说:"否:君子占问预示不利,大的去了,小的来到。"说明天地中阴阳之气不相交而万物不亨通;君臣上下不相沟通,国家灭亡。《否》卦下坤上乾,坤阴居内而乾阳居外,内卦坤柔顺而外卦乾刚强,象征小人在内而君子在外。小人之道增长,君子之道消退。

《象传》说:《否》卦上乾下坤,乾为天,坤为地,象征天地阴阳之气不相交合,这就是《否》卦的卦象。君子观此卦象,从而遵循节俭的美德以躲避灾难,不要以享受俸禄为荣。

否卦·初六阴爻

【本爻解析】

《否》卦初六爻辞与《泰》卦初九爻辞基本相同，前面都是"拔茅茹以其汇"，所不同的只是《否》卦初六称"贞吉亨"，而《泰》卦初九为"征吉"。因此，初六爻辞的意义当在此两者之不同中获得解释。《泰》卦初九是阳爻，且当天地通泰之时，与六四阴爻相应合，所以其必须采取行动，且行动会有好的结果。《否》卦初六则是阴爻，且当天地闭塞不通之时，因此，此时最好的办法，就是无所作为，静观待时，所以爻辞中少了一个"征"字。至于"拔茅茹以其汇"，则是就其与六二、六三阴爻的关系而言的，意为初六与六二、六三均为阴爻，故宜采取一致的行动。因为茅草生长密集，根系发达，其根常互相系连纠结，故有此喻。

【经文＋传文】

初六　拔茅茹以其汇，贞吉亨。

《象》曰："拔茅"，"贞吉"，志在君也。

【译文】

初六　拔起茅草的根，连带拔起了其同类植物的根，占问时预示吉祥、亨通。

《象传》说："拔起茅草"，"占问时预示吉祥"，因为其志向在于辅佐国君。

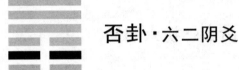

否卦·六二阴爻

【本爻解析】

六二阴爻处于下卦之中位，与九五阳爻相应合，有阴柔小人"包承"即包容顺承阳刚尊者之象，所以预示吉利。但阴柔小人包容顺承阳刚尊者，阳刚尊者则不能包容顺承阴柔小人，所以说"大人否"。此爻非常有意思，就是无论对小人还是君子而言，都预示吉利，因为爻辞中明确说："小人吉"，"大人""亨"。当然，这种吉利是有条件的，这就是小人要"包承"，而大人则不能"包承"。

【经文＋传文】

六二　包承，小人吉，大人否，亨。

《象》曰："大人否，亨"，不乱群也。

【译文】

六二　包容顺承，这种做法对小人吉利，大人不这么做，亨通。

《象传》说："大人不这么做，亨通"，是因为大人不与小人混为一群。

否卦·六三阴爻

【本爻解析】

六三阴爻居于阳位，又处《否》卦由下卦坤向上卦乾转化之际，有阴柔小人居位不正却又不顾形势变化贪恋职位之象，这种情形，最终必会给六三带来羞辱。对此，六三虽也心知肚明，但其宁可遭受羞辱，也不愿意退让，所以爻辞中说其"包羞"即包容羞辱。六三爻辞虽无吉凶之断语，但含羞忍辱，当非好事。

【经文 + 传文】

六三　包羞。

《象》曰："包羞"，位不当也。

【译文】

六三　含羞忍耻。

《象传》说："含羞忍耻"，是因为六三阴爻居于阳位，所处的位置不适当。

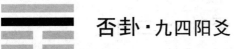

否卦·九四阳爻

【本爻解析】

《否》卦的闭塞不通主要体现在下坤的三个阴爻，到了九四阳爻，否道已经过半，处于向泰转化之际，闭塞不通的局面已开始改变，形势必将好转，这是由客观规律决定的，并不是出于谁的主观意愿，所以爻辞中说"有命，无咎"。爻辞"畴离（lí）祉"中的"畴"字，指同类的意思，在这里则指九五和上九，因为它们与九四一样，都属于阳爻。"畴离祉"即九五和上九会与九四一起得福。

【经文＋传文】

九四　有命，无咎，畴离祉。

《象》曰："有命，无咎"，志行也。

【译文】

九四　有天命，没有灾殃，自己的同类会一起得福。

《象传》说："有天命，没有灾殃"，说明其志向得到了实行。

否卦·九五阳爻

【本爻解析】

　　九五阳爻居上卦之中位，象征阳刚尊者居中守正，有能力结束这种闭塞不通的局面，所以爻辞中说"休否，大人吉"。不过，九五虽有能力结束闭塞不通的局面，但其毕竟仍处于《否》卦之中，大环境仍不是很好，稍不小心，闭塞不通的局面就有可能重新出现，所以九五必须时时警惕，要不断提醒自己：若麻痹大意，就会面临灭亡。只有这样，才能使闭塞不通的局面彻底终结。历史上每当改朝换代、新生的政权建立之初，其面临的形势与此就极其相似。

【经文＋传文】

　　九五　休否，大人吉。其亡其亡，系于苞桑。

　　《象》曰："大人"之"吉"，位正当也。

【译文】

　　九五　终止闭塞的局面，大人获得吉祥。时时提醒自己：将要灭亡，将要灭亡，就会像拴系在丛生的桑树上一样稳固。

　　《象传》说："大人"获得"吉祥"，是因为九五阳爻居于阳位，所处的位置正当。

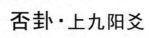

否卦·上九阳爻

【本爻解析】

上九阳爻居《否》卦之终，象征闭塞的局面已发展到尽头，正是否极泰来之时，所以爻辞中明确说"倾否"。但是，爻辞也告诉我们，上九虽意味着否极泰来，但也不能高兴得太早，因为上九仍属《否》卦，"否"的残余势力依然存在，所以上九是"先否后喜"。因此，处上九之时，绝不能掉以轻心，而应奋发有为，以彻底终结闭塞不通的局面。

【经文+传文】

上九　倾否，先否后喜。

《象》曰：否终则倾，何可长也！

【译文】

上九　倾覆闭塞的局面，开始时闭塞，后来喜悦。

《象传》说：闭塞到极点就会倾覆，闭塞的局面怎么能长久呢！

同人 第十三

【本卦解析】

　　同人指与别人相同,这种相同包括心意相同、行为一致等内容。《同人》卦下离上乾,离为火,火性炎上;乾为天,天在地上。就其向上的一面来说,离和乾是一致的。另外,六二是《同人》卦唯一的阴爻,也是《同人》卦的主爻,六二阴爻与九五阳爻正相应合。正因为《同人》卦的卦画结构有一致、相同、应合等意义,所以此卦意味着与别人心意、行为相同。与别人在心意、行为等方面相同,大家就能同心同德,团结一致,所以预示着亨通,有利于渡大河。卦辞中的"同人于野",指在旷野之地与别人相同,之所以强调在旷野之地,是因为旷野之地广阔无际,没有阻隔,正可用来象征人与人相和同时心胸的宽广、无私。

　　需要指出的是,《同人》卦所说的与人心意、行为相同,不是毫无原则地赞同、应和别人,不是盲目地为同而同,而是在坚持正义前提下的相同,卦辞中的"利君子贞",就指明了这一点。《论语·子路》中说:"君子和而不同,小人同而不和",即君子追求和谐而不是完全相同,小人追求完全相同而不是和谐,可谓对"同人"之义的极好注脚,也是我们在理解"同人"之含义时必须把握的原则。

　　《象传》以《同人》卦上乾下离象征"天与火",推出君子应该"类族辨物",其间的逻辑关系是:天与火虽是两种不同的事物,但它们都具有向上的特性,因此,两者可以归为一类;君子受此启发,从而要根据人与事物的性质来对其进行归类。

☲（离下乾上）同人　同人于野，亨，利涉大川，利君子贞。

《彖（tuàn）》曰：同人，柔得位得中而应乎乾，曰同人。同人曰："同人于野，亨，利涉大川"，乾行也。文明以健，中正而应，"君子"正也。唯君子为能通天下之志。

《象》曰：天与火，同人。君子以类族辨物。

【译文】

同人　在旷野之地与别人心意、行为相同，亨通。利于渡大河，君子占问预示有利。

《彖传》说：同人，六二阴爻处于阴位，且居下卦之中位，与居上卦之中位的九五阳爻相应合，所以能与别人心意、行为相同。《同人》卦的卦辞说："在旷野之地与人心意、行为相同，亨通，利于渡大河"，是因为刚健之道得以推行。《同人》卦下离上乾，离为火为文明，乾为刚健，合起来象征文明刚健；六二阴爻居下卦之中位，与居上卦之中位的九五阳爻相应合，说明君子恪守正道。只有君子才能贯通天下之人的心志。

《象传》说：《同人》卦上乾下离，乾为天，离为火，象征天与火性质一致，这就是《同人》卦的卦象。君子观此卦象，从而对人群进行归类，对事物加以分别。

同人卦·初九阳爻

【本爻解析】

初九阳爻处《同人》卦之始，与九四阳爻不相应合，意味着其不是单独与某个对象相同，而是与众人相同。与众人相同，就能与众人融洽无间、和睦相处，所以没有灾殃。爻辞"同人于门"，即一出门就与别人相同，而不管出门时遇到的是谁，表达的正是不加分别地与众人在心意、行为等方面相同的意思。

【经文+传文】

初九　同人于门，无咎。

《象》曰：出门同人，又谁咎也？

【译文】

初九　在门外与别人心意、行为相同，没有灾殃。

《象传》说：出门与别人心意、行为相同，又有谁会来责备呢？

同人卦·六二阴爻

【本爻解析】

六二阴爻居下卦之中位，与居上卦之中位的九五阳爻相应合，本是极好的一爻，但处于"同人"之时，则有有选择地与某人心意、行为相同，而不与众人相同之嫌，所以爻辞中说"吝"，即会有令人悔恨之事。爻辞中的"同人于宗"，指只在宗庙内与别人心意、行为相同；宗庙内的人，指本宗族的人，而不包括宗族外的人，这种只顾本宗族利益而不顾宗族外之人的利益的行为，必会遭到众人的反对，所以会有令人悔恨之事。

【经文＋传文】

六二　同人于宗，吝。

《象》曰："同人于宗"，"吝"道也。

【译文】

六二　在宗庙内与别人心意、行为相同，将会有令人悔恨之事。

《象传》说："在宗庙内与别人心意、行为相同"，这是会造成悔恨的做法。

同人卦·九三阳爻

【本爻解析】

　　九三与上九爻有应位关系，但两者皆属阳爻，不相应合；在《同人》卦中，则意味着两者的心意、行为不相同；两者的心意、行为不相同，就会发生争执，对此，爻辞中以"伏戎于莽"即把军队埋伏在草丛中来比喻两者的矛盾需要通过战争来解决。但九三的力量毕竟比不过上九，所以"三岁不兴"，即三年也不敢与对方交战。另外，因为九三处于《同人》卦的下卦，所以称其"伏戎于莽"即有埋伏在草丛中之象；因为九三居下卦之最上位，故又有"升其高陵"即登上高陵之象。爻辞中无吉凶之判词，但劳师动众，又长期不能通过交战获胜，无疑不是吉利之事。

【经文＋传文】

　　九三　伏戎于莽，升其高陵，三岁不兴。

　　《象》曰："伏戎于莽"，敌刚也。"三岁不兴"，安行也。

【译文】

　　九三　把军队埋伏在茂密的草丛中，又登上高陵，三年不能与对方兴兵作战。

　　《象传》说："把军队埋伏在茂密的草丛中"，是要与刚强的对手为敌。"三年不能与对方兴兵作战"，是因为判明了形势，所以暂时按兵不动。

同人卦·九四阳爻

【本爻解析】

九四阳爻处于阴位,居位不正;九四与初九爻为应位关系,但两者均为阳爻,不相应合。这样,九四与初九间必会因心意、行为不同而发生冲突,爻辞中的"乘其墉(yōng)",正是反映了两者之间兵戎相见的状况。但是,《同人》卦的宗旨是提倡彼此间心意、行为相同,反对彼此间的冲突和斗争,因此,正如九三"伏戎于莽"的结果是"三岁不兴",九四"乘其墉"的结果也是"弗克攻"。而且,九四以阳爻居阴位,有阳刚者守柔谦和之象,当其发现自己攻城的行为不合道义时,便果断地停了下来,所以爻辞中说九四预示吉祥。

【经文＋传文】

九四　乘其墉,弗克攻,吉。

《象》曰:"乘其墉",义弗克也。其"吉",则困而反则也。

【译文】

九四　登上敌人的城墙,却没有攻下城池,吉祥。

《象传》说:"登上敌人的城墙,却没有攻下城池",是因为从道义上不应该攻占对方的城池。之所以"吉祥",是因为其面临困境时能回头按正确的原则办事。

同人卦·九五阳爻

【本爻解析】

九五阳爻居上卦之中位，与居下卦之中位的六二阴爻相应合，象征阳刚尊者与阴柔者心意、行为相同。但是，九五与六二的应合并不是一帆风顺的，而是必须克服九三、九四两爻的阻隔后才能实现。对于这种状况，爻辞中有充分的反映：爻辞一开头的"同人"，指明了九五与六二心意、行为相同的关系；"先号咷（táo）"，说明两者受九三、九四两爻的阻隔而痛苦悲伤的情状；"而后笑"，指明了九五与六二最终必能相互应合；"大师克相遇"，则表明九五与六二经过激烈的斗争后最终实现了应合。

【经文＋传文】

九五　同人先号咷而后笑，大师克相遇。

《象》曰："同人"之"先"，以中直也。"大师""相遇"，言相"克"也。

【译文】

九五　与别人心意、行为相同，先号啕大哭，后欢笑欣喜，大部队克敌会师。

《象传》说："与别人心意、行为相同"而"先号啕大哭，后欢笑欣喜"，是因为九五阳爻居上卦之中位，象征其行中正之道。"大部队""会师"，说明与敌人作战取得了胜利。

同人卦·上九阳爻

【本爻解析】

《同人》卦以"同人于野"为同人的最高境界，此即卦辞中所谓的"同人于野，亨"；未达此境界的便会存在缺憾，故称六二爻"同人于宗"为"吝"、初九爻"同人于门"为"无咎"。上九阳爻处《同人》卦之极，故有"同人于郊"之象。但古人以都城以外百里之内的地方为郊，与"野"相比，"郊"的规模、气象仍嫌不足，故仅得"无悔"，而不能像"同人于野"那样得"亨"。《象传》称上九"志未得也"，正是指其未能达到"同人于野"的境界。

【经文＋传文】

上九　同人于郊，无悔。

《象》曰："同人于郊"，志未得也。

【译文】

上九　在郊外与别人心意、行为相同，没有令人后悔之事。

《象传》说："在郊外与别人心意、行为相同"，说明其志向未能实现。

大有 第十四

【本卦解析】

大有即极其富有。《大有》卦的六五阴爻居上卦之中位，上下的五个阳爻都与其相应，象征阴柔者居于尊位而得到众多阳刚者的全力辅佐，这必然会带来极其富有的局面，所以称为大有。另外，《大有》卦下乾上离，乾象征刚健，离象征文明；六五阴爻与九二阳爻相应合，象征阴柔者顺应天道。这样，《大有》卦既具刚健文明之德，又能顺应天道，当然就意味着"元亨"即大为亨通了。

【经文＋传文】

（乾下离上）大有　元亨。

《彖（tuàn）》曰：大有，柔得尊位大中，而上下应之，曰大有。其德刚健而文明，应乎天而时行，是以"元亨"。

《象》曰：火在天上，大有。君子以遏恶扬善，顺天休命。

【译文】

大有　大为亨通。

《彖传》说：大有，六五阴爻居上卦之中位，象征阴柔者居于尊位并持守中道，上下的阳刚者都纷纷表示响应，所以意味着极其富有。《大有》卦下乾上离，乾为刚健，离为文明，象征具有刚健而文明之德，又能顺应天道，适时而行，所以"大为亨通"。

《象传》说：《大有》卦下乾上离，乾为天，离为火，象征天上有火，这就是《大有》卦的卦象。君子观此卦象，从而制止恶行，褒扬善行，顺从美善的天命。

大有卦·初九阳爻

【本爻解析】

初九阳爻处《大有》卦之初，与九四阳爻不相应，有不与他人交往之象。但是，初九不与他人交往，不是指不与所有的人交往，而是不与不合适的人交往。初九象征积累刚刚开始，此时最应注意的，就是不误交匪人，以免财富得而复失。初九既然能做到"无交害"，当然就不会有灾殃。同时，初九还应时时牢记财富来之不易，常常想到财富积累时的艰辛，从而勤俭节约，不挥霍浪费，如此才能真正"无咎"。

【经文＋传文】

初九　无交害，匪咎，艰则无咎。

《象》曰：大有初九，"无交害"也。

【译文】

初九　没有因交往不当而带来的祸害，不会有灾殃；时刻想到艰难的处境，就不会有灾殃。

《象传》说：初九爻处《大有》卦之初，"没有因交往不当而带来的祸害"。

大有卦·九二阳爻

【本爻解析】

九二阳爻处于阴位，又居下卦之中位，与六五阴爻正相应合，象征阳刚者具谦和之德，并受到阴柔尊者的信任，去从事积累财富的工作。这种情形，正如用大车装载着财物向前顺利行进一样，因为上下同心，没有人为的阻梗，所以不会有灾殃。

【经文+传文】

九二　大车以载，有攸往，无咎。

《象》曰："大车以载"，积中不败也。

【译文】

九二　用大车装载，有所前往，没有灾殃。

《象传》说："用大车装载"，是指把物品装积在车中，不会毁坏。

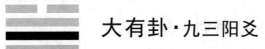# 大有卦·九三阳爻

【本爻解析】

九三阳爻居下卦之上位，象征阳刚者有较高的地位，故爻辞中以"公"即王公大人相称。《大有》卦发展到九三爻，财富已积聚到相当的程度，因此，此时九三应做的，就是把财富献给天子，以使天下之人都能分享，所以爻辞中说"公用亨于天子"。这里的"天子"，指的是六五阴爻。不过，若九三是鄙吝之小人，则不会把财富献给天子，而是用于私人享乐，所以爻辞中说"小人弗克"。九三爻无吉凶之判词，但所指已十分明显：若把财物贡献出去，则没有灾殃；否则，则预示不吉。

【经文＋传文】

九三　公用亨于天子，小人弗克。

《象》曰："公用亨于天子"，"小人"害也。

【译文】

九三　王公把财物献给天子，小人则不能。

《象传》说："王公把财物献给天子"，若是小人，则会有祸害。

大有卦·九四阳爻

【本爻解析】

　　九四阳爻居于上卦，象征财富已积累到极为丰盛的程度。但九四位居六五君主之侧，一举一动必须十分小心。好在九四阳爻居于阴位，有自我贬抑之象，所以不会有灾殃。爻辞中的"匪其彭"，指九四盛多而不炫耀，正是说明九四谦逊自守，不因富贵而骄。不过，对于"匪其彭"一句，历来有不同的解释，或释作非议行为不正之人，或释作反对邪曲之事，而朱熹则明确说不知该作何解。笔者把它译作"盛多而不炫耀"，是因为这样理解，于逻辑上显得较为通顺。

【经文＋传文】

　　九四　匪其彭，无咎。

　　《象》曰："匪其彭，无咎"，明辩晢（zhé）也。

【译文】

　　九四　盛多而不炫耀，没有灾殃。

　　《象传》说："盛多而不炫耀，没有灾殃"，说明其能非常明智地辨别事物。

107

大有卦·六五阴爻

【本爻解析】

六五是《大有》卦唯一的阴爻，也是《大有》卦的主爻。六五居上卦之中位，与九二阳爻相应合，其他四个阳爻也纷纷与其相应，所以六五意味着达到了极其富有的境地。就社会人事而言，六五好比君主，其以柔居尊位，谦逊自守，以诚信对待天下贤才英豪，天下的贤才英豪纷纷归心，从而使君主的事业臻于全盛。

【经文＋传文】

六五　厥孚交如，威如，吉。

《象》曰："厥孚交如"，信以发志也。"威如"之"吉"，易而无备也。

【译文】

六五　诚实守信，光明正大，充满威严，吉祥。

《象传》说："诚实守信，光明正大"，是用诚信来引发他人产生相同的志向。"充满威严"而"吉祥"，是因为六五行为简易而无所防备。

大有卦·上九阳爻

【本爻解析】

上九阳爻处《大有》卦之极，按照物极必反的原则，上九正处于由吉向凶转化的临界点，然而上九爻辞却出人意料的好："自天佑之，吉，无不利。"这又是为什么呢？原来，《大有》卦有一个特点，就是六五阴爻居于尊位，其他五个阳爻前来辅佐，共同造成极其富有的局面。因此，上九虽居六五之上，但其并不以阳刚自居，躁进不已，而是能谦逊地顺从六五尊者，从而能得到上天保佑。这正如《系辞传》中所说："佑者，助也。天之所助者，顺也。"也就是说，正因为上九有"顺"的品性，才会得天之助，以至于"吉，无不利"。

【经文＋传文】

上九　自天佑之，吉，无不利。

《象》曰：大有上"吉"，"自天佑"也。

【译文】

上九　有上天保佑，吉祥，没有任何不利。

《象传》说：《大有》卦的上九爻之所以"吉祥"，是因为"有上天保佑"。

谦 第十五

【本卦解析】

谦是谦虚的意思。《周易》对谦虚极其推崇，故卦辞中说：谦虚，意味着亨通，君子有好的结局。

《谦》卦的卦画结构形象地反映了谦虚的特点。《谦》卦下艮（gèn）上坤，艮为山，坤为地，有山在地中之象；山应该在大地之上，现在却在大地之下，比喻有才德的君子却甘居于平庸之人的下面，这不正是谦虚吗？

中国人历来崇尚谦虚，反对盈满，而在《彖（tuàn）传》中，更是对谦虚之德作了集中而深入的发挥。首先，《彖传》认为，《谦》卦的卦画结构意味着"天道下济而光明，地道卑而上行"。因为《谦》卦下艮上坤，艮为阳卦，代表天道，艮处于坤下，有天道下济之象；艮代表天道，天空中日、月、星高悬，能照耀万物，所以说"天道下济而光明"。坤代表地道，天尊地卑，所以说"地道卑"；但地气蒸腾上升，大地位于山之上，又都是地道上行之象，所以说"地道卑而上行"。其次，《彖传》解释了为什么卦辞中说"君子有终"。《彖传》认为，无论是天道、地道、鬼神之道还是人道，都是褒扬谦虚，贬抑盈满，它们使谦虚者得福，使盈满者遭祸。君子有谦虚之德，所以在地位尊贵时光明显耀，而在遭受磨难、地位卑下时不会受到凌辱，因此，正是谦虚，才使君子有好的结局。

《象传》以《谦》卦坤上艮下象征"地中有山"，推出君子应"裒（póu）多益寡，称物平施"，其间的逻辑关系是：地中有山，表示高大的山甘愿处于卑下的大地之下，体现了谦虚之德；因此，作为君子，在治理国家时，就要认识到盈满的坏处，从而取有余以补不足,把财物公平地分给众人。

【经文 + 传文】

☶☷(艮下坤上)谦　亨。君子有终。

《彖》曰:谦,"亨"。天道下济而光明,地道卑而上行。天道亏盈而益谦,地道变盈而流谦,鬼神害盈而福谦,人道恶(wù)盈而好谦。谦,尊而光,卑而不可逾,"君子"之"终"也。

《象》曰:地中有山,谦。君子以裒多益寡,称物平施。

【译文】

谦　亨通。君子有好的结局。

《彖传》说:谦,"亨通"。天之道是成就并照耀天下万物,地之道是居位卑下但地气能向上蒸腾。天之道是减损盈满者而增益谦虚者,地之道是改变盈满者而充实谦虚者,鬼神之道是使盈满者受害而使谦虚者得福,人之道是厌恶盈满者而爱好谦虚者。谦虚这一美德,使人处于尊位时光明显耀,地位低下时不会受到凌辱,"君子"正是因为谦虚才有"好的结局"。

《象传》说:《谦》卦上坤下艮,坤为地,艮为山,象征大地的下面有山,这就是《谦》卦的卦象。君子观此卦象,从而取有余以补不足,称量财物的多少,公平地施与众人。

谦卦·初六阴爻

【本爻解析】

谦本有低下之义，初六为阴爻，又处《谦》卦之最低位，故有"谦谦"之象。"谦谦"指谦而又谦，亦即谦虚之极。君子抱持谦虚之极的态度去渡大河，必会小心谨慎，同时又容易得到别人的帮助，最终肯定会顺利渡过大河，所以预示吉祥。当然，这里的渡大河只是一种象征性的说法，也可泛指处理各种艰难之事。

【经文＋传文】

初六　谦谦君子，用涉大川，吉。

《象》曰："谦谦君子"，卑以自牧也。

【译文】

初六　君子十分谦虚，用这种态度去渡大河，吉祥。

《象传》说："君子十分谦虚"，指用谦卑的态度来自我修养。

谦卦·六二阴爻

【本爻解析】

六二阴爻处于阴位，又居下卦之中位，象征君子柔顺谦逊，又能持守中正之道，当然会预示吉祥。另外，六二居下卦艮中，艮为山，又有君子隐居山中之象。君子隐居山中，美好的名声传扬于外，但君子不因此而沾沾自喜，而是继续以谦虚自守，所以爻辞中说"鸣谦"。

【经文＋传文】

六二　鸣谦，贞吉。

《象》曰："鸣谦，贞吉"，中心得也。

【译文】

六二　虽然有名，仍保持谦虚，占问预示吉祥。

《象传》说："虽然有名，仍保持谦虚，占问预示吉祥"，是因为内心能持守中道。

谦卦·九三阳爻

【本爻解析】

九三是《谦》卦中唯一的阳爻，也是《谦》卦的主爻，故九三爻辞与《谦》卦卦辞中均有"君子有终"四字。九三以阳爻居阳位，象征阳刚者刚健有为；九三以一阳配五阴，又有阳刚者受众人尊崇之象。但刚健有为、又受众人尊崇的九三却处于《谦》卦的下卦之中，此种情形，恰如君子有功劳而仍保持谦虚。君子具此美德，必会有好的结局，所以爻辞中说"有终，吉"。

【经文＋传文】

九三 劳谦君子，有终，吉。

《象》曰："劳谦君子"，万民服也。

【译文】

九三 君子有功劳而仍保持谦虚，有好的结局，吉祥。

《象传》说："君子有功劳而仍保持谦虚"，会受到万民的敬服。

谦卦·六四阴爻

【本爻解析】

六四阴爻居于阴位，象征阴柔者柔顺守正，具有谦虚的美德。但是，六四所具的谦虚之德不能深藏不露，而是必须发挥出来，这与六四所处的特殊位置有关：一是其下为《谦》卦之主爻，其上为居于尊位的六五，六四处于两者之间，必须发挥谦虚的美德，否则便会动辄得咎；二是六四刚由下艮进入上坤，有隐居者修养谦道已成，并由山中回到人间社会之象，既已回到人间社会，便需发挥其谦德。所以爻辞中说"无不利，捣（huī）谦"。

【经文＋传文】

六四　无不利，捣谦。

《象》曰："无不利，捣谦"，不违则也。

【译文】

六四　没有任何不利，发挥谦逊之德。

《象传》说："没有任何不利，发挥谦逊之德"，说明这样做不违背原则。

谦卦·六五阴爻

【本爻解析】

六五阴爻居上卦之中位，象征阴柔者居于尊位。阴柔者居于尊位，则难免有不服从者；而对于胆敢不服从的人或国家，就要果断地进行讨伐。因为六五以谦德自守，其采取讨伐的行为，完全是不得已而为之，所以不会有任何不利。"不富以其邻"一句，意为与其邻国一起都不富裕，因为《周易》通常以阳爻为实为富，以阴爻为虚为不富，六五为阴爻，所以说"不富"；"邻"则指六四和上六爻，因为六四和上六都是阴爻。正因为六五与六四、上六都为阴爻，都"不富"，所以说"不富以其邻"。

【经文 + 传文】

六五　不富以其邻，利用侵伐，无不利。

《象》曰："利用侵伐"，征不服也。

【译文】

六五　与其邻国一起都不富裕，利于向造成这种状况的国家兴兵讨罪，没有任何不利。

《象传》说："利于兴兵讨罪"，是因为前去征讨不顺服者。

谦卦·上六阴爻

【本爻解析】

　　上六阴爻居《谦》卦之极，有身居高位、极其谦虚而又名声远扬之象，上六凭借此种势位、德行和名声出兵去征伐不顺从的封邑小国，当然会取得胜利，所以爻辞中说"利用行师征邑国"。需要说明的是，上六爻辞中有"鸣谦"，六二爻辞中也有"鸣谦"，但两者的意思是有差别的。上六是位高有名而仍保持谦虚，六二则是隐居山中有名而仍保持谦虚。正因为两者存在差别，所以《象传》对六二"鸣谦"的评价是"中心得"即内心能持守中道，对上六"鸣谦"的评价则是"志未得"即志向尚未实现。至于为什么上六"鸣谦"意味着"志未得"，乃是因为上六身居高位、极其谦虚而又名声远扬，却仍有不顺从的封邑小国需要去征伐，这毕竟是一种缺憾。

【经文＋传文】

　　上六　鸣谦，利用行师征邑国。

　　《象》曰："鸣谦"，志未得也。可"用行师"，"征邑国"也。

【译文】

　　上六　虽然有名，仍保持谦虚，利于出兵征讨封邑小国。

　　《象传》说："虽然有名，仍保持谦虚"，是因为其志向尚未实现。可以"出兵"，是去"征讨封邑小国"。

豫 第十六

【本卦解析】

豫是和悦欢乐的意思。《豫》卦下坤上震，坤为地，震为雷，象征大地上春雷震动，万物复苏，一派欣欣向荣的景象，所以豫意味着和悦欢乐。同时，《豫》卦的下坤又象征民众，君主在面对天下民众时，考虑的是如何进行统治，以使民众能安定地生活，而"建侯"即册封诸侯正是治理万民的重要手段，故卦辞中说"利建侯"；《豫》卦的上震象征雷，雷的特点是威严肃杀，奋动不已，此正可用来象征出兵打仗，故卦辞中又说利于"行师"。

《彖（tuàn）传》首先解释《豫》卦卦画结构的特点是"刚应而志行，顺以动"：因为《豫》卦由一阳爻五阴爻组成，五个阴爻都要与阳爻应合，所以说"刚应"；阳刚者得到众阴柔者的协助，其志向必能实现，所以说"志行"；《豫》卦下坤上震，坤的特点是顺，震的特点是动，所以《豫》卦象征"顺以动"。接下来，《象传》集中揭示了"顺以动"的深刻意义。它认为，所谓"顺以动"，即顺从物性或规律而动，无论是天地万物还是社会人事，都要顺从规律而动，天地顺从规律而动，从而使日月的运行和四季的更替都不会出现差错；圣人顺从规律而动，从而使政治清明，民众悦服，因此，顺从规律而动的意义是十分重大的。

《象传》以《豫》卦震上坤下象征"雷出地奋"，推出先王应"作乐崇德，殷荐之上帝，以配祖考"，其间的逻辑关系是：雷出地而震动，标志着大地复苏，万物开始生长，天地之间充满了欢乐祥和的气氛，而这一切都体现了天地的化育之功，所以先王要"作乐崇德";同时，上帝是万物的主宰，祖先使人类的生命得以延续，所以当雷出地而动、万物生长之时，先王要把丰厚的祭品献给上帝和祖先。

【经文＋传文】

▤ （坤下震上）豫　利建侯，行师。

《彖》曰：豫，刚应而志行，顺以动，豫。豫，顺以动，故天地如之，而况"建侯，行师"乎。天地以顺动，故日月不过，而四时不忒（tè）。圣人以顺动，则刑罚清而民服。豫之时义大矣哉。

《象》曰：雷出地奋，豫。先王以作乐崇德，殷荐之上帝，以配祖考。

【译文】

豫　利于册封诸侯，出兵打仗。

《彖传》说：豫，五个阴爻与九四阳爻应合，表明阳刚者受到阴柔者的协助，其志向得以推行；《豫》卦下坤上震，坤为顺，震为动，象征随顺物性而动，从而得以和悦快乐。和悦快乐，需要随顺物性而动，天地运行也是遵循这一规律，更何况"册封诸侯，出兵打仗"这类事情呢？天地顺从规律而运动，所以日月的交替没有过失，四季的变化不会出差错。圣人顺从规律而行动，从而使刑罚清明，百姓服从。《豫》卦顺时而动的意义真是太大了。

《象传》说：《豫》卦上震下坤，震为雷，坤为地，象征雷出地而震动，这就是《豫》卦的卦象。先王观此卦象，从而制作音乐，推崇功德，并把丰盛的祭品进献给上帝和祖先。

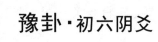

豫卦·初六阴爻

【本爻解析】

初六阴爻居于阳位，与九四阳爻相应合，有阴柔小人不中不正、却得到上位者庇护之象；不中不正的小人受到有权势者的庇护，必会忘乎所以，追求享乐，所以预示有凶险。由初六爻辞"鸣豫，凶"，我们会很自然地联想到《谦》卦的六二爻辞"鸣谦，贞吉"：有名声而仍保持谦虚，则预示吉祥；反之，有名声而安于享乐，则会预示凶险。这一道理，对现代人仍有很大的警示意义。社会上某些一夜成名的明星，一夕暴富的暴发户，官运亨通、青云直上的官员，就是因为在有了名声和财富后忘乎所以，迷失方向，最后走上犯罪道路、身败名裂的，这正如《象传》中所说："志穷'凶'也"。

【经文＋传文】

初六　鸣豫，凶。

《象》曰：初六"鸣豫"，志穷"凶"也。

【译文】

初六　有名声而安于享乐，有凶险。

《象传》说：初六爻辞说"有名声而安于享乐"，这种做法因为失去了志向，所以"有凶险"。

豫卦·六二阴爻

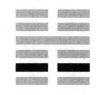

【本爻解析】

六二阴爻处于阴位，且居下卦之中位，象征阴柔者居中得正，在和悦欢乐之时，仍能行中正之道，所以预示吉祥。爻辞中的"介于石"一句，历来争议较多，笔者在这里的理解以《系辞传下》第五章中的观点为依据。《系辞传下》第五章中说："介如石焉，宁用终日，断可识矣。"它以"如"释"于"，据此，"介于石"不应释为置身于石中，释为耿介如石，应较为恰当。正因为六二耿介如石，所以能很快悟知事理，不会因置身享乐而失去志向。

【经文＋传文】

六二　介于石，不终日，贞吉。

《象》曰："不终日，贞吉"，以中正也。

【译文】

六二　耿介如石，很快就能悟知事理，占问得吉兆。

《象传》说："很快就能悟知事理，占问得吉兆"，这是因为六二阴爻居下卦之中位，象征其能行中正之道。

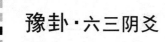

豫卦·六三阴爻

【本爻解析】

六三阴爻居于阳位，且居下卦的最上位，象征阴柔者不中不正。六三位于《豫》卦主爻九四阳爻之下，又有不中不正的阴柔小人贪慕他人安享快乐之象；此种行为为正人君子所不齿，故会发生令人后悔之事。爻辞中还进一步提醒六三，赶快停止这种卑污的念头，否则又会发生新的令人后悔之事："迟，有悔。"爻辞中之所以会作出这样的提醒，是因为六三居于阳位，有躁动之象。

【经文＋传文】

六三　盱（xū）豫，悔；迟，有悔。

《象》曰："盱豫"，"有悔"，位不当也。

【译文】

六三　贪慕他人的安逸快乐，会有令人后悔之事；迟缓不改，又会有新的令人后悔之事。

《象传》说："贪慕他人的安逸快乐"，"会有令人后悔之事"，这是因为六三阴爻居于阳位，所处的位置不适当。

豫卦·九四阳爻

【本爻解析】

九四阳爻是《豫》卦的主爻，五个阴爻都来与其应合，从而得以享受欢乐。这就是"由豫"即其得以享受欢乐的原因。但九四位于六五君位之下，属于臣位；九四又是以阳爻居阴位，居位不正，故九四会因此而心生疑虑。但九四作为主爻，这些疑虑都是没有必要的，所以爻辞中劝其"勿疑，朋盍簪（hézān）"，这里的"朋"，即指五个阴爻，爻辞中认为它们必会像用簪子把头发束在一起一样前来聚合，而且这都是由《豫》卦的卦画结构所决定的，并不是出于谁的主观意愿。

【经文＋传文】

九四　由豫，大有得。勿疑，朋盍簪。

《象》曰："由豫，大有得"，志大行也。

【译文】

九四　有缘由的欢乐，大有所得；不要怀疑，朋友们会前来相聚。

《象传》说："有缘由的欢乐，大有所得"，说明其志向已经广泛推行。

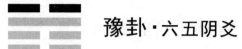

豫卦·六五阴爻

【本爻解析】

六五阴爻居上卦之中位，又居于九四阳爻之上，有阴柔者居于尊位并凌乘阳刚者之象；加上六五正处于和悦欢乐之中，易于沉溺，这些都有可能给六五带来疾患。爻辞中说"贞疾"，正是说明六五已因耽于享乐而得病。但六五居上卦之中位，又表示其能持守中道，从而能及时悔悟，故不仅不会因得病而失去生命，而且还能"恒不死"即活得很久。

【经文＋传文】

六五　贞疾，恒不死。

《象》曰：六五"贞疾"，乘刚也。"恒不死"，中未亡也。

【译文】

六五　占问疾病，得病的人还可以活很长时间。

《象传》说：六五爻辞说"占问疾病"，是因为六五阴爻居于九四阳爻之上，象征阴柔者凌乘阳刚者，所以会产生疾患。"可以活很长时间"，是因为六五阴爻居上卦之中位，象征其没有违背中道。

豫卦·上六阴爻

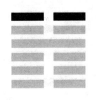

【本爻解析】

上六阴爻处于阴位，又居《豫》卦之终，有阴柔者昏昧糊涂、沉溺于享乐之象。但上六既已处《豫》卦之终，则物极必反，必会向相反的方向转化，故爻辞中说"有渝"，"有渝"即改变这种沉溺于享乐的做法，所以最终不会有灾殃。

【经文＋传文】

上六　冥豫，成有渝，无咎。

《象》曰："冥豫"在上，何可长也。

【译文】

上六　昏昧地沉迷于享乐，这种状况最终得以改变，没有灾殃。

《象传》说："昏昧地沉迷于享乐"又高居上位，这种状况怎么能长久呢？

 随 第十七

【本卦解析】

随指随从的意思。《随》卦上下卦中的阳爻均处于阴爻的下面。阳在阴下，象征阳刚者谦逊地对待阴柔者，尊贵者虚心地对待低贱者，后者必会心悦诚服地追随前者。另外，《随》卦下震上兑，震为动，兑为悦，象征阳刚者积极有为，阴柔者因之而喜悦，喜悦则必来追随。阳刚者积极有为，又能以谦逊之德吸引别人前来追随，所以必然会"元亨，利贞，无咎"即大为亨通，有利之占问，没有灾殃。

【经文＋传文】

（震下兑上）随　元亨，利贞，无咎。

《彖（tuàn）》曰：随，刚来而下柔，动而说（yuè），随。大亨贞，无咎，而天下随时，随时之义大矣哉。

《象》曰：泽中有雷，随。君子以向晦入宴息。

【译文】

随　大为亨通，有利之占问，没有灾殃。

《彖传》说：《随》卦下震上兑，震为阳卦，兑为阴卦，象征阳刚位于阴柔之下，有所行动而使人喜悦，从而有随从的意义。占问预示大为亨通，没有灾殃，从而天下万物都根据合适的时机而动，根据合适的时机而动的意义真是太大了。

《象传》说：《随》卦上兑下震，兑为泽，震为雷，象征雷在泽中，这就是《随》卦的卦象。君子观此卦象，从而在天将黑时入室休息。

随卦·初九阳爻

【本爻解析】

初九爻处《随》卦之初，又以阳爻居阳位，有广泛选择正确的对象以追随之象。爻辞中的"官有渝"即思想观念发生改变，初九的思想观念之所以发生改变，是因为原来的思想存在误区，现在改变了，变得正确了，所以占问得吉兆。爻辞中的"出门交有功"正是对"官有渝"的补充说明，即初九原来只追随门内之人，思想极其狭隘；现在思想解放了，出门去追随天下的正人君子，这对初九的知识、修养等都会带来极大的提升，所以必会有收获。

【经文＋传文】

初九　官有渝，贞吉。出门交有功。

《象》曰："官有渝"，从正"吉"也。"出门交有功"，不失也。

【译文】

初九　思想观念发生改变，占问得吉兆。出门与人交往会有收获。

《象传》说："思想观念发生改变"，因为顺从正道，所以"吉利"。"出门与人交往会有收获"，是因为不违背正道。

随卦·六二阴爻

【本爻解析】

六二阴爻处于下卦之中位,有阴柔者选择合适的对象以追随之象。六二周围有两个对象,一个是初九,一个是六三,六二依据随上不随下的原则,选择了六三,放弃了初九。六三是阴爻,象征"小子";初九是阳爻,象征"丈夫"(《周易》以阴为小,以阳为大),所以爻辞中说"系小子,失丈夫"。

【经文+传文】

六二　系小子,失丈夫。

《象》曰:"系小子",弗兼与也。

【译文】

六二　系恋随从小子,失去了丈夫。

《象传》说:"系恋随从小子",说明两者不能兼得。

随卦·六三阴爻

【本爻解析】

六三阴爻处于九四阳爻和六二阴爻之间，其在选择追随对象时，也与六二阴爻一样，选择居于上位的九四，而放弃处于下位的六二。因九四是阳爻，象征"丈夫"；六二是阴爻，象征"小子"，所以爻辞中说"系丈夫，失小子"。又因六三选择的追随对象是阳刚的丈夫，意味着选择正确，所以爻辞中说"有求得"即有求必得。爻辞中的"利居贞"则是提醒六三应坚持正确的选择，不要轻易改变。

【经文＋传文】

六三　系丈夫，失小子。随有求得，利居贞。

《象》曰："系丈夫"，志舍下也。

【译文】

六三　系恋随从丈夫，失去了小子。随从别人，有求必得，利于占问居处。

《象传》说："系恋随从丈夫"，说明其志向是舍弃处于下面的小子。

随卦·九四阳爻

【本爻解析】

九四阳爻位于九五阳爻之下，象征阳刚者追随尊贵的君主。阳刚者参与君主的事业，必会有所收获，如受封得禄之类，这本是好事，然而爻辞中却说有凶险。这是因为，伴君如伴虎，所谓"鸟兽尽，良弓藏；狡兔逐，走狗烹"，从一些历史事实来看，当君主的事业取得成功后，那些有盖世功勋的大臣往往不得好死。那么，面临此种险境，九四该怎么办呢？爻辞中说，应该"有孚在道"，即显示诚信，言行合乎正道，千万不能居功自傲，从而引起君主的疑忌，只有这样，才会没有灾殃。

【经文＋传文】

九四　随有获，贞凶。有孚在道，以明，何咎。

《象》曰："随有获"，其义"凶"也。"有孚在道"，明功也。

【译文】

九四　随从别人而有所获，占问得凶兆。有诚信，合乎正道，而且能明察，会有什么灾殃呢。

《象传》说："随从别人而有所获"，这当然会有"凶险"。"有诚信，合乎正道"，这是明察产生的功效。

随卦·九五阳爻

【本爻解析】

九五阳爻居上卦之中位，象征阳刚者行中正之道。九五处于《随》卦中，又有阳刚者唯善是从之象，故必能感化天下之人，得到美好的结果，所以爻辞中说"孚于嘉，吉"。这里的"嘉"，指美善者，包括美善的人或事物。对美善的人或事物施以诚信，当然就会预示吉祥。

【经文＋传文】

九五　孚于嘉，吉。

《象》曰："孚于嘉，吉"，位正中也。

【译文】

九五　对美善者施以诚信，吉祥。

《象传》说："对美善者施以诚信，吉祥"，是因为九五阳爻居上卦之中位，象征其行中正之道。

随卦·上六阴爻

【本爻解析】

上六爻辞似指商纣王拘周文王于羑（yǒu）里而又把他释放之事，历代有不少学者持此说法。之所以用周文王之事来作上六爻辞，是为了说明"随"道的特殊性。周文王作为商纣王的臣子，本应追随商纣王，但商纣王荒淫暴虐，周文王无法再追随这样的帝王，此恰如上六处于《随》卦之极，预示"随"道即将发生变化。周文王不愿追随商纣王，所以被商纣王拘禁。但周文王为了能尽快脱身，以推翻商纣王的统治，被拘禁羑里后，又装出顺从的样子，从而骗得商纣王的信任，最终获得释放。此又显出"随"道的复杂性。"王用亨于西山"则指周文王获释后，在岐山（即西山）举行祭祀活动，以感谢上苍的佑助。

【经文＋传文】

上六　拘系之，乃从维之；王用亨于西山。

《象》曰："拘系之"，上穷也。

【译文】

上六　把他拘禁起来，后来又把他释放；君王在西山举行祭祀活动。

《象传》说："把他拘禁起来"，说明上六处于上位而陷于困境。

蛊 第十八

【本卦解析】

蛊本指腹中的寄生虫，也指人工培养出来用来害人的一种毒虫，这里指坏事、弊乱，也指整治坏事、弊乱。《蛊》卦下巽（xùn）上艮（gèn），巽为阴卦，艮为阳卦，因此，《蛊》卦是下阴上阳，恰如《否》卦的下坤上乾，象征阴阳不相交通，弊乱丛生，所以蛊有坏事、弊乱之义。但是，《蛊》卦下阴上阳，又有阴柔者顺从阳刚者之义；《蛊》卦下巽上艮，巽为顺，艮为止，亦有阴柔者逊顺静止之义；而阳刚者在上奋发有为，阴柔者顺服听从，正有治理弊乱之义。正因为蛊有治理弊乱之义，所以卦辞中说预示"元亨"即大为亨通。

卦辞中的"先甲三日，后甲三日"，是用来说明治弊之道的。关于其具体含义，历来说法不一，笔者把它理解为甲日前的三天和甲日后的三天。这里值得我们关注的，是为什么卦辞中会出现这一说法。总结前人的观点，它至少包含这样两个方面的原因：一是如《彖（tuàn）传》所说，这反映了"终则有始"的原则。这里所谓的"终则有始"，既指"先甲三日"与"后甲三日"间的反复循环，也指弊乱和整治弊乱之间的反复循环，因为人类社会正是以一治一乱的形式向前发展的。二是整治弊乱时既需要深思熟虑，也需要深入考察，而"先甲三日"也可以理解为治弊前花时间反复思量，"后甲三日"则可以视为在治弊措施实行后仔细观察其效果。

《象传》由《蛊》卦上艮下巽象征"山下有风"，推出君子要"振民育德"，其间的逻辑关系是：山有静止涵养之义，又有仁人君子之象（如《论语·雍也》中说"仁者乐山"）；风则有道德教化之义，因此，君子看到山下有风吹动，认识到进行道德教化是仁人君子的职责，从而去济助民众，并努力培养他们的道德。

【经文 + 传文】

☲（巽下艮上）蛊　元亨。利涉大川，先甲三日，后甲三日。

《彖》曰：蛊，刚上而柔下，巽而止，蛊。蛊，"元亨"，而天下治也。"利涉大川"，往有事也。"先甲三日，后甲三日"，终则有始，天行也。

《象》曰：山下有风，蛊。君子以振民育德。

【译文】

蛊　大为亨通。利于渡大河，时间在甲日前的三天和甲日后的三天。

《彖传》说：《蛊》卦上艮下巽，阳刚在上而阴柔在下，阴柔者逊顺而静止，有整治弊乱之义。《蛊》卦卦辞中的"大为亨通"，是指天下得到大治。"利于渡大河"，说明是有事而前往。"时间在甲日前的三天和甲日后的三天"，说明事情在结束后又会有新的开始，这是自然界运行的规律。

《象传》说：《蛊》卦上艮下巽，象征山下在刮风，这就是《蛊》卦的卦象。君子观此卦象，从而济助民众，并培养他们的道德。

蛊卦·初六阴爻

【本爻解析】

　　初六属阴爻，有儿子之象；初六以阴爻处阳位，又表示儿子积极有为；初六处于九二、九三阳爻之下，又在《蛊》卦中，则有纠正阳刚者的弊病之象，所以爻辞中说"干父之蛊"即纠正父亲的弊病。儿子纠正父亲的弊病，有利于改善父亲的名声，所以爻辞中又说"考无咎"。但是，作为儿子，应以孝顺为主，纠正父亲的弊病，会造成一些人的误解，所以开始时有一定的危险，但等一切尘埃落定时，人们会看清事情的真相，从而最终获得吉祥。

【经文＋传文】

　　初六　干父之蛊，有子，考无咎。厉，终吉。

　　《象》曰："干父之蛊"，意承考也。

【译文】

　　初六　纠正父亲的弊病，有这样的儿子，父亲不会有灾殃。虽然会遭遇危险，但最终获得吉祥。

　　《象传》说："纠正父亲的弊病"，说明其志向是继承父亲的事业。

蛊卦·九二阳爻

【本爻解析】

九二阳爻居下卦之中位，与六五阴爻相应合，有阳刚者居于柔位而辅助居于尊位的阴柔者之象，爻辞中的"干母之蛊"即纠正母亲的弊病，正与之相吻合。儿子纠正居于尊位的母亲的弊病，因母性多疑，这样的事情结局难料，所以爻辞中说"不可贞"，即难以占问吉凶。春秋时，卫国国君的夫人南子与宋国的公子朝私通，其子蒯聩（kuǎikuì）欲加以制止，但因南子把持着卫国朝政，结果蒯聩被废黜，与此类似。不过，"干母之蛊"虽"不可贞"，但《象传》还是鼓励这样的行为，认为它符合守中之道。

【经文 + 传文】

九二　干母之蛊，不可贞。

《象》曰："干母之蛊"，得中道也。

【译文】

九二　纠正母亲的弊病，不适合占问。

《象传》说："纠正母亲的弊病"，这样做符合守中之道。

蛊卦·九三阳爻

【本爻解析】

九三爻辞与初六一样都是"干父之蛊"，但初六预示"厉，终吉"，九三则预示"小有悔，无大咎"，为什么会有这样的区别呢？这是因为，初六处蛊之始，意味着父亲的弊病还不是很严重，初六又代表阴柔者，他会以温和的措施来纠正父亲的弊病，所以过程中虽会有危险，但最终是吉祥的。九三则是阳爻居阳位，阳刚过盛，在纠正父亲的弊病时，不免会采取一些过激的措施，即所谓矫枉过正，这样的行为，当然会造成一些令人后悔之事。不过，九三居于正位，象征以正道匡父之过，所以不会有大的灾殃。

【经文＋传文】

九三　干父之蛊，小有悔，无大咎。

《象》曰："干父之蛊"，终"无咎"也。

【译文】

九三　纠正父亲的弊病，会有小小的令人后悔之事，但没有大的灾殃。

《象传》说："纠正父亲的弊病"，最终"不会有灾殃"。

蛊卦·六四阴爻

【本爻解析】

六四阴爻处于阴位，纯是一团阴柔之气，其对于父亲的弊病，既无胆量、亦无能力去纠正，所以只好听之任之，因循苟且。此正如某些领导人，对于上一代领导人所犯的错误，因受种种条件的制约，不敢大胆去作公正的评价，更不敢采取措施予以纠正。但是，有过失而不去纠正，必将影响事业的顺利发展，所以爻辞中说"往见吝"，即前往会有令人悔恨之事；《象传》中则进一步提醒"往未得"，即如此前往不会有什么好结果。

【经文＋传文】

六四　裕父之蛊，往见吝。

《象》曰："裕父之蛊"，往未得也。

【译文】

六四　宽容父亲的弊病，前往会有令人悔恨之事。

《象传》说："宽容父亲的弊病"，这样前往不会得到什么好的结果。

蛊卦·六五阴爻

【本爻解析】

六五阴爻居上卦之中位，有阴柔者居于尊位又恪守中道之象，以此来纠正父亲的弊病，必能获得好的结果，所以爻辞中说"用誉"，即因而得到好的声誉。关于"用誉"的"用"字，学者们或释作"使用"，意为用自己的声誉来纠正父亲的弊病；或释为"受到"。笔者认为，释作"使用"，于理不顺；释作"受到"，则"用"字并无"受到"的义项。因此，此"用"字应为介词，表示原因或结果，释作"因而"或"因此"。

【经文＋传文】

六五　干父之蛊，用誉。

《象》曰："干父"，"用誉"，承以德也。

【译文】

六五　纠正父亲的弊病，因而获得好的声誉。

《象传》说："纠正父亲的弊病"，"因而获得好的声誉"，说明是用美德来继承先辈的事业。

蛊卦·上九阳爻

【本爻解析】

上九阳爻居《蛊》卦之终，与九三阳爻又不相应合，仿佛置身事外的阳刚者，醉心于自己所从事的事业，而对身外之事不管不顾，即使是贵为王侯之人，也不能使他屈身侍奉。东汉时的严子陵曾是光武帝刘秀的同学，刘秀称帝后，把他征召至京；但严子陵却不愿做官，后躬耕于富春山下，垂钓于富春江边，自娱终老，与此类似。

【经文＋传文】

上九　不事王侯，高尚其事。

《象》曰："不事王侯"，志可则也。

【译文】

上九　不服侍王侯，崇尚自己所从事的事业。

《象传》说："不服侍王侯"，这种志向值得效法。

临 第十九

【本卦解析】

　　临指居高临下进行统治的意思。《临》卦下兑上坤，兑为泽，坤为地，地在上而泽在下，而且泽又处于大地的包围之中；卦辞以地比喻统治者，以泽比喻民众，因此《临》卦有统治者在上治理民众，民众又服从统治的意思。这种情况，正是政治清明、国泰民安的理想状态，所以预示"元亨，利贞"。不过，地虽能包围大泽，但当雨水过多、堤坝又不牢固时，泽水就不会再在大地之下，而是会在大地上横溢；这就好比民众造反，统治者面临灭顶之灾，这种状况，当然是统治者必须预加防范的。因为雨水过多的情况通常发生在八月份，所以卦辞中说"至于八月，有凶"。

　　《彖（tuàn）传》主要从三个方面解释《临》卦的卦画结构和卦辞。一是从《临》卦的卦画结构看，《临》卦的初九、九二两个阳爻居下，有阳气渐长之象；《临》卦下兑上坤，兑为悦，坤为顺，象征和悦而柔顺；《临》卦的九二阳爻居下卦之中位，与居上卦之中位的六五阴爻相应合，因此，《临》卦有阳刚之气渐长、和悦柔顺、阳刚者得众人响应的特点。这一特点，与统治者在上治民、民众悦服的情形极其相似，所以称之为"临"。二是《临》卦之所以预示"元亨，利贞"，是因为《临》卦泽下地上、阴柔者和悦柔顺、九二阳爻与六五阴爻相应合等都符合正道，而符合正道必致大为亨通，这是天道运行的规律，此即《彖传》所谓的"大'亨'以正，天之道也"。三是为什么到八月份会有凶险？《彖传》认为，这是因为《临》卦从六三开始变为阴爻，象征阳气渐消，阴气渐长，而且阴气越来越盛，所以预示有凶险。

《象传》由《临》卦兑下坤上象征"泽上有地",推出君子应"教思无穷,容保民无疆",其间的逻辑关系是:地好比统治者,泽好比民众,地在泽上,正如统治者在上统治民众,因此要对民众进行教化,并关心他们的生活;大地包容着泽水,使泽水安居于大地的怀抱之中,因此,统治者也应该像大地那样包容民众,并保护民众的安全。

【经文 + 传文】

▤（兑下坤上）临　元亨,利贞。至于八月,有凶。

《彖》曰:临,刚浸而长,说(yuè)而顺,刚中而应。大"亨"以正,天之道也。"至于八月,有凶",消不久也。

《象》曰:泽上有地,临。君子以教思无穷,容保民无疆。

【译文】

临　大为亨通,有利之占问。到了八月份,则有凶险。

《彖传》说:临,初九、九二两个阳爻说明阳刚之气渐渐增长;《临》卦下兑上坤,兑为悦,坤为顺,象征和悦柔顺;九二阳爻居下卦之中位,与居上卦之中位的六五阴爻相应合,象征阳刚者恪守中道而得他人响应。因为坚守正道而大为"亨通",这是天的法则。"到了八月份,则有凶险",因为到了八月份,阳刚之气渐消,不能保持长久。

《象传》说:《临》卦下兑上坤,兑为泽,坤为地,象征水泽上面有大地,这就是《临》卦的卦象。君子观此卦象,从而不断地教育、关心民众,无止境地包容、保护民众。

临卦·初九阳爻

【本爻解析】

初九阳爻居于阳位，与六四阴爻相应合，仿佛阳刚者居于正位，以正道治理民众，民众受其感化，纷纷服从，所以爻辞中说"咸临，贞吉"。也有学者认为，初九爻之所以预示吉祥，是因为其与六四爻相感应，而六四爻与六五爻接近，好比近君之臣，初九爻得到近君之臣的信任以治理民众，当然会吉祥。此亦可备一说。

【经文 + 传文】

初九　咸临，贞吉。

《象》曰："咸临，贞吉"，志行正也。

【译文】

初九　用感化的手段治理民众，占问预示吉祥。

《象传》说："用感化的手段治理民众，占问预示吉祥"，是因为其心志和行为端正。

临卦·九二阳爻

【本爻解析】

九二阳爻居下卦之中位，与居上卦之中位的六五阴爻相应合，其地位比初九更显优越，所以爻辞中除了说"吉"，又加"无不利"以补充。但《象传》中以"未顺命"解释九二，则让人颇为费解。因为初九以阳爻居阳位，是"志行正"；九二阳刚居中，怎么也不应该说"未顺命"。为了解决其中的矛盾，历代学者想出了种种方案，但多不得要领，因此朱熹直截了当地说"未详"，意即我不知该如何理解，此种勇气让人佩服。笔者认为，此"未顺命"者或许不是指九二阳爻，而是指民众。

【经文＋传文】

九二　咸临，吉，无不利。

《象》曰："咸临，吉，无不利"，未顺命也。

【译文】

九二　用感化的手段治理民众，吉祥，没有任何不利。

《象传》说："用感化的手段治理民众，吉祥，没有任何不利"，因为民众还未能顺从统治，所以要对他们进行感化。

临卦·六三阴爻

【本爻解析】

六三阴爻居于阳位，居位不中又不正，犹如才德有限之人而身居要职，因无法服众，所以只好"甘临"即用甜言蜜语来取悦众人。因这种做法不合正道，所以爻辞中说"无攸利"，即不会有什么好处。但六三若能及时意识到这一点并予以纠正，改甜言蜜语为虚心坦诚，并努力提高自己的才德，则不会造成灾殃。

【经文＋传文】

六三　甘临，无攸利。既忧之，无咎。

《象》曰："甘临"，位不当也。"既忧之"，"咎"不长也。

【译文】

六三　以甜言蜜语为手段来治理民众，没有什么好处。对这种做法感到忧虑并予以改正，不会造成灾殃。

《象传》说："以甜言蜜语为手段来治理民众"，这是因为六三阴爻居于阳位，所处的位置不适当。"对这种做法感到忧虑并予以改正"，所以造成的"灾殃"不会长久。

145

临卦·六四阴爻

【本爻解析】

六四阴爻居于阴位，与初九阳爻相应合，象征阴柔者居于正位并得阳刚贤者相助，所以不会有灾殃。同时，六四爻处于上卦之初，与下卦兑最为贴近，又有与所治理的民众十分亲近之象，所以爻辞中说"至临"。关于"至临"，有的学者释为"来到"，有的释为"妥善地治理"，等等。笔者认为，从字面意思理解，"至临"即"极为临近"，在《临》卦中，则意为治理民众时与民众极为亲近，而六四又恰好与下卦兑最近，因此，这样理解，于理较顺。

【经文＋传文】

六四　至临，无咎。

《象》曰："至临，无咎"，位当也。

【译文】

六四　与民众十分亲近并进行治理，没有灾殃。

《象传》说："与民众十分亲近并进行治理，没有灾殃"，因为六四阴爻居于阴位，所处的位置适当。

临卦·六五阴爻

【本爻解析】

六五阴爻居上卦之中位，与九二阳爻相应合，有阴柔尊者任用阳刚贤者治理国家之象。六五作为君主，实行无为而治的政策，放手让有才德的人去治理国家，这样，君主可自得其乐，国家亦能得到治理。能这样做的君主，无疑是十分明智的，所以爻辞中说"知（zhì）临"即运用智慧来治理民众，预示吉祥。

【经文＋传文】

六五　知临，大君之宜，吉。

《象》曰："大君之宜"，行中之谓也。

【译文】

六五　运用智慧来治理民众，作为国君是应当这么做的，吉祥。

《象传》说："作为国君应当这么做"，说的是实行中道。

临卦·上六阴爻

【本爻解析】

上六阴爻居《临》卦之极,有阴柔者居于上位,以温和的手段治理民众之象;又上六居上卦坤之极,坤有仁厚之德,则上六亦有仁厚之象,所以爻辞中说"敦临",即以诚恳的态度来治理民众。统治者能对民众仁厚,民众自然悦服,所以预示吉祥,没有灾殃。《象传》中说"志在内也",也是指统治者因为心系民众,所以才能对民仁厚。

【经文 + 传文】

上六　敦临,吉,无咎。

《象》曰:"敦临"之"吉",志在内也。

【译文】

上六　用诚恳的态度来治理民众,吉祥,没有灾殃。

《象传》说:"用诚恳的态度来治理民众"而"吉祥",是因为其心系民众。

观 第二十

【本卦解析】

观有观看、仰观的意思。观看,指居于尊位者自上往下看;仰观,指民众抬头仰望尊贵者、盛大的典礼等。从《观》卦的卦画结构看,下面为四个阴爻,上面为两个阳爻,即有阴柔的民众仰观阳刚尊者和阳刚尊者俯观民众之象;尤其是九五阳爻居上卦之中位,更是民众仰视的对象。卦辞用举行祭祀时祭祀者虔诚地祀神、吸引民众前来观看这一现象来表达《观》卦的仰观之义。

《彖(tuàn)传》主要从两个方面来揭示《观》卦的卦画结构及卦辞的意义。首先,它认为,《观》卦的九五阳爻居上卦之中位,既有阳刚尊者在上位而受到众人仰观的意义,也有阳刚尊者守中正之道以观天下的意义;同时,《观》卦下坤上巽(xùn),坤为顺,巽为谦逊,所以《观》卦又象征柔顺而谦逊。《观》卦同时具有上面几层意义,因此,卦辞中虽无吉凶之断语,但应预示吉祥无疑。其次,《彖传》认为,卦辞中的"盥而不荐,有孚颙(yóng)若"体现的是圣人神道设教的意义。神道设教指圣人利用天的神妙规律来设立教化,同时也指通过祀神的仪式引导百姓信仰神的存在,从而利用神的名义来统治天下。《彖传》中的"下观而化""而天下服矣",述说的正是神道设教的巨大功效。中国历代王朝都重视祭祀,有名目繁多、仪式复杂的祀神、祀天、祀日、祀山川等活动,都与神道设教有直接的关系。

《象传》由《观》卦巽上坤下象征"风行地上",推出先王应"省(xǐng)方观民设教",其间的逻辑关系是:风在大地上吹拂,万物无不受到它的影响;《周易》以大地喻民众,以风喻教化,因此,先王受此启发,从而巡视四方,观察民情,并设立教化。

【经文 + 传文】

≡≡ (坤下巽上)观　盥而不荐,有孚颙若。

《彖》曰:大观在上,顺而巽,中正以观天下,观。"盥而不荐,有孚颙若",下观而化也。观天之神道,而四时不忒(tè)。圣人以神道设教,而天下服矣。

《象》曰:风行地上,观。先王以省方观民设教。

【译文】

观　祭祀时把酒洒在地上以降神,而后向神进献祭品,心中十分虔诚,举头向上望,对神充满敬仰之情。

《彖传》说:阳刚尊者居于上位,为众人所仰观;《观》卦下坤上巽,坤为顺,巽为谦逊,象征柔顺而谦逊;九五阳爻居上卦之中位,象征阳刚尊者守中正之道以观察天下,这就是观的意义。"祭祀时把酒洒在地上以降神,而后向神进献祭品,心中十分虔诚,举头向上望,对神充满敬仰之情",这样,民众就能通过观看这种仪式而得到感化。看到正是因为天的神妙规律的作用,一年四季才会有序地变化。圣人利用天的神妙规律来设立教化,从而使天下民众服从。

《象传》说:《观》卦下坤上巽,坤为地,巽为风,象征大地上刮着风,这就是《观》卦的卦象。先王观此卦象,从而巡视四方,观察民情,设立教化。

观卦·初六阴爻

【本爻解析】

初六阴爻处于阳位，居位不正，又远离其观察的对象——九五阳爻，如此观物，必看不真切，所以爻辞用"童观"即像孩童般幼稚地观察事物来比喻。对事物看不真切，则无法认清事物的实质；认识不清事物的实质，就无法采取有效的行动。这种状况，对于生活简单、不担重要责任的小人来说，自然不会有什么灾殃；而对肩负重任的君子来说，则是不能容许的，因为在没有认清事物实质的情况下贸然采取行动，必然会造成悔恨，所以爻辞中说"小人无咎，君子吝"。

【经文＋传文】

初六　童观，小人无咎，君子吝。

《象》曰：初六"童观"，"小人"道也。

【译文】

初六　像孩童般幼稚地观察事物，这对小人没有灾殃，对君子则会有令人悔恨之事。

《象传》说：初六爻辞说"像孩童般幼稚地观察事物"，这是"小人"观察事物的方式。

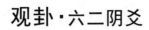

观卦·六二阴爻

【本爻解析】

六二阴爻处于阴位，又居下卦之中位，与居上卦之中位的九五阳爻相应合，有阴柔女子守中正之道而观物之象，所以爻辞中说"利女贞"，即利于女子占问。之所以强调"利女贞"，是因为其"不利男贞"或"不利君子贞"。因为六二阴爻虽居位中正，但毕竟与九五阳爻还有较远的距离，其观虽不如初六幼稚，但所见仍然有限，其情形恰与女子暗中偷看相似。在中国古代，女子深居闺中，足不出户，所见有限，尤其是观看男子时，不能痛痛快快地直视，只能偷偷打量。所以，女子"窥观"没有问题，但对于男子或君子来说，在观察事物时若也像女子那样"窥观"，那就有问题了，所以《象传》中说"亦可丑也"。

【经文＋传文】

六二　窥观，利女贞。

《象》曰："窥观"，"女贞"，亦可丑也。

【译文】

六二　暗中偷看，利于女子占问。

《象传》说："暗中偷看"，"女子占问"，对于男子来说则是让人羞耻之事。

观卦·六三阴爻

【本爻解析】

六三阴爻的位置较为特殊：一是与初六、六二阴爻相比，其与九五阳爻的距离更近，可观察得更清楚一些；二是六三以阴爻居阳位，居位不正，需谨慎行事；三是六三居下卦之上位，又处于上卦之下，属于可进可退之位。正是上述三个特点，决定六三应该好好地审视自己，反观自己以前的所作所为，以对自己有一个客观的评价，从而更好地安排自己的进退，这就是爻辞"观我生，进退"的主要内容。因为六三的这种做法可使自己免于灾殃，所以《象传》说"未失道也"。

【经文＋传文】

六三　观我生，进退。

《象》曰："观我生，进退"，未失道也。

【译文】

六三　反观自己生命的历程，以决定进退。

《象传》说："反观自己生命的历程，以决定进退"，说明没有违背正道。

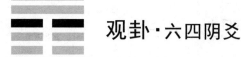

观卦·六四阴爻

【本爻解析】

六四阴爻居于阴位,居位得正,又紧挨九五阳刚尊者,有阴柔之贤者近距离观看九五盛德之象。对此,爻辞中用"观国之光"即观看国家兴旺发达的景象来比喻。这是因为,古人视君、国为一体,"普天之下,莫非王土;率土之滨,莫非王臣",因此,君主的盛德亦表现于国家兴旺发达的景象。六四既已看到国家兴旺的景象,就要出仕来辅佐君王,以施展自己的抱负,这体现了古人"天下有道则见(xiàn),无道则隐"的进退原则。

【经文＋传文】

六四　观国之光,利用宾于王。

《象》曰:"观国之光",尚"宾"也。

【译文】

六四　观看国家兴旺发达的景象,利于出仕辅佐君王。

《象传》说:"观看国家兴旺发达的景象",从而愿意出仕辅佐君王。

观卦·九五阳爻

【本爻解析】

九五阳爻居上卦之中位，象征阳刚尊者行中正之道。九五是《观》卦的主爻，是他人仰观的对象，因此，九五不能仰观别人，只能自观。所谓自观，也就是反观自己生命的历程和自己的所作所为，看看其中有什么不足之处，从而切实加以改进，以使自己的德行更加完美，更加显现出盛德的光辉，从而影响万民，使天下达到大治。《象传》中说的"观民也"，意为九五欲反观自己，可以通过观察民情来实现。因为九五作为一国之君，其所作所为、品德修养，直接影响到国家的治理和民风的好坏，因此，通过观察民情，即可知君主之德。此正如宋代的程颐在《周易程氏传》中所说："人君欲观己之施为善否，当观于民。"

【经文＋传文】

九五　观我生，君子无咎。

《象》曰："观我生"，观民也。

【译文】

九五　反观自己生命的历程，君子没有灾殃。

《象传》说："反观自己生命的历程"，也就是观察民情。

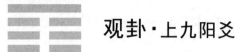

观卦·上九阳爻

【本爻解析】

上九阳爻居《观》卦之极，亦是下面的四个阴爻仰观的对象，因此，上九不能因不在君位而放松对自己的要求。爻辞中的"观其生"，即考察他人生命的历程；而考察他人生命历程的目的，是为了吸取他人的经验和长处，以进一步提高自己的修养。《象传》中说的"志未平"，就是指上九的心志尚未安定，还在时刻想着如何使自己的德行更显盛美。

【经文＋传文】

上九　观其生，君子无咎。

《象》曰："观其生"，志未平也。

【译文】

上九　考察他人生命的历程，君子没有灾殃。

《象传》说："考察他人生命的历程"，是因为自己的心志尚未安定。

噬嗑 第二十一

【本卦解析】

噬嗑（shìhé）指咬断口中的食物以合上嘴的意思，引申指听讼断案。《噬嗑》卦的卦画结构颇具特色：上下的两个阳爻像张着的嘴的上下唇，六五和六三、六二这三个阴爻像上下牙齿，九四阳爻则像横在嘴中待咬之物。因此，《噬嗑》卦的卦画结构极为形象地反映了噬嗑的意思。上下牙齿咬断嘴中之物后，使上下唇得以合上，所以《噬嗑》卦预示亨通；因为咬断嘴中之物使嘴得以合上与断案决狱、清除社会上的不法行为以使社会和谐相似，所以卦辞中又说"利用狱"。

《彖（tuàn）传》主要从两个方面来解释《噬嗑》卦的卦画结构及卦辞。首先，《彖传》认为，《噬嗑》卦的卦画结构象征口中有物、通过咬嚼口中的食物而使嘴得以合上，所以预示亨通。其次，《噬嗑》卦之所以意味着利于听讼断案，也与其卦画结构密切相关：（1）《噬嗑》卦下震上离，震为阳卦为刚，离为阴卦为柔；《噬嗑》卦由三个阳爻和三个阴爻组成，所以象征刚柔相济。（2）《噬嗑》卦下震上离，震为动，离为明，象征行动明察。（3）《噬嗑》卦下震上离，震为雷，离为电，电闪雷鸣，万物彰显，象征明断善恶。（4）六五阴爻居上卦之中位，象征阴柔者居刚得中，虽以阴居阳，处位不当，但以柔济刚，最适于听讼。上述四点，都与听讼断案相关，且又是听讼断案之人的必备之德，所以《噬嗑》卦"利用狱"。

《象传》以《噬嗑》卦下震上离象征"雷电"，推出先王"明罚敕法"，其间的逻辑关系是：雷动可震慑万物，电闪可照察万物，先王效法电闪时的明察，从而严明刑罚；效法雷动时的威严,从而整饬法令。

【经文＋传文】

䷔（震下离上）噬嗑　亨。利用狱。

《彖》曰：颐中有物，曰噬嗑。噬嗑而"亨"。刚柔分，动而明，雷电合而章。柔得中而上行，虽不当位，"利用狱"也。

《象》曰：雷电，噬嗑。先王以明罚敕法。

【译文】

噬嗑　亨通。有利于听讼断案。

《彖传》说：口腔中有食物，称为噬嗑。通过咬合口腔中的食物才能"亨通"。《噬嗑》卦由三个阳爻和三个阴爻组成，下卦为阳刚而上卦为阴柔，象征刚柔相济；《噬嗑》卦下震上离，震为动为雷，离为火为电，象征行动明察，雷电相合而万物显明。六五阴爻居上卦之中位，虽然是以阴爻居阳位，所处的位置不适当，却"有利于听讼断案"。

《象传》说：《噬嗑》卦下震上离，震为雷，离为火为电，象征雷鸣电闪，这就是《噬嗑》卦的卦象。先王观此卦象，从而严明刑罚，整饬法令。

噬嗑卦·初九阳爻

【本爻解析】

初九阳爻处《噬嗑》卦之始，有初犯轻罪之象；对于初犯轻罪的人，要及时加以惩戒，以防止他将来犯下重罪。但是，这种惩戒，又不能过重，过重则容易造成逆反心理，达不到劝诫的目的。爻辞中的"屦校（jùjiào）灭趾"，指给罪犯的脚上戴上刑具，割去其脚指头，说的就是薄施惩罚的意思。爻辞中的"屦""趾"，指鞋和脚指头，它们位于人的身体的最下面，这都与初九所处的爻位有关。

【经文 + 传文】

初九　屦校灭趾，无咎。

《象》曰："屦校灭趾"，不行也。

【译文】

初九　脚上戴着刑具，脚指头被割去，没有别的灾殃。

《象传》说："脚上戴着刑具，脚指头被割去"，目的是不让他继续犯罪。

噬嗑卦·六二阴爻

【本爻解析】

六二阴爻位于初九阳爻之上，象征阴柔小人凌乘阳刚者，有违阳尊阴卑之道，故会带来一定的麻烦。对此，爻辞用"噬肤灭鼻"即因偷吃肉而遭割鼻之刑来比喻。但六二所犯的罪咎不重，所受的刑罚也不算太重，所以说"无咎"。但是，六二被割去鼻子而仍说"无咎"，似显得有些牵强，因此，有的学者释"噬肤灭鼻"为吃肉时连鼻子也埋了进去，这只是吃相不雅，故无咎；或释六二为用刑者，"噬肤灭鼻"比喻用刑深严，但刑必当罪，故无咎。此可作为参考。

【经文＋传文】

六二　噬肤灭鼻，无咎。

《象》曰："噬肤灭鼻"，乘刚也。

【译文】

六二　偷吃肉，被割去鼻子，没有别的灾殃。

《象传》说："偷吃肉，被割去鼻子"，因为六二阴爻居于初九阳爻之上，象征阴柔小人贪求不该得的东西。

噬嗑卦·六三阴爻

【本爻解析】

六三阴爻居于阳位，不中不正，导致其行为失当，好比吃腊肉时吃到有毒的肉一样。这表明六三所犯之罪咎并非有意为之，而是无心之过。既然是无心之过，则会受到执法者的宽容，所以爻辞中说"小吝，无咎"，即会有小小的令人悔恨之事，但不会有灾殃。

【经文＋传文】

六三　噬腊肉，遇毒，小吝，无咎。

《象》曰："遇毒"，位不当也。

【译文】

六三　吃腊肉而肉中有毒，有小小的令人悔恨之事，没有灾殃。

《象传》说："所吃的腊肉中有毒"，因为六三阴爻居于阳位，所处的位置不适当。

噬嗑卦·九四阳爻

【本爻解析】

九四阳爻居于阴位，也像六三阴爻一样，居位不中不正。不中不正，则其行动必然不顺，对此，爻辞中用吃带骨头的干肉脯时吃到上面有金属箭头来比喻。另外，九四以阳爻居阴位，说明其处境艰难；但九四处上卦离之初，又象征其前途光明，所以爻辞中说"利艰贞，吉"，即利于占问艰难之事，得吉兆。

【经文＋传文】

九四　噬干胏（zǐ），得金矢，利艰贞，吉。

《象》曰："利艰贞，吉"，未光也。

【译文】

九四　吃带骨头的干肉脯，发现其中有金属箭头，利于占问艰难之事，得吉兆。

《象传》说："利于占问艰难之事，得吉兆"，说明还未进入光明之境。

噬嗑卦·六五阴爻

【本爻解析】

六五阴爻居上卦之中位，故有"得黄金"之说，因为黄色在青、白、黄、赤、黑五色中代表中，正好象征六五居于中位。也正因为六五居上卦之中位，象征阴柔者持守中道，所以爻辞中说"无咎"。但六五以阴爻居阳位，所处的位置不适当，故爻辞中又说"贞厉"即占问预示有风险。

【经文＋传文】

六五　噬干肉，得黄金，贞厉，无咎。

《象》曰："贞厉，无咎"，得当也。

【译文】

六五　吃干硬的肉脯，发现其中有黄金，占问预示有危险，但最终没有灾殃。

《象传》说："占问预示有危险，但最终没有灾殃"，是因为六五居上卦之中位，所处的位置适当。

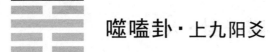

噬嗑卦·上九阳爻

【本爻解析】

上九阳爻居《噬嗑》卦之极，动而不知止，进而不知退，有犯罪者作恶多端、不知悔改之象，故最终面临肩扛刑具、耳朵被割去的凶险局面。此与初九脚戴刑具、脚指头被割去恰成对照：从刑及脚指头到刑及头部，既反映了从初爻到上爻的变动过程，也反映了无知小人不知防微杜渐、罪行不断积累、所受的刑罚不断加重的过程。对此，《系辞传下》第五章中有十分精辟的论述："善不积不足以成名，恶不积不足以灭身。小人以小善为无益而弗为也，以小恶为无伤而弗去也，故恶积而不可掩，罪大而不可解。《易》曰：'何校灭耳，凶。'"

【经文＋传文】

上九　何校灭耳，凶。

《象》曰："何校灭耳"，聪不明也。

【译文】

上九　肩扛刑具，耳朵被割去，有凶险。

《象传》说："肩扛刑具，耳朵被割去"，是因为其太不聪明。

贲 第二十二

【本卦解析】

贲(bì)是文饰、修饰的意思,好比在纸上绘画,在木上雕刻,通过装饰而使原来的东西更好看、更有价值。《贲》卦下离上艮(gèn),离为火为日,艮为山,好比山边的太阳,放射出五彩霞光,把天空点缀得绚烂无比;也好比山下闪耀的火光,使山上的景色显得十分壮美,所以贲有文饰的意思。经过文饰的事物,往往会显得更为精致、完美,容易打动人心,惹人喜爱,所以预示亨通。但是,对事物进行文饰要有一定的度,若文饰过分,则好比包装过度,亦好比搞形象工程,不值得人们仿效,所以《贲》卦又预示"小利有攸往"即前往只可获得小利。

《彖(tuàn)传》主要从两个方面来揭示《贲》卦的卦画结构及卦辞的意义。一是《贲》卦由三个阳爻和三个阴爻组成,又由阳卦艮和阴卦离组成,象征其结构的特点是刚柔相济。这种结构既意味着用柔来文饰刚,体现了刚主柔从的特色,所以预示亨通;又意味着用刚来文饰柔,柔主而刚副,有违阳尊阴卑之道,所以只是"小利有攸往"。二是说明正是阴阳刚柔的组合变化,形成了丰富多彩的"天文"即自然景色;而《贲》卦下离上艮,离为火为文明,艮为山为止,又体现了用"人文"即用礼仪制度来约束人的行为。在此,《彖传》提出了"天文"和"人文"这两个重要的概念,并认为通过观察天文,可以察知四季的变化;而通过观察人文,则可以教化成就天下民众。

《象传》由《贲》卦艮上离下象征"山下有火",推出君子"以明庶政,无敢折狱",其间的逻辑关系是:山下有火,则火光所照的范围有限,不能使整座山的景物毕现;君子以火比喻人的智慧，由此发现人的认识的局限性，从而通过考察各项政事以扩大自己的知识面，而且不敢根据一面之词或主观推断来判决案件。

【经文＋传文】

（离下艮上）贲　亨。小利有攸往。

《彖》曰：贲，亨，柔来而文刚，故"亨"。分，刚上而文柔，故"小利有攸往"。刚柔交错，天文也；文明以止，人文也。观乎天文，以察时变；观乎人文，以化成天下。

《象》曰：山下有火，贲。君子以明庶政，无敢折狱。

【译文】

贲　亨通。有所前往可获小利。

《彖传》说：贲，亨通，《贲》卦下离上艮，离为阴卦为柔，艮为阳卦为刚，象征阴柔者文饰阳刚者，所以"亨通"。《贲》卦刚柔的分布是刚上柔下，象征阳刚者在上面文饰阴柔者，所以"有所前往可获小利"。刚和柔互相配合，形成了自然界的景象；《贲》卦下离上艮，离为火为文明，艮为止，象征用制度礼仪来约束人们的行为，这就是所谓的人文。观察自然界的景象，从而察知时序的变化；观察人类社会的制度礼仪，从而教化成就天下之人。

《象传》说：《贲》卦上艮下离，艮为山，离为火，象征山下有火闪耀，这就是《贲》卦的卦象。君子观此卦象，从而明察各项政事，不敢轻易判决案件。

贲卦·初九阳爻

【本爻解析】

初九阳爻处《贲》卦之始，象征文饰刚刚开始，而脚在身体的最下面，修饰脚即代表修饰之始，所以说"贲其趾"。初九位卑处下，不适宜坐车，所以其只能舍弃坐车，徒步行走。但初九能主动舍车不坐，说明其有自知之明，行为合乎规则，故爻辞中虽无吉凶之断辞，但肯定不会有凶险。

【经文＋传文】

初九　贲其趾，舍车而徒。

《象》曰："舍车而徒"，义弗乘也。

【译文】

初九　修饰自己的脚，舍车不乘，徒步行走。

《象传》说："舍车不乘，徒步行走"，初九按理就不应乘车。

贲卦·六二阴爻

【本爻解析】

六二阴爻居下卦之中位，与六五阴爻不相应合，故去与九三阳爻相应，此正体现《象传》中所说的"柔来而文刚"即阴柔者文饰阳刚者之意。胡须位于人体的上部，九三位于六二的上面，故爻辞中用"贲其须"即修饰胡须来象征六二与九三之间的关系。

【经文＋传文】

六二　贲其须。

《象》曰："贲其须"，与上兴也。

【译文】

六二　修饰自己的胡须。

《象传》说："修饰自己的胡须"，象征六二与居于上位者一起行动。

贲卦·九三阳爻

【本爻解析】

　　九三阳爻居于六二和六四两个阴爻之间，象征受到阴柔者的双重文饰，所以显得鲜艳光亮。但九三文饰过甚，此正如《论语·雍也》中说的"文胜质则史"，即文饰过甚，超过了质朴，就显得虚而不实。显得虚而不实，则容易遭受非议和攻击。不过，九三阳爻居于阳位，居位得正，最终不会受到凌侮，所以爻辞中说占问长期之事的吉凶，预示吉祥，《象传》则说"终莫之陵也"。

【经文＋传文】

　　九三　贲如濡如，永贞吉。
　　《象》曰："永贞"之"吉"，终莫之陵也。

【译文】

　　九三　修饰得鲜艳光亮，占问长期之事的吉凶，得吉兆。
　　《象传》说："占问长期之事的吉凶"而"得吉兆"，说明最终没有人敢来欺侮。

贲卦·六四阴爻

【本爻解析】

六四阴爻居于阴位，与初九阳爻相应合，有阴柔者与阳刚者相互配合、相得益彰之象，所以爻辞中说"匪寇婚媾"；而爻辞中的"白马翰如"，则指初九骑着白马，前来与六四相会。六四处于上卦艮之初位，艮为止，下卦离象征文饰，故六四有脱离文饰而返璞归真之象，爻辞中的"皤（ pó ）如""白马"都与白色即事物的本色有关，就充分说明了这一点。《象传》中的"当位疑也"，指六四阴爻处于阴位，位置适当，但仍有疑惑。那么，六四为什么会有疑惑呢？这是因为爻辞中说"匪寇婚媾"，说明六四一开始不知道骑着白马前来者是盗寇还是求婚者，所以心中有疑惑。

【经文＋传文】

六四　贲如皤如，白马翰如，匪寇婚媾。

《象》曰：六四，当位疑也。"匪寇婚媾"，终无尤也。

【译文】

六四　修饰得浑身洁白，骑着白马奔驰前来，他们不是盗寇，而是为婚姻之事而来。

《象传》说：六四阴爻居于阴位，其所居的位置适当，但仍有疑虑。"不是盗寇，而是为婚姻之事而来"，所以最终不会有罪过。

贲卦·六五阴爻

【本爻解析】

  六五阴爻居上卦之中位，象征阴柔者居于尊位。六五为了使自己有良好的形象，故派人去"丘园"即山丘中的园圃聘请隐居的贤者出山为国家效力；但"束帛戋(jiān)戋"，带去的礼物太轻，这难免会发生令人悔恨之事。不过，六五居于上卦之中位，能持守中道，其诚心最终能感动贤者，故爻辞中说"终吉"，《象传》中说"有喜"。然而，对于六五爻辞的理解，历来分歧较多，如有的学者释"丘园"为古代嫁女的场所或女子所住之地，认为六五爻所述系婚嫁之事，"束帛"指男方送给女方的聘礼。虽然在理解上存在分歧，但有一点可以肯定，即六五爻的宗旨是主张文饰不宜过分，而以朴素节俭为好。

【经文＋传文】

  六五 贲于丘园，束帛戋戋，吝，终吉。

  《象》曰：六五之"吉"，有喜也。

【译文】

  六五 装饰丘园，用很少的捆成束的帛作为礼物，有令人悔恨之事，但最终获得吉祥。

  《象传》说：六五爻辞中说的"吉祥"，是指有喜庆之事。

贲卦·上九阳爻

【本爻解析】

上九阳爻居《贲》卦之极，象征文饰工作已告结束。然而，上九的文饰工作不是把对象装饰得富丽堂皇，而是"白贲"，即以素净的白色为装饰。这种装饰方式，由于不尚奢华，符合返璞归真之旨，所以爻辞中说没有灾殃，《象传》则进一步认为是"得志"，即文饰的志向得到了实现。由此可见，在《象传》的作者看来，事物可以有文饰，但文饰一定要以体现事物的本真为宗旨；若文饰影响了事物的本真，则不如没有文饰。唐代诗人李白写有"清水出芙蓉，天然去雕饰"的著名诗句，反映的正是这一道理。

【经文＋传文】

上九　白贲，无咎。

《象》曰："白贲，无咎"，上得志也。

【译文】

上九　素白的装饰，没有灾殃。

《象传》说："素白的装饰，没有灾殃"，说明上九的志向得到了实现。

剥 第二十三

【本卦解析】

剥是剥落的意思。《剥》卦由五个阴爻和一个阳爻组成,阳爻处于最上端,好比阳气受到阴气的侵蚀,力量越来越小,只好僻处一隅,而阴气则大行其道;又好比阳刚君子势单力薄,而阴柔小人则人多势众。在这种情况下,君子应潜藏以待时,不宜有所作为,故卦辞说"不利有攸往"。

《彖(tuàn)传》从四个方面来解释《剥》卦的卦画结构、卦辞及其意义。首先,《彖传》认为,《剥》卦之所以称为"剥",是因为"柔变刚",即阴柔者改变阳刚者,此种情形,恰如《乾》卦(☰)下面的五个阳爻逐一被阴爻取代,从而形成了《剥》卦。其次,《彖传》认为,卦辞中之所以说"不利有攸往",是因为"小人长也",即小人的势力很旺盛,这也是依据《剥》卦由五个阴爻和一个阳爻组成的状况而说的。第三,《彖传》认为,《剥》卦下坤上艮(gèn),坤为地为顺,艮为山为止,顺而止,这就是《剥》卦的卦象;君子观此卦象,从而顺应客观的形势,停止采取行动。第四,虽然《剥》卦要求君子"顺而止",且"不利有攸往",但《彖传》认为,事物都是处在发展变化之中的,消亡和滋长、盈满和亏虚,总是会相互转化的,因此,君子"顺而止",只是暂时的情况,随着时间的推移,必将迎来君子大有作为的时代。

《象传》由《剥》卦上艮下坤象征"山附于地",推出统治者应"厚下安宅",其间的逻辑关系是:山附着在大地上,则山与大地接触的部位会不断地受到侵蚀,如岩石风化、表层脱落、山体滑坡等;统治者由此认识到基础稳固的重要性,从而加厚房

173

屋的基础,使房屋更加坚固。若进一步引申,则此基础又好比民众,这样,"厚下安宅"又有统治者厚待民众,使他们安居乐业的意思,因为只有老百姓安居乐业,统治者的统治才能安如磐石。

【经文＋传文】

䷖（坤下艮上）剥　不利有攸往。

《彖》曰:剥,剥也,柔变刚也。"不利有攸往",小人长也。顺而止之,观象也。君子尚消息盈虚,天行也。

《象》曰:山附于地,剥。上以厚下安宅。

【译文】

剥　不利于有所前往。

《彖传》说:剥,是剥落的意思,《剥》卦由五个阴爻和一个阳爻组成,反映阳刚被阴柔所改变。"不利于有所前往",是因为此时小人的势力很盛。《剥》卦下坤上艮,坤为顺,艮为止,因此顺从形势而停下来,这是从观察《剥》卦卦象而体悟到的道理。君子重视事物消亡和滋长、盈满和亏虚之间的变化,因为这是自然界运行的规律。

《象传》说:《剥》卦上艮下坤,艮为山,坤为地,象征山附着在大地上,这就是《剥》卦的卦象。在上的统治者观此卦象,从而加厚房屋的基础,使房屋更加坚固。

剥卦·初六阴爻

【本爻解析】

初六阴爻处《剥》卦之始，有基础剥落、毁坏之象，故爻辞中以床足脱落为喻。事物的基础遭到毁坏，必会带来严重的灾难，所以预示有凶险。爻辞中的"蔑"字颇为难解，学者们或释为"梦"，称"蔑贞"指占梦；或释为"小"，称"蔑贞凶"为占问小有凶险；或释为"灭"，称"蔑贞"为以邪灭正；等等。上述种种解释，均觉未洽。笔者在这里释之为"灭"，意为朽败，并作为句中的独立成分，以不影响对"蔑"字前后文字的理解。

【经文＋传文】

初六　剥床以足，蔑，贞凶。

《象》曰："剥床以足"，以灭下也。

【译文】

初六　床足脱落、朽败，占问得凶兆。

《象传》说："床足脱落"，是因为下面的基础朽败了。

剥卦·六二阴爻

【本爻解析】

六二阴爻居下卦之中位,仿佛事物的中间部位,故爻辞中以床身与床足的相连之处来比喻。六二与六五均为阴爻,不相应合,处于《剥》卦中,则仿佛床身与床足的相连处脱落,床身失去支撑,面临倾塌的危险,所以预示有凶险。爻辞中的"辨"字,学者们或释为床头,或释为床板,或释为床腿,等等,迄今尚无定论。但把它理解为床身与床足间相连的部位,当不会有大的偏差。

【经文+传文】

六二　剥床以辨,蔑,贞凶。

《象》曰:"剥床以辨",未有与也。

【译文】

六二　床身与床足的连接处脱落、朽败,占问得凶兆。

《象传》说:"床身与床足的连接处脱落",说明没有人来帮助六二。

剥卦·六三阴爻

【本爻解析】

六三阴爻居于阳位，象征阴柔者蕴含阳刚之质；六三阴爻又与上九阳爻相应合，象征阴柔者与阳刚者为伍，并得到阳刚者的帮助。因此，六三虽上下皆为阴爻，象征处于群阴的包围之中，但其内心向往阳刚，不与小人同流合污，故虽遭剥落，但不会有灾殃。

【经文＋传文】

六三　剥之，无咎。

《象》曰："剥之，无咎"，失上下也。

【译文】

六三　剥落它，没有灾殃。

《象传》说："剥落它，没有灾殃"，因为六三不与上下的阴柔小人为伍。

剥卦·六四阴爻

【本爻解析】

六四阴爻处上卦之初,恰如床面的位置。人体紧挨床面坐卧,因此,床面剥蚀,即意味着剥落已至极端,整张床都将面临毁坏;同时也意味着剥落已近人身,灾祸即将临头。所以卦辞中直接断以"凶"字,而不像初六、六二爻辞那样说"贞凶"。

【经文 + 传文】

六四　剥床以肤,凶。

《象》曰:"剥床以肤",切近灾也。

【译文】

六四　床面剥蚀,有凶险。

《象传》说:"床面剥蚀",说明灾祸已经逼近。

剥卦·六五阴爻

【本爻解析】

六五阴爻居上卦之中位，象征阴柔者居于尊位；六五下面为四个阴爻，六五则恰如诸阴爻之首；六五上承上九阳爻，又有阴柔尊者顺从阳刚者之象。上述诸种因素结合在一起，恰如阴柔尊者统率诸阴柔者顺承阳刚者，此种情形，与古代宫廷中王后率领众嫔妃侍候帝王极为相似，所以爻辞中说"贯鱼以宫人宠"，即宫女们像穿成串的鱼那样依次得到君王的宠爱。六五既意味着阴顺从阳，又意味着秩序井然，所以说没有任何不利。

【经文＋传文】

六五　贯鱼以宫人宠，无不利。

《象》曰："以宫人宠"，终无尤也。

【译文】

六五　宫女们像穿成串的鱼那样依次得到君王的宠爱，没有任何不利。

《象传》说："宫女们依次得到君王的宠爱"，所以最终不会有抱怨。

剥卦·上九阳爻

【本爻解析】

上九是《剥》卦唯一的阳爻，象征阴气对阳气的剥落至此而停止，一阳得以独存；此种情形，恰如硕果仅存，所以爻辞中说"硕果不食"。上九阳爻下面为五个阴爻，仿佛君子得到民众的拥戴，所以上九又有"君子得舆"之象。上九之时，阴气剥落阳气的过程终止，阳气将渐渐积累而趋于充盈，此种情形，仿佛开始时小人当道，导致国家混乱，民不聊生；为了改变局势，贤能的君子在民众的支持下出而任事，小人受到整肃。因此，上九对小人来说意味着灾难，所以爻辞说"小人剥庐"，它标志着小人"终不可用也"，即小人之道终究是行不通的。

【经文＋传文】

上九　硕果不食，君子得舆，小人剥庐。

《象》曰："君子得舆"，民所载也；"小人剥庐"，终不可用也。

【译文】

上九　有大的果实而不吃，君子将得到车辆，小人的房屋将倒塌。

《象传》说："君子将得到车辆"，说明君子得到民众的拥戴；"小人的房屋将倒塌"，说明小人之道终究行不通。

复 第二十四

【本卦解析】

复是返还、回复的意思。《复》卦的返还之意应当是相对于《剥》卦而言。《剥》卦与《复》卦一样，都由一个阳爻和五个阴爻组成，但《剥》卦的阳爻位于最上面，《复》卦的阳爻则位于最下面。两者的关系，仿佛阳气在《剥》卦中被剥落殆尽，又从《复》卦的初爻开始重新生长，故《剥》卦是阴气尽可能地剥落阳气，《复》卦则是阳气顽强地重新生长。阳气被阴气剥落殆尽，故《剥》卦的卦辞是"不利有攸往"；阳气重新生长，则蕴含着无限的生机和活力，所以《复》卦的卦辞是"亨"，是"利有攸往"。

《彖（tuàn）传》主要从三个方面来解释《复》卦的卦画结构、卦辞及其意义。首先，《彖传》认为，卦辞中说"出入无疾，朋来无咎"，是因为《复》卦的卦画结构具有"刚反，动而以顺行"的特点。所谓"刚反"，是指《复》卦的初九阳爻系由《剥》卦的上九阳爻变化而来，象征阳气重新由内生长。其次，卦辞中说利于有所前往，是因为"刚长"即阳刚之气不断增长，这恰如君子逐渐得势，小人的势力越来越小，所以有利于君子采取行动。第三是揭示"复"所蕴含的深刻意义：体现了天地运行的内在规律。因为自然界中四季的更替，阴晴的变化，万物的消长，无不体现了循环往复、向起点回复的特点。

《象传》由《复》卦下震上坤象征"雷在地中"，推出先王"至日闭关"，君主"不省（xǐng）方"，其间的逻辑关系是：古人认为，雷在冬天入于地中，雷入地中的目的是蓄积阳气，以待来年开春时奋其神威；先王及君主受此启发，从而在冬至日封闭关卡，也不巡视四方，以养精蓄锐，以便在大地回春时大有作为。

【经文+传文】

▤ （震下坤上）复　亨。出入无疾，朋来无咎。反复其道，七日来复。利有攸往。

《彖》曰：复，亨。刚反，动而以顺行，是以"出入无疾，朋来无咎"。"反复其道，七日来复"，天行也。"利有攸往"，刚长也。复，其见天地之心乎。

《象》曰：雷在地中，复。先王以至日闭关，商旅不行，后不省方。

【译文】

复　亨通。外出、居家都没有疾病，朋友前来相会也没有灾殃。从路上返还，七天就可以回来。利于有所前往。

《彖传》说：复，亨通。从《剥》卦的上九阳爻变为《复》卦的初九阳爻，表示阳刚之气返回；《复》卦下震上坤，震为动，坤为顺，象征顺乎规律而行动，所以"外出、居家都没有疾病，朋友前来相会也没有灾殃"。"循环往复，以七天为一个周期"，这是大自然运行的规律。"利于有所前往"，是因为阳刚之气逐渐增长。向起点回复，这体现了天地运行的内在规律吧。

《象传》说：《复》卦下震上坤，震为雷，坤为地，象征雷藏于大地之中，这就是《复》卦的卦象。先王观此卦象，从而在冬至日封闭关卡，不使商旅之人往来，君主不巡视四方。

复卦·初九阳爻

【本爻解析】

初九阳爻处于阳位，必会采取某种行动。但是，初九处《复》卦之初，一阳初生，其阳气尚不充盈，若贸然向外发展，必会碰到种种障碍。初九及时看清了这一点，因此，刚走不远就返了回来，这样自然不会发生令人后悔之事。而且，初九返回后，不是无所作为，而是积极从事自我修养，努力提高自己的才德，所以预示大吉。值得我们注意的是，在《系辞传下》第五章中，孔子用自己的弟子颜回"有不善未尝不知，知之未尝复行"来解释"不远复，无祗（zhī）悔，元吉"的含义，可见，在孔子看来，所谓"不远复"，即一有错误就能及时发现并改正的意思。

【经文＋传文】

初九　不远复，无祗悔，元吉。

《象》曰："不远"之"复"，以修身也。

【译文】

初九　刚走不远就返回，没有令人后悔之事，大吉。

《象传》说："刚走不远"就"返回"，是为了进行自身修养。

复卦·六二阴爻

【本爻解析】

六二阴爻居下卦之中位,象征阴柔者居中得正,当复之时,能躬行复道;六二又与初九阳爻接近,有阴柔者顺从阳刚者之象,所以六二预示吉祥。"休复"的"休"字,一说指美善,"休复"指美好的返回;一说指停止,"休复"指中止行程而返回。二说均能说通。

【经文+传文】

六二　休复,吉。

《象》曰:"休复"之"吉",以下仁也。

【译文】

六二　中止行程而返回,吉祥。

《象传》说:"中止行程返回"而"吉祥",是因为能谦恭地对待仁人。

复卦·六三阴爻

【本爻解析】

　　六三阴爻处位不中不正，又处下卦震之极，故有动而失当之象。但六三发现自己走入歧途后，能"频复"即皱着眉头返回；皱着眉头，既表示六三心中有困惑，又表示六三心中不是很情愿，但不管怎么说，六三还是回来了；既然回来了，也就不会有灾殃，所以爻辞说"厉，无咎"，即虽有危险，但最终没有灾殃。

【经文 + 传文】

　　六三　频复，厉，无咎。

　　《象》曰："频复"之"厉"，义"无咎"也。

【译文】

　　六三　皱着眉头返回，有危险，但没有灾殃。

　　《象传》说："皱着眉头返回"而"有危险"，理应"没有灾殃"。

复卦·六四阴爻

【本爻解析】

六四阴爻居于阴位，居位得正，又与初九阳爻相应合，有阴柔者奉行正道并顺从阳刚者之象，所以六四虽无吉凶之判词，但应为吉祥无疑。爻辞中值得我们注意的是"中"与"独"两个字。《复》卦上面为五个阴爻，六四恰好位于五个阴爻之中位，所以称之为"中"；六四与初九相应合，初九为"不远复"即刚走不远就返回，六四为"中行"即走到中途而返回，两者存在密切的联系。另外，在《复》卦的五个阴爻中，只有六四与初九相应合，所以爻辞中用此"独"字。

【经文＋传文】

六四　中行独复。

《象》曰："中行独复"，以从道也。

【译文】

六四　行至中途，独自一人返回。

《象传》说："行至中途，独自一人返回"，是为了遵循正道。

复卦·六五阴爻

【本爻解析】

六五阴爻居上卦之中位，象征阴柔者持守中道。六五与初九阳爻不相应合，但因其能守中道，能敦厚地返回，所以不会有令人后悔之事。《象传》说六五"中以自考"，就是特别强调六五之返回不是因为其与初九相应合，而完全是由于其能自我反省，内心敦厚。

【经文＋传文】

六五　敦复，无悔。

《象》曰："敦复，无悔"，中以自考也。

【译文】

六五　敦厚地返回，没有令人后悔之事。

《象传》说："敦厚地返回，没有令人后悔之事"，是因为六五居上卦之中位，能进行自我反省。

复卦·上六阴爻

【本爻解析】

上六阴爻处《复》卦之极，远离初九阳爻，有往而不知复返之象。往而不知复返，则必会迷路；迷路后再想往回返，则已来不及，所以爻辞说"迷复，凶，有灾眚（shěng）"。爻辞中的"行师""大败""不克征"等等，都是用来补充说明上六所遇到的灾难的。因为《复》卦的宗旨是要及时返回，上六则只知进不知返，或只是迷路后才想到回返，彻底违背了回复之道，这样去用兵打仗，当然会面临失败，而作出此种错误决定的国君也必然会面临凶险。

【经文＋传文】

上六　迷复，凶，有灾眚。用行师，终有大败，以其国君凶，至于十年不克征。

《象》曰："迷复"之"凶"，反君道也。

【译文】

上六　迷路后往回返，凶险，有灾难。用来领兵打仗，最终被打得大败，国君也会有凶险，以至于十年都不能出兵征战。

《象传》说："迷路后往回返"而"凶险"，是因为违背了为君之道。

无妄 第二十五

【本卦解析】

无妄即不妄为的意思。《无妄》卦上乾下震，乾为天，震为雷，象征天下有雷。在古人心目中，雷有赏善罚恶的功能，故在天下雷动之时，人们都不敢妄为，更不敢为非作歹。同时，天下雷动，意味着寒冬已经过去，万物重新开始生长，所以预示"元亨，利贞"。既然天下雷动时不应妄为，所以那些胆大妄为的人，自然会遭遇灾祸，其所行亦将不利，故卦辞中说："其匪正，有眚（shěng），不利有攸往。"

《彖（tuàn）传》主要从三个方面来解释《无妄》卦的卦画结构和卦辞。首先，《彖传》认为，《无妄》卦之所以称为无妄，是因为其卦画结构有三个特点：一是初九阳爻来自外部而成为一卦之主；二是《无妄》卦下震上乾，震为动，乾为健，象征行动刚健；三是卦中的九五阳爻居上卦之中位，与居下卦之中位的六二阴爻相应合。这样，《无妄》卦既有刚健之德，又有阳刚者在内做主，且得阴柔中正之人的辅助，所以才不会随意妄为。其次，《彖传》指出，《无妄》卦之所以预示"元亨，利贞"，是因为其奉行正道，而奉行正道者必将大为亨通，这是天理使然。第三，指出为什么卦辞中说不守正道的人将有灾殃，并不利于有所前往，是因为不守正道的人不会得到天命的保佑，而得不到天命保佑的人，怎么能行得通呢？当然，这里所谓的得不到天命保佑，指的是其行为违背自然规律，所以必然会遭到失败。

《象传》由《无妄》卦上乾下震象征"天下有雷"，推出先王"茂对时育万物"，其间的逻辑关系是：天下雷动，意味着冬去春来，万物都按照时令生长发育，秩序井然，不会有任何例外。

先王观此卦象,意识到天时不可违,从而积极行动,通过人力来配合天时,养育万物。在中国历史上,每逢春耕大忙季节,一些有为的君主,常常会主动参与耕作活动,以劝勉民众不失时机地把握农时,正与此同。

【经文＋传文】

(震下乾上)无妄　元亨,利贞。其匪正,有眚,不利有攸往。

《彖》曰:无妄,刚自外来而为主于内,动而健,刚中而应。大"亨"以正,天之命也。"其匪正,有眚,不利有攸往",无妄之往,何之矣?天命不佑,行矣哉?

《象》曰:天下雷行,物与,无妄。先王以茂对时育万物。

【译文】

无妄　大为亨通,有利之占问。不守正道的人将有灾祸,不利于有所前往。

《彖传》说:《无妄》卦的初九阳爻来自外部而成为一卦之主,且其运动刚健;九五阳爻居上卦之中位而与居下卦之中位的六二阴爻相应合。因为行正道而大为"亨通",这是天理使然。"不守正道的人将有灾祸,不利于有所前往",在不应妄为之时非要前往,又能去哪里呢?没有天命的保佑,怎么能行得通呢?

《象传》说:《无妄》卦下震上乾,震为雷,乾为天,象征雷在天的下面震动,万物随之生长,这就是《无妄》卦的卦象。先王观此卦象,从而努力配合时令,养育万物。

190

无妄卦·初九阳爻

【本爻解析】

　　初九阳爻有三个方面的特点：一是以阳爻处于阳位，既有阳刚者奉行正道之象，亦有积极进取之象；二是处于《无妄》卦之初，说明其内心纯真无邪；三是初九是《无妄》卦之主爻。上述诸种因素，都说明初九是吉祥之爻，因此，爻辞中明确说"往吉"即前往必可获吉祥。

【经文＋传文】

　　初九　无妄，往吉。

　　《象》曰："无妄"之"往"，得志也。

【译文】

　　初九　不妄为，前往可获吉祥。

　　《象传》说："不妄为"而"前往"，说明其志向必能实现。

191

# 无妄卦·六二阴爻

【本爻解析】

六二阴爻居下卦之中位，又与九五阳爻相应合，象征阴柔者居中得正，并得到阳刚尊者的信任。因此，六二必会恪守本分，而不会去肆意妄求。爻辞中的"不耕获，不菑（zī）畲（yú）"，即既不期望通过耕种来收获，也不期望通过垦荒而得到熟田，正是用来说明六二没有妄求之心的。六二没有妄求之心，其行为皆符合正道，故利于有所前往。

【经文＋传文】

六二　不耕获，不菑畲，则利有攸往。

《象》曰："不耕获"，未富也。

【译文】

六二　不期望通过耕种而有收获，也不期望通过垦荒而有熟地，这样就有利于有所前往。

《象传》说："不期望通过耕种而有收获"，说明六二没有去追求富有。

无妄卦·六三阴爻

【本爻解析】

六三阴爻居于阳位，又处于下卦震之最上位，象征阴柔者不中不正，躁动不已，所以预示有灾。但六三的有灾并不是其行为不当造成的，而是其所处的位置决定的，所以爻辞中称之为"无妄之灾"。爻辞中举了这么一个例子：有人把牛拴在某处，有个人路过这里，就顺手把牛牵走了。牛的主人怀疑是邻近的村民偷走了牛，把此事告到官府，于是邻近的村民都成了嫌疑对象。用这个例子来说明无妄之灾，无疑是十分恰当的，因为无论是牛的主人还是邻近的村民，他们都没有做错什么，却都无端遭受了灾祸。

【经文＋传文】

六三　无妄之灾，或系之牛，行人之得，邑人之灾。

《象》曰："行人"得牛，"邑人"灾也。

【译文】

六三　不妄为而有灾祸，有人把牛拴于某处，路上的行人顺手把牛牵走，当地的村民却因此受到牵连而有灾。

《象传》说："路上的行人"得到了牛，却给"当地的村民"带来了灾祸。

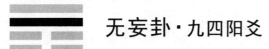 无妄卦·九四阳爻

【本爻解析】

九四阳爻位于九五之下,好比大臣处于君主身边,此为多惧之地,故九四心中惴惴难安,爻辞中的"贞"字,正是说明九四心中不安,故要通过占问来预测吉凶。但九四阳爻居于阴位,又有阳刚者守柔谦恭、不私自妄为之象,九四有此美德,便不会遭遇灾祸,所以爻辞中说"可贞,无咎",即没有灾殃。

【经文＋传文】

九四　可贞,无咎。

《象》曰:"可贞,无咎",固有之也。

【译文】

九四　适合占问,没有灾殃。

《象传》说:"适合占问,没有灾殃",这是理应如此的。

无妄卦·九五阳爻

【本爻解析】

九五阳爻居上卦之中位，象征阳刚尊者居中得正，且下面有六二阴爻与之相应合，因此，九五是极为吉利的。那么吉利到什么程度呢？爻辞中说，就好比得了病而不用吃药，却自会痊愈。九五为什么得了病自然会好呢？这是因为九五得的是"无妄之疾"，即不妄为而得了病；不妄为而得病，说明此病纯因外部原因引起，所以用不着服药。九五爻辞所说的情况，恰如生活中突遇麻烦，正当你准备设法去解决时，此麻烦却自动解除了，此时心中必倍感欣悦，甚至逾于未得麻烦之时。

【经文＋传文】

九五　无妄之疾，勿药有喜。

《象》曰："无妄"之"药"，不可试也。

【译文】

九五　不妄为而有疾病，不必服药，病自会痊愈。

《象传》说："不妄为而有疾病"，"不必服药"，是说不要尝试去服药。

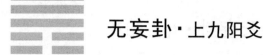

无妄卦·上九阳爻

【本爻解析】

上九阳爻处《无妄》卦之极，意味着动辄得咎，因此不能有丝毫的轻举妄动。但是上九阳爻处于阴位，居位不正，不能恪守此不动的原则，故其行动必有灾祸，且得不到任何利益。《无妄》卦的上九与初九同为阳爻，但初九爻辞是"往吉"，上九则为"有眚"，主要原因是初九处《无妄》之初，且以阳爻居阳位，居位得正；上九则为《无妄》之极，且居位不正，故两者的结局正好相反。

【经文＋传文】

上九　无妄，行有眚，无攸利。

《象》曰："无妄"之"行"，穷之灾也。

【译文】

上九　不妄为，若行动则将有灾，得不到什么利益。

《象传》说："不妄为"而"采取行动"，因为此时事物已发展到极端，所以会有灾祸。

大畜 第二十六

【本卦解析】

　　大畜是大有蓄聚的意思。《大畜》卦下乾上艮（gèn），乾为天，艮为山，象征天在山中。天比山要大得多，现在却是山把天包容于内，正是蓄聚极大之象。财富、学问、善行、品德等等总是蓄聚得越多越好，因此，《大畜》卦预示是有利之占问，且"利涉大川"即有利于渡大河。"利涉大川"是一种比喻的说法，指有利于克服重重困难，在事业上取得成功。

　　《彖（tuàn）传》主要从三个方面来解释《大畜》卦的卦画结构、卦辞及其意义。首先，《大畜》卦下乾上艮，乾象征刚健，艮为山，有厚实的特点，因此，《大畜》卦象征刚健而厚实。同时，《大畜》卦下乾上艮，乾为天，艮为山，又有天在山中之象，这样，天光山色互相映照，万物在其中不断生长变化，气象日日更新。《大畜》卦既有刚健厚实之德，又意味着万物日新月异地生长变化，所以有大有蓄聚的意思。其次，《大畜》卦的上九阳爻居上，反映了崇尚贤能的特点；《大畜》卦下乾上艮，乾为健，艮为止，又有蓄止刚健的贤者之义。崇尚和蓄止贤者，这是治国的重要原则，因此《彖传》中称之为"大正"即极大的正道。这实际上是在解释卦辞中"利贞"二字的意义（《彖传》此处把"贞"理解为"正"）。第三，用"应乎天"释卦辞中的"利涉大川"，意即蓄聚贤才是顺应天道之举，所以利于渡大河，什么样的艰难险阻都能克服。

　　《象传》由《大畜》卦下乾上艮象征"天在山中"，推出君子要"多识（zhì）前言往行，以畜其德"，其间的逻辑关系是：山比天小，在《大畜》卦中却能把天蕴含进去，这说明小和大的区别是相对的,如能虚怀若谷,则能包容一切。人的学问、品德的修养也是如此。因此,君子要通过广泛记取前人有价值的言行,来培养自己的道德,因为只有有了高尚的道德,才能广蓄世上所有美善的东西。

【经文 + 传文】

(乾下艮上)大畜　利贞。不家食,吉。利涉大川。

《彖》曰:大畜,刚健笃实,辉光日新。其德刚上而尚贤,能止健,大正也。"不家食,吉",养贤也。"利涉大川",应乎天也。

《象》曰:天在山中,大畜。君子以多识前言往行,以畜其德。

【译文】

大畜　有利之占问。不在家里吃饭,吉祥。利于渡大河。

《彖传》说:《大畜》卦下乾上艮,乾为刚健,艮为笃实,象征刚健笃实,太阳的光辉与山色相映,其气象日日更新。《大畜》卦所反映的德行是阳刚者处于上位而崇尚贤人,从而能蓄止刚健的贤者,这是极大的正道。"不在家里吃饭,吉祥",这是指提供财物来养贤才。"利于渡大河",说明其行为能顺应天道。

《象传》说:《大畜》卦上艮下乾,艮为山,乾为天,象征山中蕴含着天,这就是《大畜》卦的卦象。君子观此卦象,从而广泛地记取前人有价值的言行,以培养自己的道德。

大畜卦·初九阳爻

【本爻解析】

初九阳爻处于阳位，又在下卦乾之初，按其本性，必会健动不已。但是，初九处于《大畜》卦之初，若一味求进，必会招来灾祸。这是因为：事物蓄聚之初，静则聚，动则散；此正如蓄水一样，必须先让水不往外流，水才能积聚，所以初九利于停下来。

【经文＋传文】

初九　有厉，利已。

《象》曰："有厉，利已"，不犯灾也。

【译文】

初九　有危险，利于停下来。

《象传》说："有危险，利于停下来"，这样就不会招来灾祸。

199

大畜卦·九二阳爻

【本爻解析】

九二阳爻居下卦之中位,且以阳爻居于阴位,象征阳刚者持守中道,能审时度势,不贸然采取行动。爻辞中的"舆说(tuō)𫐐(fù)",指车厢下面钩住车轴的木头脱落,此木头一脱落,则车不能前行。从爻辞分析,此木头之脱落,并非意外事件,而是九二主动把它取下来的,目的就是不让车前行。爻辞用不让车前行来反映九二能静观待时,所以《象传》说"中无尤也":九二能持守中道,因此不会有过失。

【经文 + 传文】

九二　舆说𫐐。

《象》曰:"舆说𫐐",中无尤也。

【译文】

九二　车辆的车厢下面钩住车轴的木头脱落。

《象传》说:"车辆的车厢下面钩住车轴的木头脱落",是说九二阳爻居下卦之中位,能持守中道,所以不会有过失。

大畜卦·九三阳爻

【本爻解析】

九三阳爻居于阳位，又居下卦乾之上位，象征阳刚者的积聚已趋充盈，有利于积极进取，向外发展，所以爻辞中说"利有攸往"，并以良马互相追逐为喻。九三与上九为应位关系，两者同为阳爻，象征它们志同道合。但九三与上九之间有六四、六五两个阴爻阻隔，说明两者要走到一起，尚有许多艰难险阻需要克服，所以爻辞中又说"利艰贞"。而且，九三之克服艰难亦非轻易之事，它需要九三不断提高自身的技能和修养，爻辞中所谓的"闲舆卫"即熟习驾车和防卫技术，指的就是九三需要提高自己的能力。

【经文＋传文】

九三　良马逐，利艰贞。曰闲舆卫，利有攸往。

《象》曰："利有攸往"，上合志也。

【译文】

九三　良马互相追逐，利于占问艰难之事。熟习驾车与防卫之术，利于有所前往。

《象传》说："利于有所前往"，是因为九三与上九心志相合。

大畜卦·六四阴爻

【本爻解析】

六四阴爻居于阴位,象征阴柔者居位得正,所行符合正道。对此,爻辞中以"童牛之牿(gù)"作喻。"童牛之牿"即童牛的牛角部位缚着横木,使之不能触人。童牛指头上没有长角的小牛,在没有角的小牛头上仍缚上横木,有提前防范的意思。这里以小牛象征小人,比喻朝廷中对小人设下种种限制,使之不能危害国家,从而使贤人充分得到重用,使国家富强,所以预示大吉。有的学者认为,"童牛之牿"的"童"指去尽、脱光,因此,"童牛之牿"指解除牛头上缚着的横木,此亦可备一说。

【经文+传文】

六四　童牛之牿,元吉。

《象》曰:六四"元吉",有喜也。

【译文】

六四　小牛的牛角部位缚着使之不能触人的横木,大吉。

《象传》说:六四爻辞中说的"大吉",是指有喜庆之事。

大畜卦·六五阴爻

【本爻解析】

六五阴爻居上卦之中位，有阴柔者奉行中道、以柔制刚之象。对此，爻辞中以"豶（fén）豕之牙"为喻。这里的"豕"指野猪，野猪性情刚暴，其牙甚为锋利，为了防止野猪伤人，六五采取了极为巧妙的办法："豶"，即把野猪阉割。野猪被阉割后，则其刚暴凶性受到控制，其牙也就不会对人造成伤害。爻辞以"豕之牙"比喻朝中的强暴之人，六五采用巧妙的办法，使这些人乖乖地俯首听命，从而使贤能之人能施展抱负，故预示吉祥。

【经文＋传文】

六五　豶豕之牙，吉。

《象》曰：六五之"吉"，有庆也。

【译文】

六五　阉割过的猪的牙齿，吉祥。

《象传》说：六五爻辞中说的"吉祥"，是指有值得庆贺之事。

大畜卦·上九阳爻

【本爻解析】

上九阳爻居《大畜》卦之极,意味着蓄聚已达极为充盈的程度,仿佛财富的积累已极其充足,或品德、才学方面的修养已非常完美,所以预示亨通。关于爻辞中的"何天之衢",历来歧解迭出,学者们或释为"获得显达",或释为"何等畅达的天上大路",或释为"受天之庇荫",等等。笔者认为,"何"即"荷",意为承担、承载;"衢"即大路、大道,因此,"何天之衢"即承载着天之大道,亦即体现着天道的意思。因为具有规律意义的"道"本来就有"路"的意思,而《象传》中说"道大行",也是把"衢"释为"道";上九意味着《大畜》的完成,正是体现、承载了天道。

【经文 + 传文】

上九　何天之衢,亨。

《象》曰:"何天之衢",道大行也。

【译文】

上九　承载着天之大道,亨通。

《象传》说:"承载着天之大道",说明道大行于天下。

颐 第二十七

【本卦解析】

颐指颐养的意思。《颐》卦下震上艮（gèn），震为动，艮为止，正像咀嚼食物时下颚动而上颚不动的样子。因此，颐有吃食物以养人之身的含义。人吃进食物，就能保证身体有充足的营养，所以占问预示吉祥。不过，卦辞同时认为，人吃食物以自养，亦要奉行正道，这个正道就是"自求口实"，即通过自己的劳动来获取食物，而不是不劳而获，做寄生虫。

【经文＋传文】

（震下艮上）颐　贞吉。观颐，自求口实。

《彖（tuàn）》曰：颐"贞吉"，养正则吉也。"观颐"，观其所养也；"自求口实"，观其自养也。天地养万物，圣人养贤以及万民。颐之时大矣哉。

《象》曰：山下有雷，颐。君子以慎言语，节饮食。

【译文】

颐　占问得吉兆。考察颐养之道，关键在于靠自己来获取食物。

《彖传》说：《颐》卦卦辞中的"贞吉"，是指用正道来颐养则吉祥的意思。"观颐"，是指观察如何来颐养；"自求口实"，是指观察如何来养自己。天地养育万物，圣人养育贤人和万民。适时而颐养的意义真是太大了。

《象传》说：《颐》卦上艮下震，艮为山，震为雷，象征山下有雷震动，这就是《颐》卦的卦象。君子观此卦象，从而说话小心谨慎，并注意节制自己的饮食。

颐卦·初九阳爻

【本爻解析】

初九阳爻居于阳位，处位得正，仿佛阳刚者而内具美质。但是，初九与六四阴爻相应合，处于《颐》卦之初，又有贪求六四所拥有的食物之意。初九本可自给自足，却去贪求别人的东西，所以预示有凶险。爻辞中的"舍尔灵龟，观我朵颐"，表达的正是此意：句中的"尔"指初九，"我"指六四，"灵龟"是一种象征性的说法，表示初九本有美食而不食。这恰如一个人捧着金饭碗去行乞，愚蠢之极。

【经文+传文】

初九　舍尔灵龟，观我朵颐，凶。

《象》曰："观我朵颐"，亦不足贵也。

【译文】

初九　舍弃你自己拥有的灵龟之肉不吃，却来看我咀嚼食物的样子，有凶险。

《象传》说："看我咀嚼食物的样子"，这种做法也不值得推重。

颐卦·六二阴爻

【本爻解析】

六二阴爻居于阴位，居位得正，本应靠自己获得食物来颐养，然而六二却不这么做，反而去求养于居于高位的尊者，这种做法违背了颐养之道，所以预示有凶险。在这里要说明的是对"丘"字及与之相关的内容的理解。丘本指小土山，既然是山，便有高的意思，因此，这里的"丘"，当指位于六二之上的六五阴爻；六五阴爻居于尊位，但与六二同为阴爻，不相应合，六二却去向六五求得颐养，六二的这种要求违背常理，肯定达不到目的，所以爻辞中说"拂经于丘颐，征凶"。

【经文＋传文】

六二　颠颐，拂经于丘颐，征凶。

《象》曰：六二"征凶"，行失类也。

【译文】

六二　颠倒的颐养之道，违背常道而向居于尊位者求得颐养，行动有凶险。

《象传》说：六二爻辞中说"行动有凶险"，是因为这种做法违背了准则。

颐卦·六三阴爻

【本爻解析】

六三阴爻居于阳位，居位不中不正；同时，六三与上九阳爻相应合，又有谄媚于上以求养之义，故六三预示有凶险。那么，六三具体会有什么样的凶险呢？爻辞中说："十年勿用，无攸利。"这里的"十年"并非确指，有"多年"的意思。也就是说，筮（shì）到六三爻，就意味着多年不宜采取行动，若采取行动，也不会得到任何好处。

【经文＋传文】

六三　拂颐，贞凶，十年勿用，无攸利。

《象》曰："十年勿用"，道大悖也。

【译文】

六三　违背颐养之道，占问时得凶兆，十年之内不可采取行动，得不到任何利益。

《象传》说："十年之内不可采取行动"，是因为与道大相违背。

颐卦·六四阴爻

【本爻解析】

六四阴爻居于阴位，居位得正，又与初九阳爻相应合，有阴柔者持守正道而获颐养之象，所以预示吉祥。爻辞中的"虎视眈眈，其欲逐逐"是用来补充说明六四为什么吉祥的，因为六四对能颐养自己的目标用心专一，不达目的绝不罢休，所以不会有灾殃。这里所谓能颐养自己的目标当指初九阳爻无疑。爻辞中的"颠颐"，意为颠倒的颐养之道，但这里存在一个问题：颠倒的颐养之道为什么会预示吉祥？这是因为，六四的颠颐指六四本应求养于上，现在却向下面求养；六四向下求养，看似违背了颐养之道，但六四与初九恰是相应合的关系，这样的求养符合正道，所以预示吉祥。

【经文＋传文】

六四　颠颐，吉。虎视眈眈，其欲逐逐，无咎。

《象》曰："颠颐"之"吉"，上施光也。

【译文】

六四　颠倒的颐养之道，吉祥。像老虎紧盯食物一样逼视，对想要的东西紧追不放，没有灾殃。

《象传》说："颠倒的颐养之道"而"获吉祥"，是因为居于上位者能下施光明之德。

颐卦·六五阴爻

【本爻解析】

六五阴爻居上卦之中位，象征阴柔者居于君位。但六五以阴居阳位，居位不正；下与六二不相应合，又有阴柔者失正无养之象。六五本应是养育贤才与万民的君主，现在却自顾不暇，所以爻辞中说其"拂经"，即违背了常道。不过，六五位于上九之下，却有得阳刚贤者相助之象；既有阳刚贤者相助，六五就干脆屈尊顺从阳刚贤者；六五既已屈从阳刚贤者，则不宜外出渡大河，而适合在家安居，所以爻辞中说"居贞吉"。

【经文＋传文】

六五　拂经，居贞吉，不可涉大川。

《象》曰："居贞"之"吉"，顺以从上也。

【译文】

六五　违背常道，占问居处，得吉兆，不要去渡大河。

《象传》说："占问居处"而"得吉兆"，是因为六五顺从居于上位者。

颐卦·上九阳爻

【本爻解析】

上九阳爻居《颐》卦之极，有颐养天下之象，而颐养天下正是颐养之正道，所以爻辞中说上九"由颐"，即遵循了颐养之道。上九虽能颐养天下，但毕竟其不居君位，故时时存在危险，所以爻辞中又说"厉"；不过，由于六五君主已对其表示顺从，所以上九最终又预示吉祥。上九既然能履危化吉，当然也就利于渡大河，即能顺利克服一切艰难险阻。

【经文＋传文】

上九　由颐，厉，吉。利涉大川。

《象》曰："由颐，厉，吉"，大有庆也。

【译文】

上九　遵循颐养之道，起初有危险，最终吉祥。利于渡大河。

《象传》说："遵循颐养之道，起初有危险，最终吉祥"，说明值得大加庆贺。

大过 第二十八

【本卦解析】

大过即过于大的意思。《大过》卦由四个阳爻和两个阴爻组成,阳爻的数目多于阴爻;《周易》以阳为大,以阴为小,所以《大过》卦有阳爻过大的意思。另外,《大过》卦下巽(xùn)上兑,巽为木,兑为泽,象征泽水淹没了树木,故有泽水过大、过盛甚至过分的意思。由泽水过大、过分,又可引申出"大过"的大有过失、大有差误的意义。中国古代建筑多为木质结构,因此,由泽水淹没树木又可引申为泽水淹没房屋建筑,使房屋的栋梁发生弯曲,在这种情况下,人们尽快离开房屋则可免于灾祸,因此卦辞中说:"栋桡(náo),利有攸往,亨。"

《彖(tuàn)传》主要从三个方面来揭示《大过》卦的卦画结构、卦辞及其意义。首先,所谓"大过",是指"大者过",这里的"大者",是指《大过》卦中的阳爻。其次,解释"栋桡"即栋梁向下弯曲的原因,是"本末"过于细弱。这里的"本末"是双关语,既指作栋梁用的木材的两端太细,也指《大过》卦只有初六和上六两个阴爻,象征阴爻太弱。第三,以《大过》卦的卦画结构为依据,解释为什么《大过》卦预示前往可获亨通。因为《大过》卦由四个阳爻和两个阴爻组成,阳为刚,所以象征"刚过";卦中的九二、九五两个阳爻分别居下、上卦之中位,又有阳刚者恪守中道之象;《大过》卦下巽上兑,巽象征谦逊,兑象征和悦,所以《大过》卦又象征谦逊而和悦。这样,阳刚者恪守中道,而又谦逊和悦地采取行动,当然就会获得亨通。

《象传》由《大过》卦上兑下巽象征"泽灭木",推出君子应"独立不惧,遁世无闷",其间的逻辑关系是:泽本应在木下滋润木，现在却处在木的上面，把木淹没了，这是极其过分、反常的现象。《象传》以君子比喻木，以小人比喻泽，因此，所谓泽灭木也意味着小人得志猖獗，君子处于小人的压制之下。君子当此之时，就应该采取大过于常人之行，这就是"独立不惧，遁世无闷"，即特立独行，志向坚定，心中毫不畏惧，即使遁世隐居也丝毫不感到烦闷。

【经文＋传文】

（巽下兑上）大过　栋桡，利有攸往，亨。

《彖》曰：大过，大者过也。"栋桡"，本末弱也。刚过而中，巽而说（yuè）行，"利有攸往"，乃"亨"。大过之时大矣哉。

《象》曰：泽灭木，大过。君子以独立不惧，遁世无闷。

【译文】

大过　房屋的栋梁向下弯曲，利于有所前往，亨通。

《彖传》说：大过，是指大的方面过盛。"栋梁向下弯曲"，说明做栋梁的树木的两端太细。《大过》卦由四个阳爻和两个阴爻组成，有阳刚过盛之象；九二和九五阳爻分别居下、上卦之中位，象征阳刚过盛但能恪守中道。《大过》卦下巽上兑，巽为谦逊，兑为和悦，象征谦逊和悦地采取行动，所以"利于有所前往"，而且"亨通"。《大过》卦关于适时而行的意义太重大了。

《象传》说：《大过》卦上兑下巽，兑为泽，巽为木，象征泽水把树木淹没，这就是《大过》卦的卦象。君子观此卦象，从而特立独行，毫不畏惧，隐居避世而不感到烦闷。

大过卦·初六阴爻

【本爻解析】

初六阴爻处《大过》卦之始，象征阴柔者力量微弱，不足以拯济危难的局势。但初六有自知之明，认识到自己势单力薄后，便谨慎处世，柔弱自守，并保持内心的虔诚。此种情形，正如在祭祀时用洁白的茅草作祭品的衬垫，以显示自己对祭祀对象的虔敬一样。如此用心，当然不会有灾殃。

【经文＋传文】

初六　藉用白茅，无咎。

《象》曰："藉用白茅"，柔在下也。

【译文】

初六　祭祀时用洁白的茅草来衬垫祭品，没有灾殃。

《象传》说："祭祀时用洁白的茅草来衬垫祭品"，说明初六柔顺地居于下位。

214

大过卦·九二阳爻

【本爻解析】

在《大过》卦中，凡阳爻都有"刚过"即阳刚过盛之象，九二阳爻也是如此，故爻辞中以"老夫"来比喻。但九二阳爻居于阴位，与初六阴爻相亲近，且居下卦之中位，又有刚柔相济而奉行中道之象。对于这种刚柔相济的状况，爻辞中形象地用枯杨长出嫩芽、老年男子娶得年少的妻子来比喻。九二阳爻既得阴柔者来辅助配合，就不会有阳刚过盛之弊，所以预示"无不利"。

【经文＋传文】

九二　枯杨生稊（tí），老夫得其女妻，无不利。

《象》曰："老夫""女妻"，过以相与也。

【译文】

九二　枯槁的杨树长出新芽，老年男子娶得年少的妻子，没有任何不利。

《象传》说："老年男子"与"年少的妻子"，这是一种不适当的结合。

215

大过卦·九三阳爻

【本爻解析】

九三阳爻居于阳位,又不居中,有阳刚盛极之象;这就好比房屋的栋梁中间太粗、两端太细,必然造成栋折房塌的结果一样,所以预示有凶险。《象传》以"不可以有辅"来解释九三之"凶",这里的"辅"当指上六,因为九三与上六正好是应合的关系。但九三虽有上六与之应合,仍无法摆脱凶险,是因为九三已处于栋梁向下弯曲之险境,此时不管在栋梁的上面加何种辅助,都只能增加栋梁的负荷,加快其折断下坠的速度,因此,九三之凶险是无可避免的。

【经文+传文】

九三 栋桡,凶。

《象》曰:"栋桡"之"凶",不可以有辅也。

【译文】

九三 栋梁向下弯曲,有凶险。

《象传》说:"栋梁向下弯曲"导致"凶险",是因为没有办法可以帮助九三避免凶险。

216

大过卦·九四阳爻

【本爻解析】

九四阳爻居于阴位,有阳刚者自损阳刚而得刚柔相济之象;这就像房屋的栋梁向上隆起,从而使房屋坚固结实一样,所以预示吉祥。但是,九四阳爻与初六阴爻处于应合的关系,若九四去与初六应合,则仿佛隆起的栋梁转而向下弯曲一样,这必然会带来灾祸,所以爻辞中又说"有它,吝"。这说明九四的处境较为独特,必须有所取舍,才能趋吉避凶。这也是《象传》中说"不桡乎下"的寓意所在。

【经文＋传文】

九四　栋隆,吉;有它,吝。

《象》曰:"栋隆"之"吉",不桡乎下也。

【译文】

九四　栋梁向上隆起,吉祥;若出现意外之患,则会有令人悔恨之事。

《象传》说:"栋梁向上隆起"而"吉祥",是因为它不向下弯曲。

217

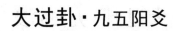

大过卦·九五阳爻

【本爻解析】

九五阳爻居于阳位,有阳刚过盛之象;九五为消解其过盛的阳刚,便与居于其上的上六阴爻亲近,此举确实可收刚柔相济之功,故爻辞以"枯杨生华"作喻。但上六处于阴极,其生机已极为微弱,正与白发苍苍的老妇相似,九五娶之为妻,只能暂收阴阳和合之功,其作用是有限的,所以爻辞断以"无咎无誉",即既没有灾殃,也不值得称道。而《象传》的观点则明显与爻辞不同,《象传》认为,九五的行为并不值得提倡,因为它只能产生使枯杨开花的效果,而枯杨开花是不可能长久的;至于年轻男子与老年妇女结合,则更是"可丑",即不光彩之事。

【经文 + 传文】

九五　枯杨生华,老妇得其士夫,无咎无誉。

《象》曰:"枯杨生华",何可久也。"老妇""士夫",亦可丑也。

【译文】

九五　枯槁的杨树开了花,老年妇女得到了年轻的丈夫,既没有灾殃,也没有称誉。

《象传》说:"枯槁的杨树开了花",这种状况怎么能保持长久呢?"老年妇女"与"年轻的丈夫",这也是让人感到羞愧的事。

大过卦·上六阴爻

【本爻解析】

上六阴爻居《大过》卦之极，才弱不足以济困；《大过》卦又有"泽灭木"之象，上六则恰如被水淹没的树梢。因此，爻辞以涉水时被水淹没头顶作喻，明确指出上六预示有凶险。但是，上六阴爻处《大过》卦之极，物极必反，因此，上六又预示溺水而可获救，故爻辞中又断以"无咎"。至于《象传》说上六之行为"不可咎"，即不应予以指责，则是因为上六"过涉灭顶"的状况是由于客观形势和自身才力不足而造成的，上六的奋力救困之志还是值得肯定的。

【经文＋传文】

上六　过涉灭顶，凶，无咎。

《象》曰："过涉"之"凶"，不可咎也。

【译文】

上六　涉水时水淹没头顶，有凶险，但最终没有灾殃。

《象传》说："涉水时水淹没头顶"而"有凶险"，对此不应加以责备。

坎 第二十九

【本卦解析】

坎是险难的意思。《坎》卦由两个三画的坎卦上下重叠而成，因此又有重重险难的意思。《坎》卦的九二和九五两个阳爻都处在阴爻的包围之中，阴为虚，故《坎》卦有阳刚者陷入阴虚之象，所以有险难之义。人在陷入险难时，首先要考虑的就是如何摆脱险难，而摆脱险难的最佳办法，就是保持内心诚信，并以此取信于人。所谓诚能感天，说的就是这个道理，所以《坎》卦预示亨通。《坎》卦又叫《习坎》卦，现在则通常称为《坎》卦。

《彖（tuàn）传》从四个方面来解释《坎》卦的卦画结构、卦辞及其意义。首先，所谓习坎，是指重重的险难。《坎》卦下坎上坎，坎为水，所以《坎》卦就像水不断流入陷穴，却又永远注不满一样，由此可见其危险的程度。其次，解释卦辞"有孚维心，亨"，认为"有孚"即有诚信，具体地说，就是行于险境而仍不失诚信；而《坎》卦之所以预示亨通，则是因为卦中的九二和九五阳爻分别居下、上卦之中位，象征阳刚者奉行中道。第三，解释"行有尚"，认为之所以其行动会受到人们的崇尚，是因为前往必可获得成功。第四，发挥坎所蕴含的险的意义，认为天地间既有天险，也有地险；天险无法逾越，地险则会阻碍人们的行动。王公从中受到启发，从而设立险隘来保护自己的国家。既然险有如此巨大的作用，人们就应该根据时势的不同，对险进行灵活运用。

《象传》由《坎》卦下坎上坎象征"水洊（jiàn）至"，推出君子应"常德行，习教事"，其间的逻辑关系是：水接续而至，说明水长流不断，有恒久持续的特性；君子仿效水的这一特性，从而恒久保持其德行，并持续不断地学习政教之事，以提高自己治理国家的能力。

【经文 + 传文】

䷜（坎下坎上）习坎　有孚维心，亨。行有尚。

《彖》曰：习坎，重险也，水流而不盈。行险而不失其信，"维心，亨"，乃以刚中也。"行有尚"，往有功也。天险不可升也，地险山川丘陵也。王公设险以守其国。险之时用大矣哉。

《象》曰：水洊至，习坎。君子以常德行，习教事。

【译文】

习坎　有诚信，并以此维系人心，亨通。行动会得到人们崇尚。

《彖传》说：习坎，就是双重的险难，就像水流入坑中而不溢出一样。行于险境而不失诚信，"以诚信维系人心，亨通"，这是因为《坎》卦的九二和九五阳爻分别居下、上卦之中位，象征阳刚者奉行中道。"行动会得到人们崇尚"，说明前往必可获成功。天险是无法攀登的，地险指山川丘陵之类。王公设立险隘以保护自己的国家。根据不同的时势而用险的意义实在是太大了。

《象传》说：《坎》卦下坎上坎，坎为水，象征水接续而至，这就是《习坎》卦的卦象。君子观此卦象，从而恒久保持其德行，并不断地学习政教之事。

坎卦·初六阴爻

【本爻解析】

初六阴爻居于阳位,居位失正;初六处于《坎》卦的最下位,与六四阴爻又不相应合。因此,初六仿佛力量弱小的阴柔者因违背正道而陷入重重困境之中,而且外无应援,其处境极其险恶,故爻辞中以陷入深坑作喻,并明确说有凶险。

【经文+传文】

初六　习坎,入于坎窞(dàn),凶。

《象》曰:"习坎",入坎,失道"凶"也。

【译文】

初六　险难重重,陷入深坑之中,有凶险。

《象传》说:"险难重重",陷入坑中,因为违背正道,所以"有凶险"。

坎卦·九二阳爻

【本爻解析】

　　九二阳爻居于阴位，居位失正，又处在初六和六三两个阴爻之间，所以爻辞中说"坎有险"，即陷入坑中，又面临危险。但九二阳爻居下卦之中位，又有阳刚者持守中道之象，故虽面临危险，但其摆脱危险的努力仍可取得一定的效果，所以爻辞中又说"求小得"。《象传》以"未出中"解释"求小得"，有两层意思：一是九二为什么所求能小有所获，是因为没有违背中道；二是九二的所求虽然小有所获，但其毕竟仍在陷坑之中。也就是说，"未出中"具有没有违背中道和仍在陷坑之中双重含义。

【经文＋传文】

　　九二　坎有险，求小得。

　　《象》曰："求小得"，未出中也。

【译文】

　　九二　坑中有危险，所求小有所获。

　　《象传》说："所求小有所获"，但九二尚未脱离危险。

 坎卦·六三阴爻

【本爻解析】

六三阴爻处下卦坎之极，又紧临上卦坎，有前后左右都是坑之象，故曰"来之坎坎"。六三阴爻居于阳位，有欲采取行动而摆脱险境之象；但六三居位不正，又凌乘九二阳爻，其行动不可能取得成功，所以爻辞中说"入于坎窞，勿用"，即六三若盲目行动，必会陷入更深的危机和险境，应以不采取行动为宜。

【经文 + 传文】

六三　来之坎坎，险且枕，入于坎窞，勿用。

《象》曰："来之坎坎"，终无功也。

【译文】

六三　前后来去都是坑，坑很深而且充满危险，陷入深坑之中，不宜采取行动。

《象传》说："前后来去都是坑"，说明终究不会取得成功。

坎卦·六四阴爻

【本爻解析】

六四阴爻与六三一样，也处于上坎下坎之间，前后左右都是坑。但六三居位不正，故不宜采取行动。六四则不同，六四以阴爻居阴位，居位得正；六四上承九五阳爻，又有阴柔者顺从阳刚者，从而得阳刚者相助之象，故六四最终没有灾殃。爻辞中的"樽酒，簋（guǐ）贰，用缶（fǒu），纳约自牖（yǒu）"，正是指六四向九五献上酒食，以表示自己的诚信和对九五的顺从。

【经文＋传文】

六四　樽酒，簋贰，用缶，纳约自牖，终无咎。

《象》曰："樽酒，簋贰"，刚柔际也。

【译文】

六四　一壶酒，两盒饭食，用瓦器盛物，通过窗户送入，以示结约，最终没有灾殃。

《象传》说："一壶酒，两盒饭食"，是指六四阴爻处于与九五阳爻的交接之处，故以此奉献给九五尊者。

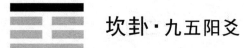

坎卦·九五阳爻

【本爻解析】

九五阳爻居于阳位,居位得正,又居上卦之中位,象征阳刚者行中正之道。因此,九五虽处坎险之中,但必有能力来改变这种局面。爻辞中的"坎不盈,祗既平",正是用来说明九五为摆脱险境所作的努力的。九五铲取水边土丘上的土来填平深坑,但一直到把土丘都铲平了,坑还没有填满,这说明九五还没有真正摆脱险境,故《象传》中说九五"中未大",即九五所行之中道还未能发扬光大。但九五只要不断努力,坑终究是会被填平的,九五摆脱险境只不过是个时间问题,所以爻辞中说没有灾殃。

【经文＋传文】

九五　坎不盈,祗既平,无咎。

《象》曰:"坎不盈",中未大也。

【译文】

九五　坑还没有填满,水中的小块高地已被铲平,没有灾殃。

《象传》说:"坑还没有填满",说明九五所行之中道还未发扬光大。

坎卦·上六阴爻

【本爻解析】

上六阴爻处《坎》卦之极，有阴柔者身处极险之地，又无力摆脱之象，所以预示有凶险。爻辞中所说的一个人被捆上绳子投入牢狱，并且在长达三年的时间里都得不到释放，正是对这种凶险状况的具体描述。这里所说的三年，其实是虚指，意为多年。一个人长期遭受牢狱之灾，无疑是极为凶险之事。《象传》认为，上六之所以会遭受如此凶险，是因为其"失道"即违背正道。这里所谓的"失道"，当指上六阴爻凌乘九五阳爻而言。

【经文＋传文】

上六　系用徽纆（mò），寘（zhì）于丛棘，三岁不得，凶。

《象》曰：上六失道，凶三岁也。

【译文】

上六　捆上绳子，投入监狱，三年得不到释放，有凶险。

《象传》说：上六违背了正道，所以有被囚三年的凶险。

离 第三十

【本卦解析】

离即附丽、依附的意思。《离》卦由两个三画的离卦上下重叠组成，三画的离卦上下皆为阳爻，中间为阴爻，正有阴柔者依附阳刚者之意。六二和六五两个阴爻分别居于下、上卦之中位，则又意味着阴柔者秉持中道去依附阳刚者，所以卦辞中说《离》卦为有利之占问，预示亨通。

三画的离卦二阳夹一阴，又有阳刚者蓄养阴柔者之象。牛性温顺，母牛之性则更为温顺，因此，以母牛来指代此阴柔者，是十分恰当的，故卦辞中又说"畜牝牛，吉"。不过，"畜牝牛，吉"还有另外一层意思，这就是：一物要依附于另一物，则该物以柔顺为佳，正如毛发之依附于皮肤、油漆之被涂刷于物体表面，皆以柔软、易于被改变为佳；母牛之性至为柔顺，故蓄养母牛意味着吉祥。

《彖（tuàn）传》主要从三个方面来解释《离》卦的卦画结构、卦辞及其意义。首先，离是附丽的意思，在自然界中，附丽的现象是极其普遍的，如日月附丽于天、各种植物附丽于地，等等。其次，事物之间的附丽必须合于正道。《离》卦下离上离，离为明，象征两明相重，此两明亦可指日月；同时，六二和六五两个阴爻分别居下、上卦之中位，又象征两明相重且合于正道，此正如日月在天空中有规律地运行，从而化育成就天下万物一样。第三，解释卦辞"利贞，亨。畜牝牛，吉"。《彖传》以"正"释"贞"，认为"贞"即六二和六五阴爻居于中位，因为六二和六五居于中位，所以才能亨通；又以"柔"释牝牛之性，认为既然柔顺者遵循中正之道预示着亨通，而母牛之性至为柔顺，所以蓄养母牛，也就意味着吉祥。

《象传》由《离》卦下离上离象征"明两作"，从而推出大人应"继明照于四方"，其间的逻辑关系是：光明之物（如太阳）持续地出现在天空中，才能照耀万物，因此，大人也只有接连不断地用道德之光明影响、教化民众，才能使道德教化传承不绝，四方民众普受恩惠。

【经文＋传文】

▤（离下离上）离　利贞，亨。畜牝牛，吉。

《彖》曰：离，丽也。日月丽乎天，百谷草木丽乎土，重明以丽乎正，乃化成天下。柔丽乎中正，故"亨"，是以"畜牝牛，吉"也。

《象》曰：明两作，离。大人以继明照于四方。

【译文】

离　有利之占问，亨通。畜养母牛，吉利。

《彖传》说：离，是附丽的意思。日月附丽在天空中，百谷和草木附丽在土地上；《离》卦下离上离，离为明，象征二明相重并遵循正道，从而化育成就天下万物。六二和六五阴爻分别居下、上卦之中位，象征柔顺者遵循中正之道，所以"亨通"，并且"畜养母牛，吉利"。

《象传》说：《离》卦下离上离，离为明，象征光明接续而起，这就是《离》卦的卦象。大人观此卦象，从而连续不断地用光明之德照耀四方。

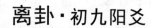

离卦·初九阳爻

【本爻解析】

初九阳爻居于阳位,有急于采取行动之象,但行动时没有计划,则表现为盲目躁进,故爻辞中说"履错然",即行动时急躁混乱。不过,初九居下卦离之初,离为明,故初九又颇为明智,能及时悔悟,从而保持内心的恭敬,不再盲目行动,所以不会有什么灾殃。

【经文＋传文】

初九　履错然,敬之,无咎。

《象》曰:"履错"之"敬",以辟咎也。

【译文】

初九　行动时急躁混乱,保持内心恭敬,没有灾殃。

《象传》说:"行动时急躁混乱"而要"保持内心恭敬",是为了避免灾殃。

离卦·六二阴爻

【本爻解析】

六二阴爻居于阴位，居位得正；六二阴爻又居下卦之中位，象征阴柔者奉行中正之道；六二处于离卦中，离有文明之象，六二在天下文明时能奉行中正之道，则其德至善至美，故预示大为吉祥。爻辞中的"黄离"，即附丽着黄色；黄色本为大地的颜色，古人以五色配五行五方，土居中，故以黄为中央正色，因此，简洁地用"黄离"来象征处于下卦之中位的六二阴爻，是十分恰当的。

【经文+传文】

六二　黄离，元吉。

《象》曰："黄离，元吉"，得中道也。

【译文】

六二　附丽着黄色，大吉。

《象传》说："附丽着黄色，大吉"，是因为六二阴爻符合中正之道。

离卦·九三阳爻

【本爻解析】

九三阳爻处于阳位,亦与初九阳爻一样,有躁动之象;九三阳爻处于下卦离之终,又有太阳将要落山之象。九三处于阳极将衰之时,仍躁动不已,所以预示有凶险。关于九三躁动的情形,爻辞中以"不鼓缶(fǒu)而歌,则大耋(dié)之嗟"来比喻,"不……则……"意为"不是……就是……",其中的"鼓缶而歌",指及时行乐;"大耋之嗟",则指老年人意志消沉,发出悲叹。在《周易》看来,人们应该以豁达的态度,去对待衰老,对待生死,如果因为衰老就自暴自弃,那么就会面临凶险。

【经文＋传文】

九三　日昃(zè)之离,不鼓缶而歌,则大耋之嗟,凶。

《象》曰:"日昃之离",何可久也。

【译文】

九三　将要落山的太阳附丽于西边的天空,此时不是击缶而歌唱,就是老年人发出悲叹,有凶险。

《象传》说:"将要落山的太阳附丽于西边的天空",这种状况怎么能长久呢?

离卦·九四阳爻

【本爻解析】

　　九四阳爻居于阴位,位不居中,有阳刚者不中不正之象;九四与初九又同为阳爻,不相应合,因此,九四的处境甚为不妙。但爻辞以"突如其来如,焚如,死如,弃如"来比喻,则甚为难解,学者们争议亦较多。相比之下,王弼在《周易注》中的解释似较为合理:九四处于下卦离和上卦离转变之际,仿佛日落后又重新升起,所以说"突如其来";太阳升起时,光芒万丈,所以说"焚如";九四居位不正,又逼近六五至尊,欲与六五相抗,则必死无疑,所以说"死如";九四与初九阳爻不相应合,下无阴爻来承托,仿佛为众所不容,所以说"弃如"。

【经文＋传文】

　　九四　突如其来如,焚如,死如,弃如。

　　《象》曰:"突如其来如",无所容也。

【译文】

　　九四　突然而来,然后焚烧、死亡,最后被抛弃。

　　《象传》说:"突然而来",是指九四没有容身之处。

离卦·六五阴爻

【本爻解析】

六五阴爻居于阳位，有阴柔者居位不正之象；居位不正，则所行不顺，必会产生种种麻烦。但六五阴爻居上卦之中位，又有阴柔者居尊守中之象。六五对自己的处境十分清楚，所以悲伤叹息，忧愁哭泣，从而获得众人的同情和理解，最终大家齐心协力，帮助六五摆脱困境，所以预示吉祥。六五与六二是《离》卦中仅有的两个阴爻，六二的爻辞是"黄离，元吉"，六五则要在一番哭泣忧愁后才得"吉"，原因就是六二阴爻居于阴位，又居下卦之中位；六五则虽居中，却是以阴爻居阳位，居位不正。

【经文＋传文】

六五　出涕沱（tuó）若，戚嗟若，吉。

《象》曰：六五之"吉"，离王公也。

【译文】

六五　泪如雨下，忧愁叹息，吉祥。

《象传》说：六五的"吉祥"，是因为能依附于王公大人。

离卦·上九阳爻

【本爻解析】

上九阳爻居《离》卦之极，象征附丽之道已成，众人纷纷前来归附；而那些不愿前来归附的人，必为失道不正之人，故上九可以率兵征伐，而且能取得"折首，获匪其丑"之功，所以不会有灾殃。

【经文＋传文】

上九　王用出征，有嘉折首，获匪其丑，无咎。

《象》曰："王用出征"，以正邦也。

【译文】

上九　君王率兵征讨，有斩获敌人首级的喜事，抓获很多俘虏，没有灾殃。

《象传》说："君王率兵征讨"，目的是为了使国家安定。

咸 第三十一

【本卦解析】

咸是交互感应的意思。《咸》卦下艮（gèn）上兑，艮为少男，兑为少女，象征少男少女互相感应。同时，艮为止，有诚笃之义；兑为悦，意为和悦，象征男子诚心与女子交往，女子则和悦地相从。另外，艮为止，又有男子欲娶妻安家定居之意；兑为悦，表示女子乐意满足男子的愿望，所以卦辞中说"取女吉"。男女之间和悦地相感应，使阴阳之间得以感通，所以《咸》卦预示亨通。

《彖（tuàn）传》从三个方面来解释《咸》卦的卦名、卦画结构、卦辞及其意义。首先，说明"咸"是交互感应的意思。其次，以《咸》卦的卦画结构为依据，来解释卦辞"亨，利贞。取女吉"：《咸》卦上兑下艮，兑为阴卦为柔，艮为阳卦为刚，所以《咸》卦的卦象是阴柔在上而阳刚在下，阴阳二气互相交感而亲密结合；艮为止，兑为悦，所以《咸》卦的卦象又是静止而和悦，即男子追求安定而女子和悦相从；艮为少男，兑为少女，艮下兑上，《咸》卦又是少男在下而少女在上，象征少男谦逊地求娶少女。《咸》卦的卦画结构包含上述丰富意义，所以卦辞中说"亨通，有利之占问。娶妻，吉祥"。第三，引申发挥交互感应的意义，认为交互感应不光发生在男女夫妻之间，无论是天地万物，还是人的精神领域，都会发生交互感应。而正是通过交互感应，万物才得以生长变化，圣人才能教化万民，使天下太平。因此，通过考察交互感应，就可以把握天地万物的真实情状。《象传》的这一思想是十分深刻的，因为科学的认识论告诉我们，只有通过考察事物间的相互作用和影响，才能真正了解事物的本质。

《象传》由《咸》卦下艮上兑象征"山上有泽",推出君子应"以虚受人",其间的逻辑关系是:山顶必有虚空之处,方能容纳大泽;君子只有虚心,才能包容、团结众人,从而在众人的支持和拥护下成就大业。

【经文＋传文】

（艮下兑上）咸　亨,利贞。取女吉。

《彖》曰:咸,感也。柔上而刚下,二气感应以相与,止而说（yuè）,男下女,是以"亨,利贞。取女吉"也。天地感而万物化生,圣人感人心而天下和平。观其所感,而天地万物之情可见矣。

《象》曰:山上有泽,咸。君子以虚受人。

【译文】

咸　亨通,有利之占问。娶妻,吉祥。

《彖传》说:咸,是交互感应的意思。《咸》卦下艮上兑,兑为阴卦为柔,艮为阳卦为刚,象征阴柔在上而阳刚在下,阴阳二气互相感应并亲密相处,静止专一而和悦,男子在下对女子以礼相求,所以卦辞中说"亨通,有利之占问。娶妻,吉祥"。天地互相交感而万物化育生长,圣人感化人心而使天下和谐平安。考察交互感应的现象,就可以明白天地万物的情状了。

《象传》说:《咸》卦下艮上兑,艮为山,兑为泽,象征山上有泽,这就是《咸》卦的卦象。君子观此卦象,从而虚心接纳别人。

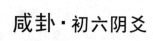

咸卦·初六阴爻

【本爻解析】

初六阴爻处《咸》卦之始，象征事物间的感应刚刚开始，还很微弱。大脚趾处于人体最下的部位，敏感程度相对较弱，所以爻辞中以大脚趾交互感应为喻。初六阴爻与九四阳爻相应合，说明九四是初六的感应对象；九四属于外卦兑，所以《象传》说初六的志向是向外发展，即与外卦的九四相感应。

【经文＋传文】

初六　咸其拇。

《象》曰："咸其拇"，志在外也。

【译文】

初六　大脚趾交互感应。

《象传》说："大脚趾交互感应"，说明初六的志向是向外发展。

咸卦·六二阴爻

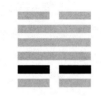

【本爻解析】

六二阴爻居下卦之中位，与居上卦之中位的九五阳爻相应合，说明感应正向深度发展，所以爻辞用"咸其腓(féi)"即腿肚子交互感应作喻。男女间的腿肚子互相感应，则有可能发生违礼之事，所以预示有凶险。但六二阴爻处于阴位，又居下卦之中位，有柔顺守中之象，故不会盲动，而是会及时停下来。正因为六二能顺理而动，故爻辞又说预示吉祥。

【经文＋传文】

六二　咸其腓，凶。居吉。

《象》曰：虽"凶""居吉"，顺不害也。

【译文】

六二　腿肚子交互感应，有凶险。停下来不妄动，吉祥。

《象传》说：虽然"有凶险"，但"停下来不妄动，吉祥"，说明顺理而行可以避免祸害。

咸卦·九三阳爻

【本爻解析】

九三阳爻居于阳位,有阳亢躁动之象;九三阳爻与上六阴爻相应合,象征男女之间互相感应。九三在《咸》卦中的位置属于中部偏下,恰如大腿在身体中的位置,故爻辞中说"咸其股"即大腿交互感应。九三本来就属于阳亢躁动,又得与女子之大腿交互感应,便会毫无节制地随着自己的欲望而行动,如此发展下去,必会产生令人悔恨之事。

【经文 + 传文】

九三 咸其股,执其随,往吝。

《象》曰:"咸其股",亦不处也;志在"随"人,所"执"下也。

【译文】

九三 大腿交互感应,执意随从,如此前往,必有令人悔恨之事。

《象传》说:"大腿交互感应",也说明无法停下来;志向在于"追随"别人,说明其"追求"是很低下的。

咸卦·九四阳爻

【本爻解析】

九四阳爻处于阴位,居位不正,故会有令人悔恨之事;但九四以阳爻居阴位,又有阳刚者不妄动之象。《咸》卦以安静不动为佳,故九四预示吉祥,并最终不会有令人悔恨之事。九四阳爻在《咸》卦中的位置属于中部偏上,相当于心脏的位置;九四阳爻又与初六阴爻相应合,仿佛阳刚者发自内心地不断与阴柔者交往,从而能感动阴柔者,使其最终顺从阳刚者的想法。至于《象传》中说九四与初六往来不绝,说明九四"未光大也",是指九四专注于与初六的交感,而不能与天下万物相交感,其交感之道有待光大。

【经文 + 传文】

九四　贞吉,悔亡。憧憧往来,朋从尔思。

《象》曰:"贞吉,悔亡",未感害也。"憧憧往来",未光大也。

【译文】

九四　占问得吉兆,没有令人后悔之事。相互之间往来不绝,朋友顺从你的想法。

《象传》说:"占问得吉兆,没有令人后悔之事",说明没有因为感应不正而遭受侵害。"相互之间往来不绝",说明交互感应的范围还不够广泛。

# 咸卦·九五阳爻

【本爻解析】

九五阳爻居于尊位,应与天下之人交互感应,但九五与六二阴爻相应合,说明其只与六二交互感应,范围过于狭窄;同时,九五在《咸》卦中处于上部偏下,相当于心脏之上、头部偏下的背脊肉的位置,与人感应时,仅以背脊肉相感应,似不够真诚。以上两点,说明九五之志向不够广大,故仅得"无悔"而已。

【经文＋传文】

九五　咸其脢（méi）,无悔。

《象》曰:"咸其脢",志末也。

【译文】

九五　背脊肉交互感应,没有令人后悔之事。

《象传》说:"背脊肉交互感应",说明其志向极小。

咸卦·上六阴爻

【本爻解析】

上六阴爻居于《咸》卦最上的位置，在人体中相当于头部，故爻辞中以"辅颊舌"作喻。脸颊和舌头交互感应，说明不是出于诚心，只是播弄如簧之舌，夸夸其谈、空说大话而已。上六处《咸》卦之极，也说明感应之道已穷，故不再有身体部位的交互感应，而只剩下以空言相互影响。爻辞中无吉凶之断辞，但上六肯定不会预示吉祥。

【经文+传文】

上六　咸其辅颊舌。

《象》曰："咸其辅颊舌"，滕口说也。

【译文】

上六　面颊、舌头交互感应。

《象传》说："面颊、舌头交互感应"，说明只是夸夸其谈而已。

 恒 第三十二

【本卦解析】

恒是恒久的意思。《恒》卦下巽（xùn）上震，巽为风，震为雷，象征风在地上吹动，雷在天上震动，这是自然界中经常出现的现象，所以《恒》卦有恒久之义。人能恪守常道，做事持之以恒，必能导致亨通，没有灾殃，有利于事业发展，所以卦辞中说"亨，无咎，利贞，利有攸往"。

《彖（tuàn）传》主要从两个方面来解释《恒》卦的卦画结构、卦辞及其意义。首先，详细地分析了《恒》卦的卦画结构，认为它有四个特点：一是《恒》卦上震下巽，震为阳卦为刚，巽为阴卦为柔，因此，《恒》卦是阳刚在上而阴柔在下，这符合阳尊阴卑之常道；二是震为雷，巽为风，《恒》卦象征雷和风相助益，这也符合自然界常常风雷并作的特点；三是巽为顺，震为动，因此，《恒》卦又有顺理而动的特点，而这也是万物运动的重要准则；四是初六阴爻与九四阳爻、九二阳爻与六五阴爻、九三阳爻与上六阴爻相应合，象征刚柔之间和谐地配合，从而使事物和谐、顺利地发展。其次，解释了为什么卦辞中说"亨，无咎，利贞"。《彖传》认为，因为天地自然之道具有恒久存在、运动不息的特点，《恒》卦象征恒久地守持正道，所以就能亨通、没有灾殃、有利。

《象传》由《恒》卦上震下巽象征"雷风"，推出君子"立不易方"，其间的逻辑关系是：雷与风相伴而作，这是自然界的恒常现象；君子受此启发，认识到恒常之道和持之以恒的重要性，从而确立恒常不变的处世行事准则。

244

（巽下震上）恒　亨，无咎，利贞，利有攸往。

《彖》曰：恒，久也。刚上而柔下，雷风相与，巽而动，刚柔皆应，恒。恒"亨，无咎，利贞"，久于其道也。天地之道恒久而不已也。"利有攸往"，终则有始也。日月得天而能久照，四时变化而能久成，圣人久于其道，而天下化成。观其所恒，而天地万物之情可见矣。

《象》曰：雷风，恒。君子以立不易方。

【译文】

恒　亨通，没有灾殃，有利之占问，利于有所前往。

《彖传》说：恒，是恒久的意思。《恒》卦上震下巽，震为阳卦，巽为阴卦，象征阳刚在上而阴柔在下；雷与风相助，顺理而动；上下卦中同位的阴阳爻之间均相应合，这些都是《恒》卦的特点。《恒》卦卦辞中说"亨通，没有灾殃，有利之占问"，是因为能恒久地保持正道。天地之道的特点是恒久并且不停地运动。"利于有所前往"，说明事情发展到终点，又会有新的开始。日月按自然规律运行，才能恒久地照耀；四季按规律更替，才能使万物不断地成长；圣人恒久地守持正道，从而能教化成就天下万民。考察恒久的特点，就可以明白天地万物的情状了。

《象传》说：《恒》卦上震下巽，震为雷，巽为风，象征雷和风并作，这就是《恒》卦的卦象。君子观此卦象，从而确立恒常不变的规则。

恒卦·初六阴爻

【本爻解析】

初六阴爻处于阳位,有阴柔者躁进之象;初六阴爻与九四阳爻相应合,又仿佛阴柔者急切地要求阳刚者持守恒道。但初六处《恒》卦之始,好比与九四刚开始相识和交往,彼此并不十分了解,在这种情况下就要求对方作出长久之承诺,则交浅而言深,不会有什么好结果。此正如年轻女子与年轻男子交友,两人刚一见面,女子就迫切地希望立即与男子结婚,女子的这种做法必会遭到男子的鄙视,所以爻辞说"贞凶,无攸利"。关于爻辞中的"浚(jùn)恒",有的学者理解为深求恒道,有的学者理解为不断地往深处挖。因为"浚"有"深"和"深挖"两种含义,故有此种分歧。笔者在此则采用第一种理解。

【经文+传文】

初六　浚恒,贞凶,无攸利。

《象》曰:"浚恒"之"凶",始求深也。

【译文】

初六　深求恒久,占问得凶兆,得不到什么利益。

《象传》说:"深求恒久"而"得凶兆",是因为一开始就过于求深。

恒卦·九二阳爻

【本爻解析】

九二阳爻处于阴位，居位不正，应该会有令人后悔之事；但九二阳爻居下卦之中位，又有阳刚者持守中道之象。阳刚者能持守恒久之道，虽居位不正，亦不会有令人后悔之事，故爻辞中说"悔亡"。

【经文+传文】

九二　悔亡。

《象》曰：九二"悔亡"，能久中也。

【译文】

九二　没有令人后悔之事。

《象传》说：九二爻辞中说"没有令人后悔之事"，是因为九二能恒久地持守中道。

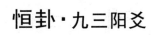

恒卦·九三阳爻

【本爻解析】

九三阳爻居于阳位，有阳刚者躁动不已之象；九三阳爻与上六阴爻相应合，但九三和上六均处于下卦和上卦之极，居位不中，象征不能持守中道。不能持守中道即不能持守恒道，九三不能持守恒道，则言行无常，言出而无信用，做事而无恒心，交友而不能久，故其结局不是受到他人之羞辱，就是为众人所鄙弃，以致无处容身。孔子则进一步认为，没有恒心的人，既做不了巫医，也不能去从事占卜。在《论语·子路》中，有这样一则记述："子曰：'南人有言曰：人而无恒，不可以作巫医。'善夫！'不恒其德，或承之羞。'子曰：'不占而已矣。'"这是《论语》中直接针对《恒》卦九三爻辞而发的议论，说明没有恒久之德的人必将一事无成。

【经文＋传文】

九三　不恒其德，或承之羞，贞吝。

《象》曰："不恒其德"，无所容也。

【译文】

九三　不能恒久保持其德行，有时会受到羞辱，占问预示会有令人悔恨之事。

《象传》说："不能恒久保持其德行"，这样做将会无处容身。

248

恒卦·九四阳爻

【本爻解析】

九四阳爻居于阴位，又不居中，有阳刚者不中不正之象。人行事时不中不正，则将一无所获。爻辞中以狩猎为喻，说九四好比一个猎人，在根本没有鸟兽或无法猎获鸟兽的地方狩猎，却不知变通，一个劲地在那里死守。爻辞中只说"田无禽"，而不下吉凶之断语，但其贬责之意是十分明显的。

【经文＋传文】

九四　田无禽。

《象》曰：久非其位，安得"禽"也？

【译文】

九四　狩猎时没有猎获鸟兽。

《象传》说：长久地处于不当处的位置，怎么能猎获"鸟兽"呢？

恒卦·六五阴爻

【本爻解析】

六五阴爻居上卦之中位，与九二阳爻相应合，有阴柔者持守中道并追随阳刚者之象。六五处《恒》卦之中，则象征阴柔者能恒守其德，好比女子嫁人后从一而终，所以爻辞中说"贞妇人吉"。然而，爻辞中却又说"夫子凶"，即对男子预示有凶险，这又是为什么呢？这是因为，所谓恒久之德，包含恒常不变和变动不已两个方面，对于女子来说，只要保持恒常不变即可；而对于男子来说，则需同时具备上述两者。六五位于上卦震中，震有动的特点，所以男子处于六五时，应积极去求得变化和发展，若与女子一样，只知"恒其德"，不思进取，则必会面临凶险。

【经文+传文】

六五　恒其德，贞妇人吉，夫子凶。

《象》曰："妇人"贞"吉"，从一而终也。"夫子"制义，从妇"凶"也。

【译文】

六五　恒久保持其德行，妇女占问得吉兆，男子占问得凶兆。

《象传》说："妇女"占问而"得吉兆"，是因为妇女的准则是从一而终。"男子"应因事制宜，却按妇人之道行事，所以"得凶兆"。

恒卦·上六阴爻

【本爻解析】

上六阴爻居上卦震之终，有阴柔者变动不已之象；上六处《恒》卦之极，物极必反，又有阴柔者不能恒守其德之象。阴柔者不能恒守其德，变动而已，则必会带来凶险。此种情形，仿佛失德之人居于统治地位，不知如何治国，只是一味地变更政令，从而搞得民不聊生，最终必然导致败亡。西汉末年，王莽通过伪善的手段篡夺了西汉政权，之后又以变革为名，肆意改变律令，造成社会秩序的极大混乱，致使民怨沸腾，各地民众纷纷揭竿而起。公元23年，起义军攻入首都长安，王莽被杀身亡。王莽的所作所为及结局，与上六爻辞颇为吻合。

【经文＋传文】

上六　振恒，凶。

《象》曰："振恒"在上，大无功也。

【译文】

上六　不断地变动，有凶险。

《象传》说：居于上位而"不断地变动"，这样做不可能取得任何成功。

251

遁 第三十三

【本卦解析】

遁是退避、退隐的意思。《遁》卦的初六、六二为两个阴爻，象征阴柔小人的势力逐渐增长，若再向前发展，九三亦变为阴爻，则《遁》卦将成为"君子道消，小人道长"之《否》卦。君子见微知著，故在看到小人不断得势而自己又无力阻止之时，便毅然离开朝廷，避世隐居。君子能知机隐退，则可避免小人之迫害，以保全性命于乱世，所以预示亨通。但君子既已退隐，则不能有大的作为，故卦辞又说"小利贞"，即占问小事有利。

【经文＋传文】

（艮［gèn］下乾上）遁 亨，小利贞。

《彖（tuàn）》曰：遁，"亨"，遁而亨也；刚当位而应，与时行也。"小利贞"，浸而长也。遁之时义大矣哉。

《象》曰：天下有山，遁。君子以远小人，不恶（wù）而严。

【译文】

遁 亨通，有利于占问小事。

《彖传》说：遁，"亨通"，是指退避则亨通的意思；九五阳爻居上卦之中位，与六二阴爻相应合，象征阳刚者根据时势而采取行动。"有利于占问小事"，是因为阴柔者的势力逐渐增长。根据时势而退避的意义太重大了。

《象传》说：《遁》卦上乾下艮，乾为天，艮为山，象征天空下面矗立着大山，这就是《遁》卦的卦象。君子观此卦象，从而远离小人，不明显表现出对小人的厌恶，内心则严守原则。

遁卦·初六阴爻

【本爻解析】

初六处《遁》卦之初,恰如事物末尾的位置,所以说"遁尾"。"遁尾"即退避时落在最后面,退避而不能及时,不合《象传》中所说的"遁之时义",故预示有危险。初六既已面临危险,就不要继续退避,而应停下来静观事态发展,故爻辞说"勿用有攸往"。

【经文 + 传文】

初六　遁尾,厉,勿用有攸往。

《象》曰:"遁尾"之"厉",不往何灾也。

【译文】

初六　退隐时落在最后面,有危险,不要有所前往。

《象传》说:"退隐时落在最后面"而"有危险",此时若不跟在后面前往,又会有什么灾祸呢?

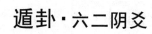

遁卦·六二阴爻

【本爻解析】

六二阴爻居于阴位，且处下卦之中位，象征阴柔者居中得正；六二阴爻与九五阳爻相应合，又象征阴柔者得到阳刚尊者的信任和倚重。故当遁之时，虽朝中小人环列，六二仍能独守其志，决不退让，其意志仿佛用黄牛皮革捆住物体一样坚固。因此，六二爻辞虽无吉凶之断辞，但应无凶兆。不过，对于六二爻辞中的内容，学者们尚有不同的解读，如有的学者认为：当遁之时，六二用黄牛皮革捆缚，说明其隐遁之志十分坚定。此亦能说通。

【经文＋传文】

六二　执之用黄牛之革，莫之胜说（tuō）。

《象》曰："执""用黄牛"，固志也。

【译文】

六二　用黄牛皮革紧紧捆住，没有人能解开。

《象传》说："用黄牛皮革紧紧捆住"，说明其志向十分坚定。

遁卦·九三阳爻

【本爻解析】

　　九三阳爻居于阳位,当遁之时,有阳刚者急欲隐遁之象。但九三与上九同为阳爻,不相应合,故九三只好去与六二阴爻相亲比,从而系恋于六二阴爻,不能遽行隐遁,因此造成疾病,面临危险。但九三以阳爻居阳位,居位得正,故能及时调整策略,广蓄臣仆侍妾,以示自己无意进取,只求享受生活,从而为当权者所轻视,得以安度危厄,所以预示吉祥。

【经文＋传文】

　　九三　系遁,有疾,厉;畜臣妾,吉。

　　《象》曰:"系遁"之"厉",有疾惫也。"畜臣妾,吉",不可大事也。

【译文】

　　九三　欲退隐而心有系恋,身患疾病,有危险;蓄养臣仆侍妾,吉利。

　　《象传》说:"欲退隐而心有系恋",因而有"危险",是因为患疾病而极度疲乏。"蓄养臣仆侍妾,吉利",说明不可采取大的行动。

255

遁卦·九四阳爻

【本爻解析】

九四阳爻与初六阴爻相应合,有阳刚者系恋阴柔者之象;但是,九四若一味系恋初六,其隐遁之志就难以实现。好在九四已脱离下卦艮止之体,说明阳刚君子能毅然割爱,不受儿女情长所牵,其隐遁之志必能实现,故爻辞中说"君子吉"。而对于小人来说,则会牵缠于恩爱,不如君子之决绝,最终仍不能割爱隐遁,所以爻辞中说"小人否"。

【经文+传文】

九四　好遁,君子吉,小人否。

《象》曰:"君子""好遁","小人否"也。

【译文】

九四　心有喜好而退隐,这对于君子是吉利的,小人则做不到。

《象传》说:"君子""心有喜好而退隐","小人则做不到"。

遁卦·九五阳爻

【本爻解析】

　　九五阳爻居上卦之中位，与居下卦之中位的六二阴爻相应合，象征阳刚尊者居中得正，而得阴柔者之支持。因此，从九五的处境来看，似没有退隐的必要。但九五能居安思危，在平静中看出危机，故毅然而退。九五之退属于"嘉遁"，即值得赞美的退隐，故预示吉祥。在中国历史上，尧让位于舜，舜让位于禹，伊尹功成身退，张良之"从赤松子游"，都属于"嘉遁"。

【经文＋传文】

　　九五　嘉遁，贞吉。

　　《象》曰："嘉遁，贞吉"，以正志也。

【译文】

　　九五　令人赞美的退隐，占问得吉兆。

　　《象传》说："令人赞美的退隐，占问得吉兆"，是因为其志向合于正道。

遁卦·上九阳爻

【本爻解析】

上九阳爻处《遁》卦之极，下与九三阳爻又不相应合，有阳刚者上无阻挡、下无牵挂之象。当遁之时，恰如阳刚君子自由自在、无牵无累地实现其退隐之志，所以爻辞说"无不利"，《象传》则说"无所疑"。由此可见，在《遁》卦六爻中，上九是最顺的一爻。

【经文＋传文】

上九　肥遁，无不利。

《象》曰："肥遁，无不利"，无所疑也。

【译文】

上九　飞身远遁，没有任何不利。

《象传》说："飞身远遁，没有任何不利"，因为心中对自己所采取的行动没有丝毫疑虑。

大壮 第三十四

【本卦解析】

大壮是大为强壮的意思。《大壮》卦由四个阳爻和两个阴爻组成，阳爻的势力由下往上不断发展，超过了阴爻；又《周易》以阳为大为健，故《大壮》卦意味着大为强壮。同时，《大壮》卦下乾上震，乾为天，震为雷，象征雷在天上震动；雷应当在天下震动，现在则在天的上面震动，也有阳刚极盛的意思。阳刚者的势力占据主导地位，好比君子之道增长，小人之道消退，所以该卦预示"利贞"即有利之占问。不过，大壮除了指大为强壮的意思，又隐含着太过强壮的意思。从卦画结构来看，《泰》卦由三个阳爻和三个阴爻组成，阳下阴上，阴阳平衡，象征万物通泰；《大壮》卦则由《泰》卦的三个阳爻发展为四个阳爻，阳多阴少，则有可能脱离万物通泰之局面。故君子处大壮之时，当防阳刚过盛，阴柔不足。

《彖(tuàn)传》从四个方面来解释《大壮》卦的卦名、卦画结构、卦辞及其意义。首先，《彖传》明确指出，大壮就是"大者壮"的意思，这里的"大"指阳爻，《大壮》卦下面为四个阳爻，象征阳刚的势力强壮，所以说大壮。其次，解释"大壮"之"壮"的意义，认为"大壮"之所以称为"壮"，是因为《大壮》卦下乾上震，乾为天，震为动，象征刚健而运动，故有强壮之义。第三，解释卦辞"利贞"。《彖传》释"贞"为"正"，认为"利贞"是"大者正"即阳刚者持守正道的意思；而卦辞之所以强调阳刚者持守正道，是因为若阳刚者不持守正道，会使天下失序、百弊丛生而无法挽救。第四，说明通过正直而又强大这一特性，就可以把握天地的情状。因为天地的特点，正是巨大无比，却又恪守正道,并有规律地运行,所以,了解了正直而强大,也就把握了天地的情状。

《象传》由《大壮》卦上震下乾象征"雷在天上",推出君子要"非礼勿履",其间的逻辑关系是:雷在天上震动,这是极其壮盛之象,此种壮盛之象的形成,乃阳刚者持守正道的结果;君子观此卦象,意识到崇高品德的养成,需要时时奉行正道,不能有丝毫违越,因此"非礼弗履",不敢去做违背礼的事情。

【经文+传文】

（乾下震上）**大壮** 利贞。

《彖》曰:大壮,大者壮也。刚以动,故壮。大壮"利贞",大者正也。正大,而天地之情可见矣。

《象》曰:雷在天上,大壮。君子以非礼弗履。

【译文】

大壮 有利之占问。

《彖传》说:大壮,是阳刚者强壮的意思。《大壮》卦下乾上震,乾为刚,震为动,象征刚健而运动,所以称为壮。《大壮》卦卦辞中说的"利于守正",是阳刚者持守正道的意思。正直而又强大,就可以明白天地的情状了。

《象传》说:《大壮》卦上震下乾,震为雷,乾为天,象征雷在天空中震动,这就是《大壮》卦的卦象。君子观此卦象,从而不去做不符合礼的事情。

大壮卦·初九阳爻

【本爻解析】

初九阳爻居于阳位,有阳刚者躁进之象。处大壮之时,当以阳刚者谦抑自守为佳,初九躁进不已,所以肯定会面临凶险。因为初九处《大壮》卦之初,仿佛人身最下的部位,故爻辞用"壮于趾"作喻。关于爻辞中的"征凶有孚",有不少学者断为"征凶,有孚",意为出征有凶险,但有诚信或应以诚信自守,这样理解显得有些牵强。因为初九既然象征阳刚者躁进不已,则必有凶险,若"有孚"作"有诚信"解,则成多余之蛇足。

【经文＋传文】

初九　壮于趾,征凶有孚。

《象》曰:"壮于趾",其"孚"穷也。

【译文】

初九　脚指头强健,出征肯定会有凶险。

《象传》说:"脚指头强健",说明初九"肯定"会面临窘境。

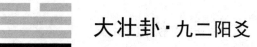

大壮卦·九二阳爻

【本爻解析】

九二阳爻居于阴位，与六五阴爻相应合，有阳刚者知谦守雌、刚柔相济之象；九二阳爻居下卦之中位，又象征阳刚者恪守中道，故九二预示吉祥。此与初九恰成鲜明对比：两者均为阳爻，初九"征凶"，九二则"贞吉"，就是因为初九以阳居阳，阳刚过盛；九二则以阳居阴，阴阳调和。

【经文＋传文】

九二　贞吉。

《象》曰：九二"贞吉"，以中也。

【译文】

九二　占问得吉兆。

《象传》说：九二爻辞中说的"占问得吉兆"，是因为九二阳爻居下卦之中位，象征其恪守中道。

大壮卦·九三阳爻

【本爻解析】

九三阳爻居于阳位,有阳刚者躁进之象;但九三阳爻与上六阴爻相应合,又有以柔济刚之象。这就使九三面临抉择:或恃强而进,或知雄守雌,居而不进。爻辞中的"小人用壮,君子用罔(wǎng)",正是反映九三的这种处境的。因九三面临抉择,故爻辞诫以"贞厉"即预示有危险,并进一步提醒九三:"羝(dī)羊触藩,羸其角",意即九三若行"小人用壮"之道,一味躁进,则会像公羊用角顶触藩篱,结果羊角被藩篱卡住一样,陷于进退不得的尴尬之境。

【经文 + 传文】

九三 小人用壮,君子用罔,贞厉。羝羊触藩,羸其角。

《象》曰:"小人用壮","君子""罔"也。

【译文】

九三 小人凭借力气壮来解决问题,君子则不靠力气壮来解决问题,占问预示有危险。公羊用它的角去顶触藩篱,结果角被卡住。

《象传》说:"小人凭借力气壮来解决问题","君子"则"不这么做"。

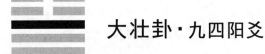

大壮卦·九四阳爻

【本爻解析】

　　九四阳爻居于阴位，居位不当，故会有令人后悔之事。但九四处大壮之时，以阳居阴，象征刚柔相济，谦和得体，故最终不会有令人后悔之事，且占问得吉兆。正因为九四处置得体，所以能"藩决不羸"，即公羊以角顶触藩篱，不再像九三那样角被卡住，进退不得，而是一举冲破了藩篱。爻辞中的"壮于大舆之輹(fù)"，指大车车厢下面钩住车轴的木头极为粗壮；此木头粗壮，则大车不会损坏，有利于载物前往。因此，此句是用来说明九四有利于向前发展的。

【经文＋传文】

　　九四　贞吉，悔亡。藩决不羸，壮于大舆之輹。

　　《象》曰："藩决不羸"，尚往也。

【译文】

　　九四　占问得吉兆，没有令人后悔之事。公羊冲破藩篱，其角没有被卡住；大车的车厢下面钩住车轴的木头极为粗壮。

　　《象传》说："公羊冲破藩篱，其角没有被卡住"，说明有利于向前发展。

大壮卦·六五阴爻

【本爻解析】

六五阴爻处于《大壮》卦由阳爻向阴爻转变之际，所以爻辞中有"易"即边界之说。爻辞中的"羊"当象征阳爻，正如九三"羝羊触藩"中的"羊"，亦与阳爻有关；因六五有阴无阳，故说"丧羊"。六五阴爻居于阳位，居位不当，故会有丧羊之事发生。但六五丧羊并非坏事，因为六五以阴居阳，且居上卦之中位，在《大壮》卦中，则有刚柔相济、持守中道之象，故爻辞中说"无悔"。

【经文＋传文】

六五　丧羊于易，无悔。

《象》曰："丧羊于易"，位不当也。

【译文】

六五　在边界丢失了羊，没有令人后悔之事。

《象传》说："在边界丢失了羊"，是因为六五所处的位置不适当。

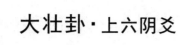

大壮卦·上六阴爻

【本爻解析】

上六阴爻处上卦之极，仿佛羊角的部位，故有"羝羊触藩"之象。不过，上六与九三虽都是"羝羊触藩"，且其结果也十分相似：九三为"羸其角"即羊角被藩篱卡住，进退不得；上六亦为不能退，不能进，但造成这一结果的原因却颇为不同。九三是因为阳爻居阳位，躁进不已；上六则是因为处《大壮》卦之终，且居上卦震之极，故躁动不已。因上六以阴爻居阴位，阴柔有余而阳刚不足，所以其角会被藩篱卡住。不过，上六虽被藩篱卡住，处境艰难，但因其与九三阳爻相应合，故最终会"艰则吉"，即会在外力的帮助下摆脱困境，并获吉祥。

【经文＋传文】

上六　羝羊触藩，不能退，不能遂，无攸利，艰则吉。

《象》曰："不能退，不能遂"，不详也。"艰则吉"，咎不长也。

【译文】

上六　公羊用它的角去顶触藩篱，结果角被卡住，既不能退，又不能进，得不到什么利益，经历艰难后可获吉祥。

《象传》说："既不能退，又不能进"，说明上六的处境很不好。"经历艰难后可获吉祥"，说明遭受灾殃的时间不会长久。

晋 第三十五

【本卦解析】

晋是前进、升进的意思。《晋》卦上离下坤，离为火为日，坤为地，仿佛太阳从大地上升起，并越升越高，故晋有前进、升进的意思。卦辞中则用臣子地位的提高来表示升进之义：康侯（代表臣子）得到天子的信任，所以得到天子的多次接见，并收到了天子赏赐给他的许多马；天子此举，必将使康侯的影响和地位有很大的提高。另外，《晋》卦下坤上离，坤为顺，离为大明，也就是太阳，象征充满明德的尊长，因此，《晋》卦有顺从并依附充满明德的尊长之象。故筮（shì）到《晋》卦，必预示吉祥。

【经文+传文】

（坤下离上）晋　康侯用锡马蕃庶，昼日三接。

《彖（tuàn）》曰：晋，进也，明出地上。顺而丽乎大明，柔进而上行，是以"康侯用锡马蕃庶，昼日三接"也。

《象》曰：明出地上，晋。君子以自昭明德。

【译文】

晋　康侯得到天子赏赐的马很多，一天之内三次受到接见。

《彖传》说：晋，是升进的意思；《晋》卦上离下坤，离为火为日，坤为地，象征太阳从大地上升起。阴柔者顺从并依附充满光明的尊长，不断地向上升进，所以卦辞中说"康侯得到天子赏赐的马很多，一天之内三次受到接见"。

《象传》说：《晋》卦上离下坤，离为火为日，坤为地，象征太阳从大地上升起，这就是《晋》卦的卦象。君子观此卦象，从而昭显自己光明的美德。

晋卦·初六阴爻

【本爻解析】

初六阴爻处于阳位,与九四阳爻相应合,有积极进取之象。但初六以阴居阳,居位不当;与九四相应合时,前面又有六二、六三两个阴爻阻隔,因此其前进很不顺利,故爻辞中说"晋如摧如",即既前进又后退。不过,初六之前进与后退,均是根据客观形势而定的,因其处置得当,不会引起麻烦,所以预示吉祥。但是,初六毕竟是进退无定,其行动无法取得他人的信任,故爻辞中又说"罔(wǎng)孚"。然而,面对此种局面,初六没有灰心丧气或急躁盲动,而是采取"裕"即静观待时的方法,所以不会有灾殃。

【经文 + 传文】

初六　晋如摧如,贞吉。罔孚,裕,无咎。

《象》曰:"晋如摧如",独行正也。"裕,无咎",未受命也。

【译文】

初六　前进,后退,占问得吉兆。不能取信于人,且宽以时日,没有灾殃。

《象传》说:"前进,后退",说明初六能独自遵行正道。"且宽以时日,没有灾殃",是因为暂时还没有接到任命。

晋卦·六二阴爻

【本爻解析】

六二阴爻上无阳爻与之相应合，当晋之时，象征前进的动力不足，故视前进为可忧愁之事。但六二阴爻居下卦之中位，又有阴柔者居中得正之象，其行为不会有过或不及之虞，故预示吉祥。爻辞中的"受兹介福，于其王母"是对六二之吉祥的补充说明：六二恪守中正之道，所以将从王母那里接受大的福泽。这里的"王母"当指六五阴爻，因为六五与六二是同位之爻，虽不相应合，但同具守中之德，因此久必感通。称六五为"王母"，是因为六五为阴爻，又居一卦之尊位。

【经文＋传文】

六二　晋如愁如，贞吉。受兹介福，于其王母。

《象》曰："受兹介福"，以中正也。

【译文】

六二　前进，忧愁，占问得吉兆。将从祖母那里获得大的福气。

《象传》说："将要获得大的福气"，是因为六二居中得正。

269

晋卦·六三阴爻

【本爻解析】

六三阴爻处于阳位,居不当位,又不居中,故应有令人后悔之事。但六三阴爻与上九阳爻相应合,有向上前进之志,此与初六、六二之心志相同,故能受到大家的信任,并一起前进,所以爻辞中说"众允,悔亡"。

【经文 + 传文】

六三　众允,悔亡。

《象》曰:"众允"之,志上行也。

【译文】

六三　受到众人的信任,没有令人后悔之事。

《象传》说:"众人都信任"他,因为其志向是向上行进。

晋卦·九四阳爻

【本爻解析】

　　九四阳爻居上卦离之初,已脱离下卦坤,有太阳初升之象,因此,九四应毫不犹豫地向上升进。但是,九四阳爻居于阴位,居位不中不正,故其心无定见,行动时像鼫(shí)鼠般胆小犹豫,以致错失向上升进的大好时机,所以爻辞中说"贞厉"。关于"鼫鼠",一说指鼯(wú)鼠,一说指硕鼠,一说指一种身无专技的五技鼠。而《尔雅音图》中则说,鼫鼠"形大如鼠,头似兔,尾有毛,青黄色,好在田中食粟豆"。

【经文+传文】

　　九四　晋如鼫鼠,贞厉。

　　《象》曰:"鼫鼠,贞厉",位不当也。

【译文】

　　九四　前进时像鼫鼠一样,占问预示有危险。

　　《象传》说:"像鼫鼠一样,占问预示有危险",这是因为九四所处的位置不适当。

晋卦·六五阴爻

【本爻解析】

六五阴爻居于阳位，居位不当，故六五会患得患失，并会有令人后悔之事。但六五居上卦之中位，象征阴柔尊者持守中道；六五在上卦离之中，又仿佛日悬中天，故六五可放心大胆前进而无任何不利。至于前面所说的因为后悔、患得患失而导致的笼罩在心头的阴霾，最终也会统统消散。

【经文+传文】

六五　悔亡，失得勿恤，往吉，无不利。

《象》曰："失得勿恤"，往有庆也。

【译文】

六五　没有令人后悔之事，不用忧虑得失，前往可获吉祥，没有任何不利。

《象传》说："不用忧虑得失"，因为六五前往必有值得庆贺之事。

晋卦·上九阳爻

【本爻解析】

上九阳爻居《晋》卦的最上位，仿佛动物向前伸出的角，所以爻辞中说"晋其角"。上九居于上卦离之极，仿佛日已偏离中天，正向西沉落，其影响力日渐减弱；以此比喻人事，则好比统治者的属邑中会发生抗命、叛乱之类的事。但上九属于阳爻，其阳德尚在，故爻辞中说出兵讨伐属邑可获胜。但依靠武力解决问题，毕竟说明其影响力已趋削弱，故爻辞中又说"贞吝"。《象传》中则明确指出，上九要通过武力来使其属邑顺从，是因为"道未光"即正道未能发扬光大。

【经文＋传文】

上九　晋其角，维用伐邑，厉，吉，无咎，贞吝。

《象》曰："维用伐邑"，道未光也。

【译文】

上九　动物向前伸出它的角，可以攻伐城邑，有危险，最终吉祥，没有灾殃，占问预示会有令人悔恨之事。

《象传》说："可以攻伐城邑"，说明升进之道尚未发扬光大。

明夷 第三十六

【本卦解析】

明夷即光明受到遮蔽的意思。《明夷》卦下离上坤,离为火为日,坤为地,象征太阳没入大地之中。太阳没入大地之中,则大地上一片黑暗。以此比喻社会政治,则好比昏君在上,小人得志,贤明的君子纷纷被贬斥。君子面临这样的时代,当守志退避,不可盲目行动,所以卦辞中说"利艰贞",即有利于占问艰难之事。

《彖(tuàn)传》从三个方面来解释《明夷》卦的卦画结构、卦辞及其意义。首先,以《明夷》卦下离上坤的卦画结构为依据,说明明夷象征光明没入大地之中。其次,认为《明夷》卦有内文明而外柔顺的特性,因为《明夷》卦的下卦离为火为文明,上卦坤为地为柔顺,故有此说;并继而把这种特性推广到社会政治领域,认为周文王遭受商纣王迫害,被囚禁在羑里,就是依靠内具文明之德而外示柔弱顺从,才躲过了这一劫难。第三,解释卦辞"利艰贞"就是在面临艰难时要善于掩藏其明智,并指出,这种掩藏,只是一种自保的策略,其内心的志向则不会因此而改变。《彖传》接着以商朝时的箕子为例,来说明这一道理:箕子是商纣王的诸父,纣王无道,箕子对他劝谏,结果反被纣王囚禁。箕子为免遭纣王的进一步迫害,便假装发疯,从而得以幸免于难。

《象传》由《明夷》卦下离上坤象征"明入地中",推出君子在治理民众时要"用晦而明",其间的逻辑关系是:太阳没入大地之中,是为了更好地积蓄能量;同时,太阳没入大地之中,并不代表太阳的光明从此永远消失,而只是暂时把光明掩藏起来，以更好地照耀天下。君子从中受到启发，从而在治理民众时，也暂时深藏不露，内心则明察一切。君子深藏不露，可使小人失去戒心，充分暴露其罪恶，从而能一举殄（tiǎn）灭之。

【经文＋传文】

䷣（离下坤上）明夷　利艰贞。

《彖》曰：明入地中，明夷。内文明而外柔顺，以蒙大难，文王以之。"利艰贞"，晦其明也。内难而能正其志，箕子以之。

《象》曰：明入地中，明夷。君子以莅众，用晦而明。

【译文】

明夷　利于占问艰难之事。

《彖传》说：《明夷》卦下离上坤，离为光明，坤为地，象征光明没入大地之中，这就是明夷的意思。内具文明之德，对外显示柔顺的态度，这样去承受大难，周文王的经历正好与此相似。"利于占问艰难之事"，是指要暂时掩藏自己的智慧。在内部遭受险难的情况下仍能坚定自己的志向，箕子的经历正好与此相似。

《象传》说：《明夷》卦下离上坤，离为日，坤为地，象征太阳没入大地之中，这就是《明夷》卦的卦象。君子观此卦象，从而在治理民众时晦藏不露，却明察一切。

明夷卦·初九阳爻

【本爻解析】

初九阳爻居于阳位，且处《明夷》卦之初，有阳刚君子在光明受到遮蔽、政治即将陷入黑暗前及早遁避之象。爻辞中的"明夷于飞，垂其翼"，借鸟在天色昏暗时垂翼而飞，小心翼翼，喻指君子遁避时小心谨慎，不事张扬。"君子于行，三日不食"，则说明君子急于遁避，行色匆匆，为了不耽误赶路，以至于三天不吃东西。"主人有言"中的"主人"，当指遁避者的上司或主人；因阳刚君子在遁避时祸难还未显现，主人对阳刚君子的行为感到不解，故"有言"即出言责备。爻辞中无吉凶之断语，但从《象传》所说的"义不食"来看，初九的行为是值得赞许的。

【经文＋传文】

初九　明夷于飞，垂其翼。君子于行，三日不食。有攸往，主人有言。

《象》曰："君子于行"，义不食也。

【译文】

初九　鸟在天色昏暗时飞行，低垂着翅膀。君子远行，三天不吃东西。有所前往，会受到主人的责怪。

《象传》说："君子远行"，说明他理应不留下来食禄。

明夷卦·六二阴爻

【本爻解析】

六二阴爻居下卦之中位,有阴柔者居中守正之象。居中守正之君子,在政治陷于黑暗之时,必会受到小人的中伤,故爻辞中以"夷于左股"即左腿受伤来比喻。但六二既具柔顺之德,又能坚持中正之道,故必能得到他人的帮助而顺利渡过难关,爻辞中的"用拯马壮"即指此而言。既然六二能化险为夷,故预示吉祥。

【经文＋传文】

六二　明夷,夷于左股,用拯马壮,吉。

《象》曰:六二之"吉",顺以则也。

【译文】

六二　天色昏暗,左腿受伤,前来拯救的马很强壮,吉祥。

《象传》说:六二爻辞中所说的"吉祥",是因为六二柔顺而又能坚持原则。

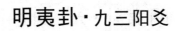

明夷卦·九三阳爻

【本爻解析】

九三阳爻居于阳位，又处在下卦离的最上位，象征晦藏待时的阳刚明主即将昭显其光明之德。九三阳爻与上六阴爻相应合，上六阴爻处于上卦坤之最上位，象征压制光明的昏暗之主。因此，九三的任务，就是诛除上六，推翻其黑暗统治，以使天下政治恢复清明。但是，上六实行黑暗统治既久，要彻底推翻它，并非一朝一夕之事，需要付出长期艰苦的努力，所以爻辞中说"不可疾贞"，意即不宜急于求成。商朝末年，纣王无道，周文王、周武王父子二人经过长期的准备和努力，最终推翻了商朝统治，正合此爻之义。

【经文＋传文】

九三　明夷于南狩，得其大首，不可疾贞。

《象》曰："南狩"之志，乃大得也。

【译文】

九三　昏暗不明时南征，能俘获元凶，占问预示不宜急于求成。

《象传》说："南征"的志向，将得到充分实现。

278

明夷卦·六四阴爻

【本爻解析】

六四阴爻居于阴位,有阴柔者得位守正之象。但六四已进入上卦坤体,当明夷之时,进入坤体,便意味着陷入黑暗之中。不过,六四系初陷入黑暗,故尚有脱离黑暗之机会。爻辞中的"入于左腹,获明夷之心"一句历来众解纷纭,朱熹则干脆说"此爻之义未详"。笔者认为,此句之所以难解,在于其存在双重比喻:第一重,以生理上的腹和心的关系作喻,心位于胸腹腔左侧,故如果处于左腹的部位,就能较好地了解心的情况;第二重,以腹和心的关系比喻空间上的关系,正如进入敌方的腹地,就能了解敌方核心位置的情况。六四以柔顺之道处事,故有机会进入腹地,从而摸清光明受到遮蔽的真正原因;弄清原因后,发现此种情况已无力改变,于是毅然跨出门庭,远走高飞。

【经文+传文】

六四　入于左腹,获明夷之心,于出门庭。

《象》曰:"入于左腹",获心意也。

【译文】

六四　进入左边的腹地,获知光明受到遮蔽的真实情状,然后跨出门庭。

《象传》说:"进入左边的腹地",是为了获知真实的情况。

明夷卦·六五阴爻

【本爻解析】

六五阴爻接近象征昏暗之君的上六阴爻,又处于上卦坤中,有陷入黑暗之中而无法摆脱之象。但六五居上卦之中位,有阴柔者持守中道之象,故六五虽陷入深深的黑暗,但内心仍保持高尚的情操,而不与黑恶势力同流合污。爻辞中以箕子掩藏自己的智慧作喻,可谓恰到好处。箕子被商纣王囚禁后,佯狂为奴。周武王灭商后,箕子获释,既保持了内心之德,又得以保全性命于乱世,所以爻辞中说"利贞"即有利之占问。

【经文+传文】

六五　箕子之明夷,利贞。

《象》曰:"箕子"之"贞",明不可息也。

【译文】

六五　箕子掩藏自己的智慧,有利之占问。

《象传》说:"箕子"的"坚守正道",说明光明是不会熄灭的。

明夷卦·上六阴爻

【本爻解析】

上六阴爻处《明夷》卦之极，有极度黑暗之象，仿佛昏庸的君主因内心不明，造成天下政治漆黑一团，所以爻辞用"不明，晦"来强调这种黑暗之极的状况。爻辞中的"初登于天"，是说明上六居于君位，处于最高的位置治理民众；"后入于地"，是指上六因昏庸残暴而被推翻，陷于万劫不复之地。商纣王从继位为天子而到后来自焚而死，恰好反映了"初登于天，后入于地"的过程。

【经文 + 传文】

上六　不明，晦。初登于天，后入于地。

《象》曰："初登于天"，照四国也；"后入于地"，失则也。

【译文】

上六　不明亮，昏暗。开始时升上天空，后来坠入地下。

《象传》说："开始时升上天空"，说明此时其光明可以照耀四方各国；"后来坠入地下"，是因为上六的所作所为失掉了准则。

家人 第三十七

【本卦解析】

　　家人即一家之人，包括父母、兄弟、姐妹等。《家人》卦上巽（xùn）下离，巽为木，象征房屋；离为火，象征炊火。屋子里有炊火，正是家庭之象。家庭内部的事务，主要由女子来操持，所以卦辞说"利女贞"，即有利于女子占问。

　　《彖（tuàn）传》主要从三个方面来阐述《家人》卦的卦名、卦画结构、卦辞及其意义。首先，以《家人》卦的卦画结构为依据，说明家人就是"女正位乎内，男正位乎外"的意思，因为《家人》卦的六二阴爻居下卦（亦即内卦）之中位，有女子在家里居中守正之象；九五阳爻居上卦（亦即外卦）之中位，有男子在外面居中守正之象，故有此说。其次，说明卦辞"利女贞"的意思。《彖传》以"正"释"贞"，再把"女贞"即女子持守正道推广到"男女正"即男女同时持守正道，并认为这是天地之间的大原则。这是因为，《家人》卦上为九五阳爻，下为六二阴爻，象征阳上阴下，阳尊阴卑，男尊女卑，而这正是《周易》认为的天地间的大原则。第三，发挥出《家人》卦指家庭中的成员皆持守正道的意义。《彖传》认为，家庭关系包括父母、父子、夫妇、兄弟等各个方面，家庭中的每一个成员，都要按照其在家庭中的角色定位去行事；父母是家庭中的尊长，在这一前提下，父亲按父亲应有的样子去做，儿子按儿子应有的样子去做，妻子按妻子应有的样子去做，这样，家道就会端正；而家庭是社会的细胞，社会是由众多的家庭组成的，因此，家道端正了，天下也就安定了。

　　《象传》由《家人》卦上巽下离象征"风自火出"，推出君子应"言有物而行有恒",其间的逻辑关系是:《象传》以风比喻教化,以火比喻人之明德,"风自火出",即教化依据人之明德的意思;君子受此启发,从而努力培养自己的明德,而说话有事实依据、行动持之以恒正是培养明德的重要手段。

【经文 + 传文】

（离下巽上）家人　利女贞。

《彖》曰:家人,女正位乎内,男正位乎外。男女正,天地之大义也。家人有严君焉,父母之谓也。父父,子子,兄兄,弟弟,夫夫,妇妇,而家道正。正家,而天下定矣。

《象》曰:风自火出,家人。君子以言有物而行有恒。

【译文】

家人　有利于女子占问。

《彖传》说:《家人》卦的六二阴爻居下卦之中位,象征女子在家中守正道;九五阳爻居上卦之中位,象征男子在外面守正道。男女都守正道,这是天地间的大原则。一家之中有威严的君长,就是父亲和母亲。父亲按父亲应有的样子去做,儿子按儿子应有的样子去做,兄按兄应有的样子去做,弟按弟应有的样子去做,丈夫按丈夫应有的样子去做,妻子按妻子应有的样子去做,立家之道就能端正。家道端正了,天下也就安定了。

《象传》说:《家人》卦上巽下离,巽为风,离为火,象征风从火中吹出,这就是《家人》卦的卦象。君子观此卦象,从而说话有事实根据,行动能持之以恒。

家人卦·初九阳爻

【本爻解析】

初九阳爻处《家人》卦之初，象征家道始立。家道始立，则一切都要预先考虑，预做防范，以免发生令人后悔之事。因初九阳爻居于阳位，有阳刚者积极进取之象，能对一切影响家庭和睦和长远发展之事提前准备，故"悔亡"即没有令人后悔之事。

【经文 + 传文】

初九　闲有家，悔亡。

《象》曰："闲有家"，志未变也。

【译文】

初九　家中有防范，没有令人后悔之事。

《象传》说："家中有防范"，说明初九用心于事情还没有发生变化之前。

家人卦·六二阴爻

【本爻解析】

　　六二阴爻居下卦之中位，居中得正，又与九五阳爻相应合，象征阴柔女子持守中正之道，温顺地辅助阳刚男子。《象传》中的"女正位乎内"，就是针对六二而言的，因此六二是极好的一爻。爻辞中说六二不外出行动，而在家中主持饮食之事，正与六二的爻位特点相吻合，故预示吉祥。

【经文＋传文】

　　六二　　无攸遂，在中馈，贞吉。

　　《象》曰：六二之"吉"，顺以巽也。

【译文】

　　六二　　不外出行动，在家中主持饮食之事，占问得吉兆。

　　《象传》说：六二爻辞中所说的"吉祥"，是因为六二温顺而又谦逊。

家人卦·九三阳爻

【本爻解析】

九三阳爻居于阳位，位不居中，又居下卦离之最上，有阳刚之家长治家苛严之象。治家苛严，则家中之人紧张危惧，不能轻松自在，故或会发生令人后悔之事，甚至会有危险。但治家苛严，使家中之人彬彬有礼，举止得体，无放纵邪僻之行，故最终预示吉祥。相反，如果治家时家教不严，家中的妇人孩子整天嘻嘻哈哈，不知上下尊卑之礼，则终将会有令人悔恨之事。

【经文＋传文】

九三　家人嗃（hè）嗃，悔，厉，吉。妇子嘻嘻，终吝。

《象》曰："家人嗃嗃"，未失也。"妇子嘻嘻"，失家节也。

【译文】

九三　家中之人因治家严酷而紧张，有令人后悔之事，有危险，但最终吉祥。妇女和孩子嬉笑不已，最终会有令人悔恨之事。

《象传》说："家中之人因治家严酷而紧张"，说明没有违背治家之道。"妇女和孩子嬉笑不已"，这就违背了治家的原则。

家人卦·六四阴爻

【本爻解析】

六四阴爻居于阴位,居位得正;六四阴爻下与初九阳爻相应合,上承九五阳爻,又有得阳刚者相助之象。六四具备上述两个特点,故能够发家致富,并预示大吉。六四爻辞较为特殊,因为《周易》通常以阴为虚,为不富,此处却以阴为富,这与六四阴爻处于《家人》卦中,正好象征妻子有关。因为妻子的职责是在内主持家事,在内主持家事而居位得体,又得阳刚者之助,故能富裕。

【经文＋传文】

六四　富家,大吉。

《象》曰:"富家,大吉",顺在位也。

【译文】

六四　使家庭富有,大为吉祥。

《象传》说:"使家庭富有,大为吉祥",是因为六四性格柔顺,而且所居的位置适当。

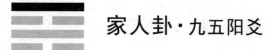

家人卦·九五阳爻

【本爻解析】

九五阳爻居上卦之中位，与六二阴爻相应合，有阳刚中正的一家之主治家有方，又得贤惠的妻子相助之象。九五阳爻居于尊位，又象征其有很高的社会地位。正因为九五有美好的名声和影响，君王才来到其家中看望。君王来到臣子的家中，乃非同寻常之事，必会引起一家人的恐慌。但君王只是闻名前往，故不必担忧，且预示吉祥。

【经文＋传文】

九五　王假有家，勿恤，吉。

《象》曰："王假有家"，交相爱也。

【译文】

九五　君王来到家中，不用忧虑，预示吉祥。

《象传》说："君王来到家中"，说明人们互相友爱。

家人卦·上九阳爻

【本爻解析】

上九阳爻处《家人》卦之终,表示治家之道已经确立。爻辞中为我们指出了治家的两个重要原则:一是要有诚信,二是家长要有威严。这两条看似简单,但要真正做到,又实在不易。因为在中国古代的大家庭中,大家虽都是一家之人,但人与人之间仍有亲疏远近之别,家长要保持诚信,非有至大至公之心不可;而家长要保持威严,首先就必须以身作则,严格要求自己,靠自己的德行为家人所敬重,否则,仅靠以力服人,就只不过是假装威严而已。所以,《象传》中说"反身之谓也"。"反身"二字,道出了治家之道的实质:家长只有严格要求自己,才能为家庭成员树立榜样,从而培养出良好的家风,使家庭和睦,并在社会上享有美誉。

【经文+传文】

上九　有孚,威如,终吉。

《象》曰:"威如"之"吉",反身之谓也。

【译文】

上九　有诚信,充满威严,最终吉祥。

《象传》说:"充满威严"而"得吉祥",说明上九能严格要求自己。

 睽 第三十八

【本卦解析】

睽（kuí）是违背、不相合的意思。《睽》卦上离下兑，离为火，兑为泽，火性上炎，泽水下流，两者的性质相反，所以睽有违背、不相合之义。众人一起从事某项事业，若上下之人离心离德，必将一事无成，因此，此时最好是踏踏实实地去做凭一人之力就能做成的小事情，故卦辞说"小事吉"。

《彖（tuàn）传》主要从两个方面解释《睽》卦的卦名、卦画结构、卦辞及其意义。首先，以《睽》卦的卦画结构为依据，解释睽的意思。《彖传》认为，《睽》卦上离下兑，离为火，兑为泽，象征火焰跃动于上，泽水流动于下；离为中女，兑为少女，因此，《睽》卦又是两女同处，但心志各不相同。所以睽有违背、不相合的意思。其次，解释卦辞"小事吉"。《彖传》认为，《睽》卦下兑上离，兑为悦，离为明，象征和悦地依附光明；阴爻从六三上升至六五，六五阴爻又居上卦之中位，与居下卦之中位的九二阳爻相应合，好比阴柔者的地位不断上升，且与阳刚者心意相通。但是，六五阴爻居于阳位，居位不正；加上六五在上而九二在下，象征阴柔在上而阳刚在下，有违阳尊阴卑之道。正因为《睽》卦有上述特性，所以只是预示小事情吉利。

《象传》由《睽》卦上离下兑象征"上火下泽"，推出君子应"同而异"，其间的逻辑关系是：《睽》卦上离下兑，离为火，兑为泽，火和泽处于一个共同体中；但是，火性上炎，泽水下流，两者又是有明显区别的。君子受此启发，从而去探究同类事物的不同之处。

☲（兑下离上）睽　小事吉。

《彖》曰：睽，火动而上，泽动而下；二女同居，其志不同行。说（yuè）而丽乎明，柔进而上行，得中而应乎刚，是以"小事吉"。天地睽而其事同也，男女睽而其志通也，万物睽而其事类也。睽之时用大矣哉。

《象》曰：上火下泽，睽。君子以同而异。

【译文】

睽　小事情吉利。

《彖传》说：《睽》卦上离下兑，离为火，象征火焰跃动于上；兑为泽，象征泽水流动于下。离为中女，兑为少女，就像两个女子同居一室，但心志各不相同。兑为悦，离为明，所以《睽》卦又象征和悦地依附光明；阴爻由六三上升至六五，象征阴柔者的地位不断上升；六五阴爻居上卦之中位，与居下卦之中位的九二阳爻相应合，象征其持守中道而与阳刚者相应，所以说"小事情吉利"。天和地乖违，但是它们相合而化育万物则是相同的；男和女乖违，但是他们的心志是相通的；万物之间互相乖违，但是它们的本质是相似的。乖违根据不同的时间条件而起作用的意义是十分重大的。

《象传》说：《睽》卦上离下兑，离为火，兑为泽，象征火焰上炎而泽水下流，这就是《睽》卦的卦象。君子观此卦象，从而探究同类事物的不同之处。

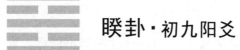

睽卦·初九阳爻

【本爻解析】

初九阳爻处于阳位,有阳刚者躁进之象,故会有令人后悔之事;但初九处于《睽》卦之初,象征与别人的矛盾冲突尚浅,故令人后悔之事会自然消失。爻辞中的"丧马""见恶人"都是象征性的说法,目的是告诫初九应采取正确的应对之策:处乖违之初,最好的办法就是静观待变,而不要盲目采取行动。正如马匹丢失了,不要去追逐,否则会越逐越远,你不去追逐,它反而自己会回来;恶人想来见你,你也不要拒绝,以免引起对方的报复和迫害之心,这样就不会有灾殃。

【经文+传文】

初九　悔亡。丧马,勿逐自复。见恶人,无咎。

《象》曰:"见恶人",以辟"咎"也。

【译文】

初九　没有令人后悔之事。丢失马匹,不用去追寻,它自己会回来。接待恶人,没有灾殃。

《象传》说:"接待恶人",是为了避免"灾殃"。

睽卦·九二阳爻

【本爻解析】

九二阳爻居于阴位,有阳刚者谦逊柔顺之象;九二居下卦之中位,又象征阳刚者持守中道。谦逊柔顺之阳刚者持守中道,故不会有灾殃。爻辞中的"遇主于巷",是指九二与六五阴爻相遇,因为九二与六五相应合,且六五居上卦之中位,有阴柔者居于尊位之象,故有此说。至于为什么要说遇于"巷",而不是别的地方,是因为九二和六五虽各居下、上卦之中位,但九二是以阳居阴,六五是以阴居阳,居位均属不正,故以二者在偏僻的小巷中相遇作喻。

【经文 + 传文】

九二　遇主于巷,无咎。

《象》曰:"遇主于巷",未失道也。

【译文】

九二　在巷中遇见主人,没有灾殃。

《象传》说:"在巷中遇见主人",说明九二没有违背正道。

睽卦·六三阴爻

【本爻解析】

六三阴爻居于阳位，居位不当，有阴柔者才力不足而强行前进之象；六三处下卦兑之最上，又有乖违渐深之象。对于六三这种不顺的处境，爻辞以用牛拉车时牛不听话、车子无法前行以及赶车的人受过刑罚来作喻。但六三阴爻与上九阳爻相应合，象征阴柔者得到阳刚者的帮助，从而最终能摆脱困境，故爻辞说"有终"即有好的结局。

【经文＋传文】

六三　见舆曳（yè），其牛掣，其人天且劓（yì）。无初有终。

《象》曰："见舆曳"，位不当也。"无初有终"，遇刚也。

【译文】

六三　看见牵拉大车，拉车的牛不听话，赶车的人额上刺着字，鼻子被割去。开始时不顺利，但有好的结局。

《象传》说："看见牵拉大车"而不顺利，是因为六三所处的位置不适当。"开始时不顺利，但有好的结局"，是因为六三得到了阳刚者的帮助。

睽卦·九四阳爻

【本爻解析】

　　九四阳爻与初九阳爻不相应合，有孤立无援之象，故称"睽孤"，即因与众人乖违而孤独。但九四阳爻居于阴位，刚而能柔，与初九"见恶人"之做法相类似，故处睽之时，九四与初九又因志同道合而走到一起，爻辞中的"遇元夫"，指的就是遇到初九。因九四与初九能推心置腹，以诚相交，所以不会有灾殃。

【经文＋传文】

　　九四　睽孤，遇元夫，交孚，厉，无咎。

　　《象》曰："交孚""无咎"，志行也。

【译文】

　　九四　乖违孤独，遇见一位大夫，互相信任，有危险，但最终没有灾殃。

　　《象传》说："互相信任"而"没有灾殃"，是因为志向得到了实行。

睽卦·六五阴爻

【本爻解析】

六五阴爻居于阳位,居不当位,故会有令人后悔之事。但六五阴爻居上卦之中位,又与九二阳爻相应合,象征阴柔尊者恪守中道,又能得阳刚者相助,故不会发生令人后悔之事。爻辞"厥宗噬(shì)肤"中的"宗"当指九二。九二在那里吃肉,六五前去与九二相会,当然也能吃到肉,所以爻辞中说"往何咎",《象传》则说"往有庆"。可见六五还是很吉利的。

【经文 + 传文】

六五　悔亡,厥宗噬肤,往何咎?

《象》曰:"厥宗噬肤",往有庆也。

【译文】

六五　没有令人后悔之事,自己同宗族的人正在吃肉,前往会有什么灾殃呢?

《象传》说:"自己同宗族的人正在吃肉",说明前往必有吉庆之事。

睽卦·上九阳爻

【本爻解析】

上九阳爻居《睽》卦之极，说明事物之间的乖违已至极端，故上九连对六三阴爻都心存疑虑。从六三爻辞来看，六三是一位赶着大车的车夫，曾经受过刑罚，额上刺着字，鼻子被割去。然而在上九眼里，六三就像一头满身污泥的猪："见豕负涂"；坐在大车上的众人则变成了群鬼："载鬼一车"。以至于上九拿起弓箭，准备射向大车。好在后来看清楚了，才明白车上乘坐的既不是鬼，也不是盗寇，他们是为婚姻之事而来。爻辞中的"遇雨则吉"表示上九已消除对六三的误会，而得以和睦相处。

【经文＋传文】

上九　睽孤，见豕负涂，载鬼一车，先张之弧，后说（tuō）之弧。匪寇婚媾。往遇雨则吉。

《象》曰："遇雨"之"吉"，群疑亡也。

【译文】

上九　乖违孤独，看见一头背上满是污泥的猪，又看见一辆满载着鬼怪的车，一开始拉开弓欲射，后来松开弓。原来他们不是强盗，而是为婚姻之事而来。前往时碰到下雨则吉祥。

《象传》说："碰到下雨"而"吉祥"，是因为此时所有的疑虑都消失了。

蹇 第三十九

【本卦解析】

蹇(jiǎn)是艰难的意思。《蹇》卦下艮(gèn)上坎,艮为山,坎为水,象征山上有水流出。水在山上流动,必会遇到重重障碍,故蹇有艰难的意思。人在面临艰难之时,就会想办法去排除艰难,卦辞中为我们提出了两种排除艰难的方法,一种是"利西南,不利东北",因为《周易》以西南为坤方,坤为地,有平易柔顺之义;东北为艮方,艮为山,有高而险难之义。一种是去见大人物,因为大人物有足够的智慧和力量,来帮你渡过难关。

《彖(tuàn)传》主要从三个方面来说明《蹇》卦的卦名、卦画结构、卦辞及其意义。首先,以《蹇》卦的卦画结构为依据,说明蹇的含义。《彖传》认为,《蹇》卦的上卦为坎,坎为险,所以蹇有艰难的意思;同时,《彖传》又认为,因为《蹇》卦下艮上坎,艮为止,所以蹇又有遇到危险而能停下来的意思,而遇险能止,无疑是十分明智的。其次,解释卦辞"利西南,不利东北。利见大人"。《彖传》认为,利于往西南方向走,是因为这么做符合正道;不利于往东北方向走,是因为往东北方向会面临绝境;利于去见大人,是因为这样做肯定能获得成功。第三,解释卦辞"贞吉"。《彖传》以"正"释"贞",并以六二象征臣,九五象征君,认为《蹇》卦的六二阴爻居下卦之中位,九五阳爻居上卦之中位,说明君臣各得其位,并能行正道,从而使国家的治理走上正轨,因此必然预示吉祥。

《象传》由《蹇》卦下艮上坎象征"山上有水",推出君子应该"反身修德",其间的逻辑关系是:水在山上,说明其面临阻

298

挡，难以下流以汇入江河；而要改变这一状况，最好的办法就是加大水量。君子从中受到启发，从而在事业上面临险难时，反身内求，重视道德修养，以提高自己克服险难的心理素质和能力。

【经文＋传文】

䷦（艮下坎上）蹇　利西南，不利东北。利见大人，贞吉。

《彖》曰：蹇，难也，险在前也；见险而能止，知（zhì）矣哉。蹇，"利西南"，往得中也；"不利东北"，其道穷也。"利见大人"，往有功也。当位"贞吉"，以正邦也。蹇之时用大矣哉。

《象》曰：山上有水，蹇。君子以反身修德。

【译文】

蹇　利于往西南方向走，不利于往东北方向走。利于去见大人，占问得吉兆。

《彖传》说：蹇，是艰难的意思，《蹇》卦下艮上坎，坎为险，表示前面有险难；发现险难而能停下来，这是明智的。《蹇》卦卦辞说"利于往西南方向走"，说明前往符合正道；"不利于往东北方向走"，说明前往会陷入困境。"利于去见大人"，说明前往可获成功。六二阴爻居于阴位，九五阳爻居于阳位，所处的位置皆适当，象征君臣各得其位，"坚守正道而获吉祥"，说明这样做可以使国家的治理走上正轨。把握时机正确地应对艰难的意义是十分重大的。

《象传》说：《蹇》卦下艮上坎，艮为山，坎为水，象征高山上有水，这就是《蹇》卦的卦象。君子观此卦象，从而严格要求自己，修养自己的道德。

蹇卦·初六阴爻

【本爻解析】

初六阴爻处《蹇》卦之初，与六四阴爻不相应合，有阴柔者面临险难而又无外援之象。在这种情况下，初六若贸然前往，必会遇到更大的险难；若能及时退回，因此时涉险尚浅，则不仅自身可以保全，还可得知几识时之美誉，故爻辞说"往蹇，来誉"。当然，初六之知几退回，不是就此止步不前，而是为了等待合适的前进机会，所以《象传》中说："宜待也"。

【经文＋传文】

初六　往蹇，来誉。

《象》曰："往蹇，来誉"，宜待也。

【译文】

初六　前往面临艰难，退回来则得到荣誉。

《象传》说："前往面临艰难，退回来则得到荣誉"，说明宜于等待时机。

蹇卦·六二阴爻

【本爻解析】

六二阴爻居于阴位,居位得体;六二居下卦之中位,与居上卦之中位的九五阳爻相应合,有阴柔者居中行正以辅助阳刚君主之象,故爻辞中称六二为"王臣"即君王的臣子。但从九五爻辞来看,九五正面临"大蹇"即极大的艰难,仿佛君王之大位行将被他人夺去。六二作为九五忠心耿耿的臣子,义无反顾地投入维护君王权力的行动,与九五共赴时艰。因六二所处之艰难不是为了自身的利益,而是为了维护王道,所以爻辞中说"匪躬之故",《象传》中也说最终不会有罪过。

【经文＋传文】

六二　王臣蹇蹇,匪躬之故。

《象》曰:"王臣蹇蹇",终无尤也。

【译文】

六二　君王的大臣处境十分艰难,这不是为了自身利益的缘故。

《象传》说:"君王的大臣处境十分艰难",但最终不会有什么罪过。

蹇卦·九三阳爻

【本爻解析】

九三阳爻居于阳位，居位得体；九三又居下卦艮之最上位，前面即为坎险，因此，九三前往即进入险难，不如退而处于原来的位置，故爻辞说"往蹇来反"。因为九三的行为是其冷静地判断形势后作出的，故《象传》说"内喜之"，即九三内心喜欢这么做。关于"内喜之"的"内"，不少学者认为指内卦，尤指内卦中的初六和六二阴爻，因为内卦有两个阴爻服侍九三阳爻之象，仿佛妻妾服侍丈夫，九三退而回家，则妻妾皆觉喜悦。这样亦能说通。

【经文＋传文】

九三　往蹇，来反。

《象》曰："往蹇，来反"，内喜之也。

【译文】

九三　前往面临艰难，转身退回来。

《象传》说："前往面临艰难，转身退回来"，说明九三内心喜欢这么做。

蹇卦·六四阴爻

【本爻解析】

六四阴爻居于阴位,居位得当;但六四已入上卦坎险,下与初六又不相应合,故其前往必遇险难。不过六四柔顺得体,知难而返,并与九三阳爻相连接,从而获得应付险难的实力,故《象传》中说"当位实也",即居位适当并因得到阳刚者的相助而充实。

【经文＋传文】

六四　往蹇,来连。

《象》曰:"往蹇,来连",当位实也。

【译文】

六四　前往面临艰难,返回来与下面相连接。

《象传》说:"前往面临艰难,返回来与下面相连接",说明六四居位适当并因得到阳刚者相助而充实。

蹇卦·九五阳爻

【本爻解析】

九五阳爻位于上卦坎之中间,坎为险,九五有陷入重重险难之象,故爻辞中称"大蹇"。另外,九五居于君位,一国之君身陷险难,此为一国之大难,这也是称九五为"大蹇"的一个重要原因。但九五阳爻居于阳位,居位得正;九五又居上卦之中位,与六二阴爻相应合,有阳刚君主遵行中正之道而得臣子前来解救之象,故爻辞中说"朋来",这里的"朋",指的就是六二阴爻。

【经文 + 传文】

九五　大蹇,朋来。

《象》曰:"大蹇,朋来",以中节也。

【译文】

九五　碰上大的艰难,朋友前来相助。

《象传》说:"碰上大的艰难,朋友前来相助",是因为九五有中正的气节。

蹇卦·上六阴爻

【本爻解析】

上六阴爻居《蹇》卦之极，处蹇极将通之时；但上六以阴爻居阴位，说明其才德不足以克服险难。不过，上六具备两个有利条件：一是与九三阳爻相应合，一是接近九五阳刚尊者。在这种情况下，上六若孤身前往，不但不能克服险难，而且将面临新的险难。但是，上六若把眼光向下看，果断地退回来，则既可有九三阳爻之助益，更可得九五阳刚尊者的大力协助。在九三和九五的合力帮助下，上六必可一举摆脱困境，故爻辞中说"吉"。这充分体现了物极必反、蹇极必通之理。

【经文＋传文】

上六　往蹇，来硕，吉。利见大人。

《象》曰："往蹇，来硕"，志在内也。"利见大人"，以从贵也。

【译文】

上六　前往面临艰难，退回来可获得大的成功，吉利。利于去见大人。

《象传》说："前往面临艰难，退回来可获得大的成功"，说明其志向在于与内部之人联合。"利于去见大人"，是要跟从地位尊贵的人。

305

解 第四十

【本卦解析】

解有解脱、纾解的意义。《解》卦下坎上震，坎为险，震为动，象征行动于危险之外，即已经摆脱险难；又坎为水为雨，震为雷，象征雷动于上，雨降于下，《屯》卦中所说的密云不雨的情况已经解除，故解有解脱、纾解的意义。卦辞中说"利西南"，是因为西南为坤方，坤为大地，有平实简易的特点；无论是对于一个人，一个单位，还是一个国家，在刚刚脱离险境、摆脱危机时，最需要的就是休养生息，从事一些简单易行的事，故说"利西南"。同样，在刚刚摆脱危机后，就不要盲目去做事情，因此"来复"即回来休息可获吉祥。而当"有攸往"即必须前往去处理问题时，则"夙吉"，早解决早好，不宜人为拖延。

《彖（tuàn）传》主要从两个方面来解释《解》卦的卦名、卦画结构、卦辞及其意义。首先，以《解》卦的卦画结构为依据，解释解的意义。《彖传》认为，《解》卦下坎上震，坎为险，震为动，象征面临危险而采取行动，并通过行动而脱离危险，因此，解有解除的意义。其次，对卦辞逐句作解，其中解释"利西南"的原因是这么做可以得到众人的拥护；《彖传》在此是以西南为坤方，而坤有众的意思，因此，当危难刚刚解除时，往西南方向走，便可得众人之拥护。

《象传》由《解》卦上震下坎象征"雷雨作"，推出君子应"赦过宥（yòu）罪"，其间的逻辑关系是：雷雨兴作，则万物都得到纾解；《象传》以雷比刑罚，以雨比恩泽，从而指出君子在执行刑罚时要施以恩泽，所以要赦免他人的过失，宽恕他人的罪行，实行宽松之策。

【经文＋传文】

䷧（坎下震上）解　利西南。无所往，其来复，吉。有攸往，夙吉。

《彖》曰：解，险以动，动而免乎险，解。解"利西南"，往得众也。"其来复，吉"，乃得中也。"有攸往，夙吉"，往有功也。天地解而雷雨作而百果草木皆甲坼（chè）。解之时大矣哉。

《象》曰：雷雨作，解。君子以赦过宥罪。

【译文】

解　利于往西南方向走。没有目的地前往，则往回返可获吉祥。若有所前往，早去可获吉祥。

《彖传》说：《解》卦下坎上震，坎为险，震为动，象征遇险而行动，通过行动而免于危险，这就是解的意义。《解》卦卦辞说"利于往西南方向走"，是因为前往必能得到众人的拥护。"往回返可获吉祥"，是因为这么做符合正道；"有所前往，早去可获吉祥"，说明前往可获得成功。天地解除严寒而雷雨兴起，雷雨兴起而百果草木的种子无不裂开甲壳而长出嫩芽。适时而解的意义太伟大了。

《象传》说：《解》卦上震下坎，震为雷，坎为水为雨，象征雷雨兴作，这就是《解》卦的卦象。君子观此卦象，从而赦免他人的过失，宽宥他人的罪行。

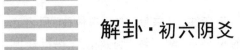

解卦·初六阴爻

【本爻解析】

初六阴爻居《解》卦之初，象征险难刚刚解除；初六与九四阳爻相应合，又象征刚柔相济，处置得体。初六在险难初解时能采取适当的应对措施，所以不会有灾殃。关于《象传》中所说的"刚"，学者们或认为指九四阳爻，或认为指九二阳爻。认为指九四阳爻，是因为九四与初六相应合；认为指九二阳爻，是因为九二与初六相邻。二说均有道理，但应以指九四阳爻为佳。

【经文＋传文】

初六　无咎。

《象》曰：刚柔之际，义"无咎"也。

【译文】

初六　没有灾殃。

《象传》说：阳刚和阴柔相交接，初六理应"没有灾殃"。

解卦·九二阳爻

【本爻解析】

九二阳爻居下卦之中位，有阳刚者恪守中道之象；九二阳爻与六五阴爻相应合，又象征阳刚者得到阴柔尊者的信任。在险难刚刚解除的时候，百废待举，还有许多隐患需要清除，爻辞中的"田获三狐"，即有清除隐患的意思。爻辞中的"黄矢"在此也有特殊的象征意义，因为黄色是中央之色，九二居下卦之中位，故以黄作喻；矢直而不曲，象征人刚直不阿，故爻辞以"得黄矢"喻九二具有中直之德。九二具有中直之德，又得到六五尊者的信任，故预示吉祥。

【经文＋传文】

九二　田获三狐，得黄矢，贞吉。

《象》曰：九二"贞吉"，得中道也。

【译文】

九二　打猎时猎获三只狐狸，并得到黄色的箭，占问得吉兆。

《象传》说：九二爻辞中说"占问得吉兆"，是因为九二能持守中道。

解卦·六三阴爻

【本爻解析】

六三阴爻居于阳位,有阴柔小人窃据尊位之象,故《系辞传上》第八章在分析该爻爻辞时说:背负东西,这是小人应干的事;车辆,是君子所用的器具。小人坐着本该由君子坐的车辆,盗寇就会谋算着来夺取了。此说可谓深得六三爻辞之旨。另外,一个人坐在大车上,却又把东西背在肩上,这就表明自己所背的东西十分贵重,这样当然会招来盗寇的谋夺。再则,从六三所处的爻位看,六三下为九二阳爻,上为九四阳爻,又有阴柔小人"负且乘"即奉承一个阳刚者而凌乘另一个阳刚者以谋得利益之象,这样得来的利益,亦会招来盗寇抢夺。因此,六三的处境极为不利,故爻辞中说"贞吝"。

【经文 + 传文】

六三　负且乘,致寇至,贞吝。

《象》曰:"负且乘",亦可丑也。自我致戎,又谁咎也。

【译文】

六三　背负着东西乘车,招来了盗寇,占问预示有令人悔恨之事。

《象传》说:"背负着东西乘车",这种做法也太让人感到羞耻了。自己的行为招来了盗寇,又能责怪谁呢?

310

解卦·九四阳爻

【本爻解析】

九四阳爻居于阴位，不中不正，处于《解》卦之中，象征行为未合解脱之道，故爻辞中说必须先解开其大脚趾上的束缚，朋友才会前来，并彼此信任。但爻辞"解而拇"的"拇"究竟指的是谁，学者们有不同的理解。有的学者认为，因九四阳爻居上卦之最下，故称"拇"；九四之所以要"解而拇"，是因为九四已入上卦震，震为动，必须有所前往，但九四阳爻居于阴位，不欲有所前往，故要解除其脚上的束缚。有的学者认为，"拇"指六三阴爻，因九四与初六阴爻相应合，但下比六三阴爻，仿佛被小人纠缠，只有解除六三的纠缠，才能真正实现与初六相应合，并相互显示诚信。两种说法均有一定道理，可并作参考。

【经文＋传文】

九四　解而拇，朋至斯孚。

《象》曰："解而拇"，未当位也。

【译文】

九四　解开你大脚趾上的束缚，朋友来了以后才能以诚信相待。

《象传》说："解开你大脚趾上的束缚"，说明九四所处的位置不适当。

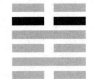

解卦·六五阴爻

【本爻解析】

六五阴爻居上卦之中位，与九二阳爻相应合，有阴柔尊者持守中道而得阳刚君子相助之象，故有能力解除危难。六五解除危难的具体做法是解掉君子身上的系缚，并对小人显示诚信。这样做，既能使君子放开手脚，展其抱负；也能使小人心悦诚服，知难而退，所以预示吉祥。

【经文＋传文】

六五　君子维有解，吉；有孚于小人。

《象》曰："君子""有解"，"小人"退也。

【译文】

六五　君子解脱系缚，吉祥；对小人示以诚信。

《象传》说："君子""得到解脱"，"小人"就会退缩。

解卦·上六阴爻

【本爻解析】

上六阴爻处于《解》卦之极，又居上卦震之最上，有居于上位的阴柔者积极行动以彻底解除险难之象，故爻辞中用王公射隼（sǔn）作喻。隼是一种猛禽，古人也视之为恶鸟，恶鸟被射落，象征晦气除去，吉事到来，故没有任何不利。爻辞中之所以用"高墉（yōng）"二字，是因为上六位于《解》卦的最上位。

【经文＋传文】

上六　公用射隼于高墉之上，获之，无不利。

《象》曰："公用射隼"，以解悖也。

【译文】

上六　王公站在高高的城墙上用箭射隼，射中后把它捕获，没有任何不利。

《象传》说："王公用箭射隼"，目的是除去叛逆者。

损 第四十一

【本卦解析】

损是减损的意思。《损》卦上艮（gèn）下兑，艮为山，兑为泽，象征山下有泽；泽深山高，泽在内而山在外，又象征内低外高；内用来指自己，外用来指他人，自己低而他人高，有贬抑自己而抬高他人之义；而一个人贬抑自己，也就是减损的意思，故《损》卦的损指减损。人能发自内心地减损自己，则会带来诸多好处，对此，卦辞中罕见地用"元吉，无咎，可贞，利有攸往"一连串吉祥之语来描绘。

《彖（tuàn）传》从三个方面来解释《损》卦的卦名、卦画结构、卦辞及其意义。首先，《损》卦下兑上艮，兑为阴卦，象征柔顺；艮为阳卦，象征止息。因此，《损》卦有阴柔者在下服从在上的阳刚者、自愿贬损自己以供奉阳刚者之象，故《彖传》说损是"损下益上，其道上行"。其次，认为自我减损是一种美德，人能自我减损，就会如卦辞中所说的那样："元吉""无咎""利有攸往"，等等。第三，解释卦辞"曷（hé）之用？二簋（guǐ）可用享"的含义。《彖传》认为，祭祀鬼神，祭品应以丰盛为佳，但有的时候简单地用二簋食物也可以，这当然是因为遇到了特殊情况，如贫穷、碰上灾害等等，在这种情况下，只要心中虔诚，则祭品从简亦无妨。

《象传》由《损》卦上艮下兑象征"山下有泽"，推出君子应"惩忿窒欲"，其间的逻辑关系是：山下有泽，则山体受到泽水的浸润而不断遭受损害；君子由此认识到事物容易受到其他力量的侵害，而最容易对人的身体及德行造成伤害的，则无外乎过度的欲望和愤怒的情绪，因此，君子要抑制自己的欲望，控制自己愤怒的情绪。

【经文+传文】

䷨（兑下艮上）损　有孚，元吉，无咎，可贞，利有攸往。曷之用？二簋可用享。

《彖》曰：损，损下益上，其道上行。损而"有孚，元吉，无咎，可贞，利有攸往"。"曷之用？二簋可用享"，二簋应有时，损刚益柔有时，损益盈虚，与时偕行。

《象》曰：山下有泽，损。君子以惩忿窒欲。

【译文】

损　有诚信，大吉，没有灾殃，适合占问，利于有所前往。用什么来体现减损？只用两簋食物就可以祭祀鬼神。

《彖传》说：损，就是减损下面的，增益上面的，其特点是处于下位者自愿供奉居于上位者。能自我减损而"有诚信，大吉，没有灾殃，适合占问，利于有所前往"。"用什么来体现减损？只用两簋食物就可以祭祀鬼神"，用两簋食物来祭祀鬼神，要根据具体的时间；减损阳刚者，增益阴柔者，也要根据具体的时间；减损还是增益，盈满还是亏虚，都要随着具体的时间而发生变化。

《象传》说：《损》卦上艮下兑，艮为山，兑为泽，象征山的下面有水泽，这就是《损》卦的卦象。君子观此卦象，从而克制自己愤怒的情绪，遏抑自己过度的欲望。

损卦·初九阳爻

【本爻解析】

初九阳爻居于阳位,处《损》卦之初,又与六四阴爻相应合,有迅速行动以损己益上之象。爻辞以祭祀之事应迅速前往来比喻初九行动之迅速,以"酌损之"来体现《损》卦损下益上之原则。《象传》中说"尚合志",这里的"尚",意为"上",指六四阴爻,意为初九之迅速前往,是为了体现与六四志向相合。

【经文＋传文】

初九　已事遄(chuán)往,无咎,酌损之。

《象》曰:"已事遄往",尚合志也。

【译文】

初九　举行祭祀之事时要迅速前往,没有灾殃,祭品可以酌情减损。

《象传》说:"举行祭祀之事时要迅速前往",是为了与居于上位者心志相合。

损卦·九二阳爻

【本爻解析】

九二阳爻居于阴位，有阳刚者谦柔自守之象；九二阳爻居下卦之中位，与居上卦之中位的六五阴爻相应合；六五阴爻居于阳位，亦有阴柔尊者刚柔相济之象。这样，九二与六五均有自满自足之象，即九二用不着减损自己去增益六五，六五也用不着九二来增益自己，只要九二安于所守，不随意妄动，就是最佳状态，故爻辞中说"征凶"，即九二妄行征伐或擅自行动就会有凶险。

【经文＋传文】

九二　利贞，征凶。弗损益之。

《象》曰：九二"利贞"，中以为志也。

【译文】

九二　有利之占问，出征有凶险。不自我减损，即是增益他人。

《象传》说：九二爻辞中说"有利之占问"，是因为九二以持守中道为自己的志向。

损卦·六三阴爻

【本爻解析】

关于六三爻辞，我们可以从两个角度展开理解。一是以爻位为依据。六三阴爻居于阳位，有阴柔者果于行动之象；六三阴爻与上九阳爻相应合，又有减损自己而补益阳刚者之象。由此来理解爻辞中的"一人行，则得其友"，则"一人"指六三，"友"指上九。那么，"三人行，则损一人"又是什么意思呢？通常认为，"三人"指六三及居于其上的两个阴爻，"一人"指上九，因此，该句是指若三个阴爻同时与上九相应合，则会给上九带来损害。二是从字面意思去理解。三人同行，则往往会因意见不一致而造成一人离去；一个人独行，因可以自我做主，就容易找到志同道合的朋友，这反映的似乎是生活中一种常见的现象。

【经文＋传文】

六三　三人行，则损一人；一人行，则得其友。

《象》曰："一人行"，"三"则疑也。

【译文】

六三　三个人同行，会减损一个人；一个人独行，则会得到朋友。

《象传》说："一个人独行"，是因为"三个人"同行会产生猜疑。

损卦·六四阴爻

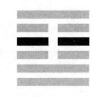

【本爻解析】

六四阴爻居于阴位，有阴柔太过之象，故爻辞中称之为"疾"；但六四阴爻居位得正，又与初九阳爻相应合，有阴柔者自损阴柔以接纳阳刚之象，故爻辞中说"损其疾"。初九爻辞说"遄往"，六四爻辞说"遄有喜"，充分体现了两者迅速应合的关系。正因为初九自损其阳以益六四之阴，才使六四迅速"有喜"，病体很快痊愈，故没有灾殃。

【经文＋传文】

六四　损其疾，使遄有喜，无咎。

《象》曰："损其疾"，亦可喜也。

【译文】

六四　减轻疾病，并使之迅速痊愈，没有灾殃。

《象传》说："减轻疾病"，这也是值得高兴的事。

损卦·六五阴爻

【本爻解析】

六五阴爻居上卦之中位，象征阴柔者居于尊位。由《损》卦损下益上的宗旨来看，六五作为《损》卦之至尊，应该是得到极多增益之人，故爻辞用"益之十朋之龟"作喻。"十朋之龟"即价值十朋的大龟，"朋"是古代的货币单位，一朋为十个贝，十朋即一百个贝，价值一百个贝的龟，就是价值极为昂贵的龟，由此可见六五所受的补益之大。但虽然如此，为了遵行自损以益人之道，六五仍不欲接受，爻辞"弗克违"正是反映了六五欲加以拒绝的美德，故预示大吉。

【经文 + 传文】

六五　或益之十朋之龟，弗克违，元吉。

《象》曰：六五"元吉"，自上佑也。

【译文】

六五　有人赠送给他价值十朋的龟，无法拒绝，大吉。

《象传》说：六五爻辞中说的"大吉"，是因为得到了来自上天的保佑。

损卦·上九阳爻

【本爻解析】

上九阳爻居《损》卦之极，损下益上之道即将转变为损上益下，故爻辞中说"弗损益之"，即不要减损在下位者，而要补益他们。九二爻辞中亦有"弗损益之"，但其意思是"不自我减损，即是增益他人"，因为上九与九二所处的爻位不同，故同一句话包含的意思也有区别。上九能以己之所得补益天下之人，故没有灾殃，并能"得臣无家"即得到众多无家可归的臣民的拥护。

【经文＋传文】

上九　弗损益之，无咎，贞吉。利有攸往，得臣无家。

《象》曰："弗损益之"，大得志也。

【译文】

上九　不要减损，而要补益他人，没有灾殃，占问得吉兆。利于有所前往，得到无家可归的臣民。

《象传》说："不要减损，而要补益他人"，说明其志向得到了充分实现。

益 第四十二

【本卦解析】

　　益是增益的意思。《益》卦上巽（ xùn ）下震，巽为风，震为雷，象征风吹动于上，雷震动于下。风得雷助，其势益猛；雷得风助，其震益烈。两者相互助益，效果均得以增强，故《益》卦的益指增益。事物之间互相增益，则力量明显壮大，所以有利于前往，有利于渡大河。

　　《彖（ tuàn ）传》主要从三个方面来解释《益》卦的卦名、卦画结构、卦辞及其意义。首先，以《益》卦的卦画结构为依据，解释《益》卦的卦名及其意义。《益》卦下震上巽，震为阳卦为尊，巽为阴卦为卑，阳刚尊者反而居于阴柔卑者之下，象征居于上位的统治者谦逊地对待和帮助民众，所以民众感到无限欢悦；另外，震为动，巽为顺，象征阴柔卑者虽居于上，却能柔顺地服从在下的阳刚尊者，使双方得以和睦相处。这样，阳刚尊者减损自己以助阴柔卑者，阴柔卑者顺从阳刚尊者，双方互相助益，这就是益的含义。其次，以《益》卦的卦画结构为依据，解释卦辞"利有攸往"。《益》卦的六二阴爻与九五阳爻分别居下、上卦之中位，且阴爻处于阴位，阳爻处于阳位，两爻均属居中得正，象征人遵行中正之道；人能遵行中正之道，则所行必顺，所以说利于有所前往。第三，以《益》卦的卦画结构为依据，解释卦辞"利涉大川"。《彖传》认为，《益》卦下震上巽，巽为木，震为动，象征木舟在水上移动；人乘木舟以渡河，必能顺利抵达彼岸，故说利于渡大河。

　　《象传》由《益》卦上巽下震象征"风雷"，推出君子要"见善则迁，有过则改"，其间的逻辑关系是：风与雷相互助益，则风迅雷烈。君子见此情形,从而一方面知道天威之可畏,不敢为非;另一方面,则由风雷之迅烈,知道迅速采取行动之重要,因此见到善行就赶快去仿效,有过错就立即改正。

【经文 + 传文】

(震下巽上)益　利有攸往,利涉大川。

《彖》曰:益,损上益下,民说(yuè)无疆;自上下下,其道大光。"利有攸往",中正有庆。"利涉大川",木道乃行。益动而巽,日进无疆。天施地生,其益无方。凡益之道,与时偕行。

《象》曰:风雷,益。君子以见善则迁,有过则改。

【译文】

益　利于有所前往,利于渡大河。

《彖传》说:益,就是减损上面的,增益下面的,民众因此喜悦无限;居于上位的人自愿处于下层民众之下,增益之道必能发扬光大。"利于有所前往",是因为六二阴爻与九五阳爻居中得正,象征其持行中正之道,所以前往必有吉庆。"利于渡大河",是因为《益》卦的上卦为巽,巽为木,象征木舟通行无阻。《益》卦下震上巽,震为动,巽为顺,象征顺理而动,日有进益,没有止境。天施与万物以恩泽,地促进万物生长,天地对万物的增益没有固定不变的模式。实施增益的原则,是要根据合适的时机采取行动。

《象传》说:《益》卦上巽下震,巽为风,震为雷,象征风雷激荡,这就是《益》卦的卦象。君子观此卦象,从而见到善行就去追随仿效,有过失就立即改正。

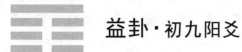

益卦·初九阳爻

【本爻解析】

初九阳爻处于阳位，又居下卦震之初，震为动，因此，初九从本性上来说，是想有所作为的。初九与六四阴爻相应合，根据《益》卦损上益下之原则，象征其得六四之助益。初九既想有所作为，又有六四之助，故利于做大事，而且预示大为吉祥。然而，有意思的是，爻辞在"大吉"后又加了"无咎"两字，这又是为什么呢?《象传》对此作了恰当的解释："下不厚事也"，即初九处于一卦之下位，本来是不适合做大事的，现在虽得六四之助，做起了大事情，而且预示大为吉祥，但最终只是得"无咎"而已。

【经文＋传文】

初九　利用为大作，元吉，无咎。

《象》曰："元吉，无咎"，下不厚事也。

【译文】

初九　利于做大事，大吉，没有灾殃。

《象传》说："大吉，没有灾殃"，是因为初九处于最下位，本来不适合做大事。

益卦·六二阴爻

【本爻解析】

六二阴爻居于阴位，又居下卦之中位，且与九五阳爻相应合，象征阴柔者居中得正，并得到阳刚尊者的极大助益。对此，爻辞用有人送给他价值十朋的大龟作喻。爻辞"或益之十朋之龟，弗克违"，与《损》卦六五爻辞相同，但《损》卦的六五爻预示"元吉"，《益》卦的六二爻则是"永贞吉"，两者为什么会有这种差异呢？这是因为：损下益上，为通行之则，而损上益下，做起来则颇为不易，故一为"元吉"，一为"永贞吉"。"王用享于帝"，似指君王用此"十朋之龟"来祭祀天帝，有祭品丰厚之义，故预示吉祥。

【经文＋传文】

六二　或益之十朋之龟，弗克违，永贞吉。王用享于帝，吉。

《象》曰："或益之"，自外来也。

【译文】

六二　有人赠送给他价值十朋的龟，无法拒绝，占问长远之事的吉凶，预示吉祥。君王祭祀天帝，吉祥。

《象传》说："有人赠送给他价值十朋的龟"，说明这种增益来自外部。

益卦·六三阴爻

【本爻解析】

六三阴爻居于阳位，居位不中不正；六三与上九阳爻相应合，当益之时，有得到阳刚者助益之象。阴柔者不中不正，又能得到他人的诸多助益，若因此而沉溺于享受，则必会带来灾祸。好在六三以阴居阳，又得阳刚者之助，有刚柔相济之象，故能把得到的财物用于救灾之事，从而不会有灾殃。但六三之位毕竟不中不正，故爻辞中诫之以"有孚，中行，告公用圭"，即有诚信，行中道，手持玉圭向王公报告。圭是古代朝聘、祭祀等时手持的一种玉器，目的是用来表示诚信。

【经文＋传文】

六三　益之用凶事，无咎。有孚，中行，告公用圭。

《象》曰："益""用凶事"，固有之也。

【译文】

六三　把得到的财物用于凶事，没有灾殃。有诚信，行中道，手持着圭向王公报告。

《象传》说："把得到的财物""用于凶事"，这是本来就该这么做的。

益卦·六四阴爻

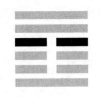

【本爻解析】

六四阴爻居于阴位，居位得正，又居上卦之初位，根据《益》卦损上益下之旨，有阴柔者欲益下民之象。但六四属于臣位，其力量有限，故须依靠居于其上的九五来实施其益下之志。爻辞中的"告公"，正是据此而言的；而公能听从，也是因为六四有益下之志，故《象传》中说："'告公，从'，以益志也。"爻辞中的"迁国"，指迁移国都，这是用来说明六四的益下之举的。

【经文＋传文】

六四　中行，告公，从，利用为依迁国。

《象》曰："告公，从"，以益志也。

【译文】

六四　行中道，向王公报告，王公听从，利于在有所依靠的情况下迁移国都。

《象传》说："向王公报告，王公听从"，是因为六四以有益于民众为自己的志向。

益卦·九五阳爻

【本爻解析】

九五阳爻居上卦之中位，与居下卦之中位的六二阴爻相应合，犹如阳刚中正的君主施惠于天下之人，此种行为，必会使九五受到天下民众的真诚爱戴与拥护，故预示大吉。从爻辞来看，"有孚惠我德"即他人真诚地对我感恩戴德，应是对"元吉"的补充说明。

【经文＋传文】

九五　有孚惠心，勿问，元吉，有孚惠我德。

《象》曰："有孚惠心"，"勿问"之矣。"惠我德"，大得志也。

【译文】

九五　有真诚施恩惠之心，用不着问，肯定预示大吉，他人会真诚地对我感恩戴德。

《象传》说："有真诚施恩惠之心"，毫无疑问，这样做必然吉祥。"他人真诚地对我感恩戴德"，说明九五的志向得到了充分实现。

益卦·上九阳爻

【本爻解析】

上九阳爻居《益》卦之极，物极必反，从而变《益》卦的损上益下之道为《损》卦的损下益上之道。但上九居位不正，有阳刚者贪求躁进之象，故没有人愿意增益之；而且，不光无人愿意增益之，有人甚至对之施以攻击，故上九预示凶险。爻辞中的"立心勿恒"，指上九不能像处于其下的诸爻那样继续持守损上益下之道。

【经文＋传文】

上九　莫益之，或击之，立心勿恒，凶。

《象》曰："莫益之"，偏辞也。"或击之"，自外来也。

【译文】

上九　没有人帮助他，有人攻击他，做事没有恒心，有凶险。

《象传》说："没有人帮助他"，说明大家都拒绝提供帮助。"有人攻击他"，说明攻击来自外部。

夬 第四十三

【本卦解析】

夬（guài）是决断的意思。《夬》卦由五个阳爻和一个阴爻组成，阳爻势力强盛，阴爻孤居于上，仿佛阳刚君子将予阴柔小人以决定性的制裁，故《夬》卦的夬有决断的意思。

《彖（tuàn）传》从五个方面来解释《夬》卦的卦名、卦画结构及卦辞。首先是解释夬的意思，认为《夬》卦阳刚众盛而阴柔孤弱，故象征阳刚者裁决阴柔者；《夬》卦下乾上兑，乾为健，兑为悦，又象征阳刚者在裁决阴柔小人时，既坚决果断，又温柔和悦，从而使这种裁决行动能十分顺利地进行。其次，解释卦辞"扬于王庭"。《彖传》认为，在朝堂上所宣布的决定的内容，就是"柔乘五刚"，即上六阴爻居于五个阳爻之上，象征阴柔小人得志，迫害众阳刚君子。第三，解释卦辞"孚号有厉"。《彖传》认为，之所以在裁决小人时要真诚地告诫大家存在危险，是要大家居安思危，防止小人卷土重来。第四，解释卦辞"告自邑，不利即戎"。《彖传》认为，卦辞中之所以说不利于用兵，是因为用兵只有刚决果断，缺乏温柔和悦，不符合《夬》卦"健而说，决而和"之旨，故会陷于绝境。第五，解释卦辞"利有攸往"。《彖传》认为，《夬》卦只有一个阴爻，若阳爻继续增长，则阴爻将变为阳爻，《夬》卦亦将变为纯阳之《乾》卦，阴柔者的势力彻底消亡，而这无疑是振奋人心的大好局面，故卦辞中说有利于向前发展。

《象传》由《夬》卦上兑下乾象征"泽上于天"，推出君子应"施禄及下，居德则忌"，其间的逻辑关系是：泽水不断积聚，不知疏导，则会因过于满盈而造成堤坝溃决；君子受此启发，从而

330

不断把自己的财富、恩泽施与臣民,以防居积不施,招来臣民忌恨,造成决堤溃坝似的严重后果。

【经文＋传文】

▤ (乾下兑上)夬 扬于王庭,孚号有厉。告自邑,不利即戒,利有攸往。

《彖》曰:夬,决也,刚决柔也。健而说(yuè),决而和。"扬于王庭",柔乘五刚也。"孚号有厉",其危乃光也。"告自邑,不利即戒",所尚乃穷也。"利有攸往",刚长乃终也。

《象》曰:泽上于天,夬。君子以施禄及下,居德则忌。

【译文】

夬 在朝廷上宣布决定,真诚地告诉大家面临危险。从城邑中发出告示,不利于用兵,利于有所前往。

《彖传》说:夬,是决断的意思,即阳刚者裁决阴柔者。《夬》卦下乾上兑,乾为健,兑为悦,象征刚健而和悦,处理问题坚决果断而又温和有度。"在朝廷上宣布决定",是因为《夬》卦中的上六阴爻居于五个阳爻之上,象征阴柔者凌驾于阳刚者之上。"真诚地告诉大家面临危险",因为只有有防危之心,君子之道才能发扬光大。"从城邑中发出告示,不利于用兵",说明崇尚武力会走上绝路。"利于有所前往",说明阳刚者的势力若继续增长,阴柔者的势力将彻底终结。

《象传》说:《夬》卦上兑下乾,兑为泽,乾为天,象征泽水滔天,这就是《夬》卦的卦象。君子观此卦象,从而施恩惠于下民,若居积不施,则会招来忌恨。

夬卦·初九阳爻

【本爻解析】

初九阳爻处于阳位,又处下卦乾之最下,有阳刚者急进躁动之象,故爻辞中以"壮于前趾"作喻。但初九处《夬》卦之始,其力卑弱,又无应爻,尚不足以裁决上六阴爻,故前往不可能取胜。往而不胜,则会造成灾殃。可见,爻辞的主旨在于审慎行事,切忌盲动躁进。

【经文＋传文】

初九　壮于前趾,往不胜为咎。

《象》曰:"不胜"而"往","咎"也。

【译文】

初九　脚指头强壮,前往不能取胜,从而造成灾殃。

《象传》说:"不能取胜"而"前往",必有"灾殃"。

夬卦·九二阳爻

【本爻解析】

九二阳爻居于阴位，又居下卦之中位，有阳刚者刚而能柔、持守中道之象，故九二能审慎行事，不会出现什么令人担忧之事。爻辞中以"莫（mù）夜有戎"作喻，说明因为九二时刻保持警惕，因此即使出现敌人深夜来袭的突发事件，也能轻松应付，并有效化解。

【经文＋传文】

九二　惕号，莫夜有戎，勿恤。

《象》曰："有戎，勿恤"，得中道也。

【译文】

九二　警惕呼号，夜里有敌人来犯，不用担忧。

《象传》说："有敌人来犯，不用担忧"，是因为九二之行为符合中道。

夬卦·九三阳爻

【本爻解析】

九三阳爻居于阳位,又处下卦乾之极,处夬之时,有过于果决之象,故爻辞以"壮于頄(kuí)"作喻。"壮于頄"指颧骨强壮,九三把自己裁决上六阴爻的决心表现在脸上,故说"壮于頄"。但是,九三这种怒形于色的做法,不合审慎行事的宗旨,故预示有凶险。另外,在《夬》卦五个阳爻中,唯有九三阳爻与上六阴爻相应合,仿佛阳刚君子与阴柔小人间存在某种私情,爻辞中之"独行""遇雨""濡""有愠",均是据此而言的:因唯有九三与上六相应合,故称九三为"独行";因上六为阴爻,九三与之相应合,故称"遇雨""濡";九三与上六相应合,引起众阳刚君子的猜疑和不快,故称"有愠"。但九三裁决上六之决心没有丝毫改变,所以不会有什么灾殃。

【经文＋传文】

九三　壮于頄,有凶。君子夬夬独行,遇雨若濡,有愠,无咎。

《象》曰:"君子夬夬",终"无咎"也。

【译文】

九三　颧骨强壮,有凶险。君子果断地独自前行,遇上下雨,身上被淋湿,有人对他生气,没有灾殃。

《象传》说:"君子十分果断",这样做最终"不会有灾殃"。

夬卦·九四阳爻

【本爻解析】

九四阳爻居于阴位,不中不正,当夬之时,有行动失据之象。行动失据,则左右碰壁,处境艰难,故爻辞中说"臀无肤,其行次且(zījū)",又说其"闻言不信",即不光肉体上受到摧折,心智上也失去了正确的判断力。

【经文+传文】

九四　臀无肤,其行次且,牵羊悔亡,闻言不信。

《象》曰:"其行次且",位不当也。"闻言不信",聪不明也。

【译文】

九四　臀部没有皮肉,行走困难,牵羊而行,没有悔恨,但听了忠言未能信从。

《象传》说:"行走困难",是因为九四所处的位置不适当。"听了忠言未能信从",说明九四听后无法作出明智的判断。

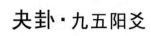

夬卦·九五阳爻

【本爻解析】

九五阳爻居上卦之中位,象征阳刚尊者持守中正之道。九五与上六相邻,其以至尊之势,清除上六小人,当是轻而易举之事,故爻辞中以"苋(xiàn)陆夬夬"作喻。"苋陆"即商陆,是一种多年生草本植物,茎肉质,柔脆易折,在此比喻九五裁决上六之容易。但九五以至尊之位,行清除小人之事,似有未足,故爻辞不言"吉"而言"无咎",《象传》则明确说:"中未光也。"

【经文 + 传文】

九五　苋陆夬夬,中行,无咎。

《象》曰:"中行,无咎",中未光也。

【译文】

九五　果断地除去苋陆,行中道,没有灾殃。

《象传》说:"行中道,没有灾殃",说明中正之道还没有发扬光大。

夬卦·上六阴爻

【本爻解析】

上六阴爻居《夬》卦之极，说明众阳爻最终裁决上六的时机已经到来。上六居于《夬》卦的最上位，仿佛阴柔小人窃据高位，但此时随着阳刚势力的进一步强盛，上六已势单力孤，无法再向众人发号施令，因此，上六的凶险之时已经来临！

【经文＋传文】

上六　无号，终有凶。

《象》曰："无号"之"凶"，终不可长也。

【译文】

上六　无法号令众人，最终有凶险。

《象传》说："无法号令众人"而"有凶险"，说明上六高居上位的局面终究不能长久。

姤 第四十四

【本卦解析】

姤（gòu）是相遇的意思，这里特指事物间的互相接触、碰撞及发生相互作用，因此，《姤》卦卦辞要说明的就是相遇之道。从《姤》卦的卦辞和《彖（tuàn）传》来看，它们主要蕴含这样三个方面的内容：一是相遇极其重要，事物间只有彼此相遇，才能发生相互作用，从而引起发展变化。这正如天地相遇，才使万物蓬勃生长，男女相遇，才能生育后代一样。二是人世间有各种不同的相遇，只有"刚遇中正"即阳刚者与守中正之道者相遇，才是最有益的相遇。三是从《姤》卦的卦画结构来看，它由一个阴爻和五个阳爻组成，象征一阴与五阳相遇，此即《象传》中所说的"柔遇刚也"。而据以上所述，只有刚遇中正，才最符合相遇之道，因此，这种柔与刚的相遇，必暗藏凶险，需要引起警惕。有趣的是，对于这种暗藏凶险的相遇，卦辞中是用"女壮，勿用取女"来形象地加以表述的。那么，卦辞为什么要以此来表达《姤》卦的含义呢？我们知道，《乾》卦六爻皆为阳爻，它代表天，是至刚纯阳之体，而《姤》卦由一个阴爻和五个阳爻组成，恰好把《乾》卦初爻的阳爻变成了阴爻，象征阳刚之体受到阴气的剥蚀，而此阴气能从阳刚之体中产生，其力量之大，自不待言；另外，《姤》卦的一阴爻五阳爻又有以一阴敌五阳之象；加上根据中国传统中的某些观念，认为女子以柔弱、贞静为佳，而强壮的女子，则往往多欲，会给男子的健康带来很大的危害，这样的女子，当然不适合娶之为妻。因此，卦辞中用身体强壮的女子来指代卦中的阴爻，是十分恰当的。

《象传》由《姤》卦上乾下巽（xùn）象征"天下有风"，推出君主"以施命诰四方",其间的逻辑关系是：风在中国古代有风化、教化义，因此，君子受此启发，便要把政令、德教遍告四方，使人人都知道自己的主张。

【经文＋传文】

≡（巽下乾上）姤　女壮，勿用取女。

《彖》曰：姤，遇也，柔遇刚也。"勿用取女"，不可与长也。天地相遇，品物咸章也。刚遇中正，天下大行也。姤之时义大矣哉。

《象》曰：天下有风，姤。后以施命诰四方。

【译文】

姤　女子很强壮，不适合娶她为妻。

《彖传》说：姤，是相遇的意思，《姤》卦一个阴爻在下，上面为五个阳爻，象征阴柔者与阳刚者相遇。"不适合娶该女子为妻"，是因为不能与她长久相处。天和地相遇，万物都生长得十分茂盛。九二和九五阳爻分别居下、上卦之中位，象征阳刚者与守中正之道者相遇，从而使正道大行于天下。《姤》卦因时制宜的意义真是重大啊！

《象传》说：《姤》卦下巽上乾，巽为风，乾为天，象征风在天空下吹动，这就是《姤》卦的卦象。君主观此卦象，从而发布命令，遍告四方。

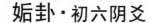

姤卦·初六阴爻

【本爻解析】

初六阴爻处于阳位,又处下卦巽之初,有阴柔者浮躁欲动之象。处姤之时,阴柔者若盲目采取行动,必会发生不测之祸,如遇到坏人、凶险之事等等,故爻辞中说:"有攸往,见凶"。爻辞"羸豕孚蹢躅(zhízhú)"则是对初六盲目采取行动的形象说明,意为初六就像烦躁不安的瘦猪一样。但是,初六阴爻与九四阳爻正相应合,因此,初六如果能放弃盲动,而去与九四应合,就会像"系于金柅(nǐ)"即拴系在用金属制成的刹车块上一样稳固、平安,并预示吉祥。对此,《象传》的解释是:"柔道牵也",即处柔之道是要受阳刚者的控制,初六去与九四应合,即接受阳刚者的控制,所以预示吉祥。

【经文+传文】

初六　系于金柅,贞吉。有攸往,见凶,羸豕孚蹢躅。

《象》曰:"系于金柅",柔道牵也。

【译文】

初六　拴系在车下用金属制成的刹车块上,占问得吉兆。有所前往,会有凶险,瘦弱的猪烦躁地来回走动。

《象传》说:"拴系在车下用金属制成的刹车块上",说明处柔之道是接受阳刚者的控制。

姤卦·九二阳爻

【本爻解析】

九二阳爻居下卦之中位,有阳刚者持守中道之象;阳刚者能持守中道,必能带来好处,故爻辞中说"包有鱼,无咎"。鱼在古代是吉祥、富裕的象征,故有此说。"不利宾",则指不利于用此鱼来招待宾客。至于具体原因,当与九二阳爻居于阴位、居位不当有关。

【经文 + 传文】

九二　包有鱼,无咎,不利宾。

《象》曰:"包有鱼",义不及"宾"也。

【译文】

九二　厨房里有鱼,没有灾殃,不宜用来招待宾客。

《象传》说:"厨房里有鱼",理应不用它来招待"宾客"。

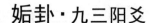

姤卦·九三阳爻

【本爻解析】

九三阳爻居位不中,上下皆无应合之爻,当姤之时,象征其无可遇合之对象;九三既无可遇合之对象,却又盲目外出求遇,其行必不顺利,故爻辞中说"厉"。爻辞"臀无肤,其行次且(zī jū)"是对九三的尴尬处境的形象化描述。但是,九三阳爻居于阳位,居位适当,故其行虽失据,但也不会造成什么大的祸患,故爻辞中又说"无大咎"。《象传》以"行未牵"来释爻辞"其行次且",说明九三之所以会行走困难,是因为没有能很好地控制自己的行为。

【经文+传文】

九三　臀无肤,其行次且,厉,无大咎。

《象》曰:"其行次且",行未牵也。

【译文】

九三　臀部没有皮肉,行走困难,有危险,但没有大的灾殃。

《象传》说:"行走困难",说明其行为没有受到控制。

姤卦·九四阳爻

【本爻解析】

九四阳爻与初六阴爻相应合，象征两者得遇。但是，九四阳爻居于阴位，居位不中不正，故虽可遇却最终不得相遇，对此，爻辞以"包无鱼"作喻。"包无鱼"即厨房中无鱼，九四的厨房中本来应该有鱼，现在此鱼却跑到了九二的厨房中（因九二爻辞为"包有鱼"），这当然不是什么好兆头，故爻辞中说"起凶"。《象传》则以鱼喻民，认为九四失去鱼就像统治者远离民众一样，所以预示有凶险。

【经文＋传文】

九四　包无鱼，起凶。

《象》曰："无鱼"之"凶"，远民也。

【译文】

九四　厨房里没有鱼，有凶险。

《象传》说："没有鱼"而"有凶险"，是因为远离民众。

姤卦·九五阳爻

【本爻解析】

九五阳爻居上卦之中位,当姤之时,有阳刚尊者行中正之道以求贤才之象。爻辞中的"以杞包瓜",指用杞柳的枝叶把瓜包裹起来,是用来形容九五的敬贤之心的,这里的"杞"指九五,"瓜"则指贤才。因为九五能发自内心地尊敬贤才,所以贤才最终会"陨自天",即从天而降。爻辞中的"含章"即隐含文采,是就九五居中守正而言的,此正如《象传》中所说:"九五'含章',中正也。"

【经文 + 传文】

九五　以杞包瓜,含章,有陨自天。

《象》曰:九五"含章",中正也。"有陨自天",志不舍命也。

【译文】

九五　用杞柳的枝叶包裹的瓜,隐含文采,从天上落下来。

《象传》说:九五爻辞中说的"隐含文采",是指九五阳爻居上卦之中位,象征其行中正之道。"从天上落下来",说明其志向是服从天命。

姤卦·上九阳爻

【本爻解析】

上九阳爻居《姤》卦之最上，下无可应合之爻，象征无适合相遇之对象。因动物的角位于动物的最上端，故爻辞以"姤其角"作喻。"姤其角"即碰到动物的角，动物的角通常较锐利，因此，碰到动物的角并非好事，故爻辞中说"吝"即有令人悔恨之事。但上九只是碰到动物的角，并未受到伤害，故爻辞又说没有灾殃。

【经文＋传文】

上九　姤其角，吝，无咎。

《象》曰："姤其角"，上穷"吝"也。

【译文】

上九　碰到兽角上，有令人悔恨之事，没有灾殃。

《象传》说："碰到兽角上"，说明向上发展到极端会"有令人悔恨之事"。

萃 第四十五

【本卦解析】

萃是会聚的意思。《萃》卦卦辞主要包含三个方面的内容。一是要会集众人，凝聚人心，必须采取有效的措施，卦辞中的"王假（gé）有庙"即君王前往宗庙祭祀就是一种极其有效的措施。因为君王在祭祀时，可以假借天或神的名义号令众人，使众人服从。二是要会聚在有才德的大人的麾下，即卦辞中所说的"利见大人"。三是要正心诚意，顺承天命，通过用大的牲畜来祭祀，达到天人感应，使天命得以彰显，此即卦辞中所说的"用大牲吉"。

《萃》卦的卦辞是极为吉利的，《彖（tuàn）传》对《萃》卦为什么预示吉利作出了全面的解释。首先是从《萃》卦上下卦的特点来看，《萃》卦下坤上兑，坤之德是柔顺，兑的特点是和悦，既柔顺又和悦，当然就能吸引众人前来相聚。其次是从《萃》卦的爻位结构来看，九五阳爻居上卦之中位，六二阴爻居下卦之中位，象征阳刚者居中正之位与阴柔者相应合，这样，居上位者公正无私、不偏不倚，在下位者心悦诚服，就能上下同心同德、团结和睦。三是从《萃》卦卦辞中的内容来看，"王假有庙""用大牲""见大人"，意谓当天下万物荟萃、财富充足的时候，君王前去宗庙祭祀，祭祀时用大的牲畜，与有才德的大人见面，这些都是顺乎天命、合乎礼仪之事，这样的行为，当然就会带来吉祥。

《象传》由《萃》卦兑上坤下象征"泽上于地"，推出君子应"除戎器，戒不虞"，其间的逻辑关系是：水泽在地的上面，则需筑堤坝拦挡（此与《临》卦的"泽上有地"不同），若堤坝不固，则难免会造成泽中之水横溢泛滥之灾；同样，社会上的人群以不同的方式聚集，也有可能造成冲突，出现暴力，所以君子应该准备兵器，严加防范。

【经文＋传文】

䷬（坤下兑上）萃　亨，王假有庙。利见大人，亨，利贞。用大牲吉。利有攸往。

《彖》曰：萃，聚也。顺以说（yuè），刚中而应，故聚也。"王假有庙"，致孝享也。"利见大人，亨"，聚以正也。"用大牲吉。利有攸往"，顺天命也。观其所聚，而天地万物之情可见矣。

《象》曰：泽上于地，萃。君子以除戎器，戒不虞。

【译文】

萃　亨通，君王前去宗庙祭祀。利于去见大人，亨通，有利之占问。祭祀时用大的牲畜为祭品则吉祥。利于有所前往。

《彖传》说：萃，是会聚的意思。《萃》卦下坤上兑，坤为顺，兑为悦，象征柔顺和悦；九五阳爻居上卦之中位，与六二阴爻相应合，象征阳刚者持守中道与阴柔者相应，所以才能聚合。"君王前去宗庙祭祀"，是献上表示对祖先尽孝的祭品。"利于去见大人，亨通"，是因为大家以正道相聚。"祭祀时用大牲畜为祭品则吉祥。利于有所前往"，因为这样做顺乎天命。观察事物聚合的特点，就可以明白天地万物的情状了。

《象传》说：《萃》卦下坤上兑，坤为地，兑为泽，象征水泽在地的上面，这就是《萃》卦的卦象。君子观此卦象，从而修治兵器，以防备意外之事。

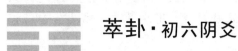

萃卦·初六阴爻

【本爻解析】

初六阴爻与九四阳爻相应合，因此，初六应与九四会聚。但是，初六阴爻居于阳位，居位不当，故不能遵行与九四相聚之正道，所以爻辞中说初六"有孚不终"，即不能始终对九四保持诚信。因为初六不能保持诚信，从而造成混乱聚合。不过，初六最终能够醒悟，而去与九四会聚，故"无咎"。

【经文＋传文】

初六　有孚不终，乃乱乃萃，若号，一握为笑，勿恤，往无咎。

《象》曰："乃乱乃萃"，其志乱也。

【译文】

初六　有诚信，但不能保持至终，从而造成混乱聚合，并且大声号哭，很快又破涕为笑。不用担忧，前往没有灾殃。

《象传》说："造成混乱聚合"，是因为其心志出现了迷乱。

萃卦·六二阴爻

【本爻解析】

六二阴爻居下卦之中位，与居上卦之中位的九五阳爻相应合，象征阴柔中正的臣子得到阳刚中正的君主的信任和提拔，故爻辞中说"引吉，无咎"。因为此吉祥是受他人的引领而获得的，承受者心中无底，所以爻辞用"无咎"即没有灾殃予以明示。接下来的"孚乃利用禴（ yuè ）"，指的是因为内心诚信，可以感格神灵，所以才能用祭品较为简单的禴祭。

【经文＋传文】

六二　引吉，无咎，孚乃利用禴。

《象》曰："引吉，无咎"，中未变也。

【译文】

六二　受人引领而获吉祥，没有灾殃，只要有诚信，就利于举行祭品较为简单的禴祭。

《象传》说："受人引领而获吉祥，没有灾殃"，是因为六二阴爻居下卦之中位，象征其守中道之志向没有改变。

萃卦·六三阴爻

【本爻解析】

六三阴爻居于阳位,所处的位置不当;六三上无应合之爻,象征无可相聚之对象,故六三会忧愁叹息,并得不到什么利益。但是,六三处于九四阳爻之下,当无合适的相聚对象时,便去与九四相聚。六三与九四相聚,象征阴柔者顺从阳刚者,所以爻辞说"往,无咎",即前去相聚而不会有灾殃。然而,六三与九四相聚毕竟不太合于相聚之正道,故爻辞中又说"小吝",即会有小小的悔恨。

【经文+传文】

六三 萃如嗟如,无攸利,往,无咎,小吝。

《象》曰:"往,无咎",上巽(xùn)也。

【译文】

六三 聚在一起忧叹,得不到什么利益,前往,没有灾殃,但有小小的令人悔恨之事。

《象传》说:"前往,没有灾殃",是因为六三阴爻顺从九四阳爻,象征阴柔者顺从居于上位的阳刚者。

萃卦·九四阳爻

【本爻解析】

九四爻辞为"大吉，无咎"，这里有两个问题需要厘清：一是九四为什么会预示"大吉"？二是九四既已"大吉"，为什么又要加上"无咎"两字？关于第一个问题，通常的理解是：《萃》卦下坤上兑，以君臣关系而言，坤象征民众，九四阳爻位于坤卦之上，象征其大得民心，受到民众的普遍拥戴，所以说"大吉"。关于第二个问题，一是因为九四阳爻居于阴位，处位不当；二是因为九四虽大得民心，但与九五阳爻相比，仅是处于臣位，处于臣位而大得民心，有功高震主之虞，故虽大吉而无咎。对此，《象传》的解释十分恰当："'大吉，无咎'，位不当也。"

【经文＋传文】

九四　大吉，无咎。

《象》曰："大吉，无咎"，位不当也。

【译文】

九四　大吉，没有灾殃。

《象传》说："大吉，没有灾殃"，是因为九四阳爻居于阴位，所处的位置不适当。

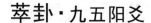

萃卦·九五阳爻

【本爻解析】

九五阳爻居上卦之中位，象征阳刚尊者居中守正，是《萃》卦的主爻。九五爻在《萃》卦中虽象征君主，但是，民众纷纷拥戴九四而不是九五，所以，九五为了保有其地位，就必须利用权力积聚财富，但这种做法势必造成众人的反感，所以说"匪孚"即不能让众人信服。但是，由于九四能恪守臣道，不至于对九五造成威胁，所以九五可以长保其位，而不会有令人悔恨之事，故爻辞中说"元永贞，悔亡"。

【经文＋传文】

九五　萃有位，无咎，匪孚。元永贞，悔亡。

《象》曰："萃有位"，志未光也。

【译文】

九五　聚集财富以保有其位，没有灾殃，但是不能让众人信服。占问长期之事的吉凶，没有令人后悔之事。

《象传》说："聚集财富以保有其位"，说明其志向尚未能发扬光大。

萃卦·上六阴爻

【本爻解析】

上六阴爻居《萃》卦之极，下无应合之爻，象征没有可相聚之对象；上六居于九五阳爻之上，又象征臣子凌驾于阳刚君主之上，故其势极为危殆。但因上六涕泣知惧，心中战栗不安，所以最终不会有灾殃。

【经文＋传文】

上六　赍（jī）咨涕洟（yí），无咎。

《象》曰："赍咨涕洟"，未安上也。

【译文】

上六　叹息流涕，没有灾殃。

《象传》说："叹息流涕"，是因为居上位而心中不安。

升 第四十六

【本卦解析】

升是上升的意思。《升》卦的卦辞是十分吉利的，又是大为亨通，又是吉祥，又是利见大人。至于《升》卦为什么吉利，《彖（tuàn）传》解释得十分清楚：《升》卦的初六、六四、六五、上六皆为阴爻，象征阴柔者的地位不断上升；《升》卦下巽（xùn）上坤，象征谦逊而柔顺；九二阳爻居下卦之中位，与居上卦之中位的六五阴爻相应合，象征阳刚者持守中道而与阴柔者相应。阴柔者的地位不断上升，象征一个人的职位不断升迁，当然利于与有才德的大人相见，而用不着担心或忧虑；一个人的事业处于上升之势时，万事顺遂，所以"南征"可获吉祥。

在此需要说明的是"南征"的意义。"南征"即向南征伐，含义十分清楚，问题是为什么这里要说"南征"，而不是西征、东征呢？这是因为：正如房屋朝南，意味着面向阳光；南方与北方相比，显得更为温暖，因此，南有光明、温暖之意。而从《升》卦的卦象来看，下巽上坤，象征万物在大地上生长，而光明、温暖之地，无疑更适合万物的生长，所以说"南征吉"。

《象传》由《升》卦上坤下巽象征"地中生木"，推出君子"以顺德，积小以高大"，其间的逻辑关系是：树木从地上长出后，会不断地变大变高；君子观此卦象，从而随顺事物本身的特性，不横加干涉，使其不断地发展壮大。

【经文＋传文】

（巽下坤上）升　元亨，用见大人，勿恤。南征吉。

《象》曰：柔以时升，巽而顺，刚中而应，是以大亨。"用见大人，勿恤",有庆也。"南征吉",志行也。

《象》曰:地中生木,升。君子以顺德,积小以高大。

【译文】

升 大为亨通,利于去见大人,不用担忧。向南征伐,吉祥。

《彖传》说:《升》卦的初六、六四、六五、上六皆为阴爻,象征阴柔者根据时间条件不断地上升;《升》卦下巽上坤,象征谦逊而又柔顺;九二阳爻居下卦之中位,与居上卦之中位的六五阴爻相应合,象征阳刚者持守中道而与阴柔者相应,所以大为亨通。"利于去见大人,不用担忧",说明将有吉庆之事。"向南征伐,吉祥",说明其志向得以实行。

《象传》说:《升》卦上坤下巽,坤为地,巽为木,象征地上生长树木,这就是《升》卦的卦象。君子观此卦象,从而顺从事物的特性,使其逐渐积累,由小变大。

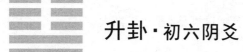# 升卦·初六阴爻

【本爻解析】

初六阴爻处于《升》卦的最下位,《象传》以"地中生木"来说明《升》卦的卦象,据此,则初六恰如树木最下的部位,此部位"允升"即诚信而上升,则根基扎实,为日后长成枝繁叶茂的大树打下了坚实的基础,所以预示"大吉"。

【经文＋传文】

初六　允升,大吉。

《象》曰:"允升,大吉",上合志也。

【译文】

初六　诚信而上升,大为吉祥。

《象传》说:"诚信而上升,大为吉祥",是因为初六与居于上位的人心志相合。

升卦·九二阳爻

【本爻解析】

九二阳爻居下卦之中位，与六五阴爻相应合，象征阳刚者持守中道，且能以诚信自守，从而得到六五阴柔尊者的信任。九二具此美德，所以即使用祭品不丰厚的禴（yuè）祭也能"无咎"即没有灾殃。

【经文＋传文】

九二　孚乃利用禴，无咎。

《象》曰：九二之"孚"，有喜也。

【译文】

九二　心存诚信，利于举行祭品较为简单的禴祭，没有灾殃。

《象传》说：九二爻辞中说的"诚信"，是指因为诚信而将有喜庆之事。

升卦·九三阳爻

【本爻解析】

九三阳爻居下卦之最上，即将进入上卦坤，坤为阴为虚，故爻辞以"升虚邑"作喻。九三爻辞只有"升虚邑"三个字，并无判断吉凶之语，但应属吉无疑。因为"升虚邑"即登上空虚的城邑，意味着上升时不遇任何阻力，可放心大胆地继续升进。

【经文＋传文】

九三　升虚邑。

《象》曰："升虚邑"，无所疑也。

【译文】

九三　登上空虚的城邑。

《象传》说："登上空虚的城邑"，说明心中没有任何疑虑。

升卦·六四阴爻

【本爻解析】

六四阴爻居上卦之最下位，又在象征君主的六五阴爻之下，有柔顺之义，故《象传》中说"顺事也"，即六四能顺从服侍六五。六四能甘心顺从，当然就"吉，无咎"。关于爻辞"王用亨于岐山"，通常认为，此指商时纣王囚禁周文王，文王获释后在岐山举行祭祀活动。这样的行为，当然是吉祥而没有灾殃的。但也有人认为，这里的"王"指六五，而且是指殷王，因为六四是不能称"王"的。这种说法虽有一定依据，但显得过于拘泥。因为从爻象来看，六五居于君位，六四居于臣位，六四继续上升，便由臣变君，此正与周文王表面上臣事商纣王，私下里则励精图治，积蓄实力，为以周代商打下基础之事颇为相似。

【经文+传文】

六四　王用亨于岐山，吉，无咎。

《象》曰："王用亨于岐山"，顺事也。

【译文】

六四　君王在岐山举行祭祀活动，吉祥，没有灾殃。

《象传》说："君王在岐山举行祭祀活动"，这是顺从服事居于上位者。

升卦·六五阴爻

【本爻解析】

六五阴爻居上卦之中位，下与九二阳爻相应合，仿佛君主在臣子的拥戴下升至尊位，故爻辞说"贞吉，升阶"，《象传》也说六五"大得志也"。

【经文＋传文】

六五　贞吉，升阶。

《象》曰："贞吉，升阶"，大得志也。

【译文】

六五　占问得吉兆，沿着台阶级级上升。

《象传》说："占问得吉兆，沿着台阶级级上升"，说明其志向得到了充分实现。

升卦·上六阴爻

【本爻解析】

上六爻辞"冥升,利于不息之贞",按字面意思理解,就是:在昏暗中继续升进,利于占问正在不停地进行的事情。通行的观点认为,上六已升到极端,怎么能再继续上升呢?所以,这里的"冥",应是昏昧的意思,"冥升"也就是盲目升进的意思;至于"不息",也不能理解为不停息,而是返回的意思;而且,《象传》中的"消不富",也不能理解成消除不富,而应理解成自我消减,使不富。笔者认为,这种理解显得十分牵强。因为爻辞"利于不息之贞"的含义是十分清楚的,就是要鼓励人们不停地前进,而生命不息,奋斗不止,勇往直前,不断进步,这本来就是人类的优秀品德。

【经文+传文】

上六　冥升,利于不息之贞。

《象》曰:"冥升"在上,消不富也。

【译文】

上六　在昏暗中继续向上升进,利于占问奋斗不息之事。

《象传》说:居于上位者"在昏暗中继续向上升进",目的在于消除不富足的状态。

困 第四十七

【本卦解析】

困是困穷的意思，因此，筮（shì）到《困》卦，便意味着不祥。然而，这是就普通人而言的。卦辞则撇开了普通人，专就有德有才之大人立论，认为大人筮到此卦，不但不是不祥，反而意味着亨通、吉祥、没有灾殃。这又是为什么呢？原来，在《周易》看来，小人在面临困境时，不是垂头丧气、怨天尤人，就是铤而走险、为非作歹。君子在面临困境时，则会在坚持固有原则的前提下，积极想办法摆脱困境，在这个过程中，既磨炼了自己的意志，又增长了自己的才干，所以，困境对君子而言，是其成就德性的辅助，甚至是一种难得的财富，所以预示着亨通、吉祥、没有灾殃。

《彖（tuàn）传》则以《困》卦的卦画结构为依据，从三个方面对《困》卦的卦辞作出了解释。首先是《困》卦为什么意味着陷入困境？这是因为，《困》卦上卦兑为阴卦，下卦坎为阳卦，阳处阴下，有阳刚被阴柔掩蔽之象；另外，上六阴爻居九五阳爻之上，九二阳爻被初六、六三两个阴爻包围，也有阳刚被阴柔掩蔽之象。而阳刚者被阴柔者所掩蔽，就意味着陷入困境。其次是为什么"大人"筮到《困》卦就预示着吉祥？这是因为，《困》卦的九二、九五两个阳爻代表大人，它们分别居下、上卦之中位，象征阳刚者持守中道，所以预示着吉祥。第三，解释卦辞中的"亨"字。《彖传》认为，《困》卦下坎上兑，坎为险，兑为悦，有君子身处险境而心中和悦之象，以这样的心态去对待困境，结果当然会亨通。

《象传》由《困》卦上兑下坎象征"泽无水"，推出君子应

"致命遂志"，其间的逻辑关系是：泽中无水，无疑是困穷的表现，君子在面临仿佛泽中无水那样的困境之时，就应该坚持原则，放弃幻想；而到了关键时刻，则哪怕牺牲自己的生命，也要努力去实现自己的志向。

【经文 + 传文】

（坎下兑上）困　亨。贞大人吉，无咎。有言不信。

《彖》曰：困，刚掩也。险以说（yuè），困而不失其所，"亨"，其唯君子乎。"贞大人吉"，以刚中也。"有言不信"，尚口乃穷也。

《象》曰：泽无水，困。君子以致命遂志。

【译文】

困　亨通。大人占问得吉兆，没有灾殃。说的话没有人相信。

《彖传》说：困，是指阳刚被阴柔所掩蔽。《困》卦下坎上兑，坎为险，兑为悦，象征身处险境而心中和悦，遭遇困厄而不改其操守，从而"亨通"，这大概只有君子才能做到吧。"大人占问得吉兆"，是因为九二和九五阳爻分别居下、上卦之中位，象征阳刚者持守中道。"说的话没有人相信"，是因为此时崇尚言辞，只会陷于绝境。

《象传》说：《困》卦上兑下坎，兑为泽，坎为水，象征泽中无水，这就是《困》卦的卦象。君子观此卦象，从而宁可献出生命，也要为实现自己的志向而奋斗。

困卦·初六阴爻

【本爻解析】

初六阴爻处于阳位，居位不正；初六处于《困》卦之始，又有阴柔者无力脱困之象。爻辞中的"臀困于株木"是喻示其坐困危城，难以自救。"幽谷"即昏暗不明的深谷，象征找不到出路。"三年不觌(dí)"则说明其受困的时间将会很长，短时间内难以脱困。

【经文＋传文】

初六　臀困于株木，入于幽谷，三岁不觌。

《象》曰："入于幽谷"，幽不明也。

【译文】

初六　臀部因触碰到树桩而受困，进入幽谷，三年不能相见。

《象传》说："进入幽谷"，说明陷于昏暗不明的境地。

困卦·九二阳爻

【本爻解析】

九二阳爻居下卦之中位,有阳刚者持守中道之象,所以爻辞中说"无咎"。但九二阳爻处于初六和六三两个阴爻之间,又有阳刚者受困之象。阳刚者受困,心中愤懑,只好以饮食自娱,以致因饮食过度而难受。但其能以刚中自守,安处困境,所以会受到有权势之人的赏识,而被提拔担任要职,爻辞中说"朱绂(fú)方来",即是此意。但九二虽能担任要职,其身处困境的状况并未改变,所以爻辞又说"征凶"即出征会面临凶险。来知德在《来氏易注》中说,孔明之事与九二爻辞极为吻合:"'困酒食'者,卧南阳也;'朱绂方来'者,刘备三顾也;'利用享祀'者,应聘也;'征凶'者,死而后已也;'无咎'者,君臣之义无咎也。"

【经文+传文】

九二　困于酒食,朱绂方来,利用享祀,征凶,无咎。

《象》曰:"困于酒食",中有庆也。

【译文】

九二　因酒食过度而难受,即将得到禄位,有利于举行祭祀活动,出征有凶险,最终没有灾殃。

《象传》说:"因酒食过度而难受",因为九二阳爻居下卦之中位,象征其行中道,所以有吉庆之事。

困卦·六三阴爻

【本爻解析】

六三爻辞中明确断以"凶"字，因此，六三是《困》卦六爻中最不祥的一爻。六三之不祥，是基于以下三个原因：一是以阴爻居阳位，居非其地；二是凌驾于九二阳爻之上，有阴柔者凌乘阳刚者之象；三是其上面受九四阳爻阻挡，使其脱困无路。爻辞中的"石"，指九四阳爻；"蒺藜（jílí）"，指九二阳爻；"宫"，指六三之位。这样，六三前进时被石头绊倒，跌倒后想爬起来，不料又把手按在带刺的蒺藜上；遭受挫折后想回家休息，家中又不见了妻子。六三真可谓倒霉之极，也是凶险之极。

【经文＋传文】

六三　困于石，据于蒺藜，入于其宫，不见其妻，凶。

《象》曰："据于蒺藜"，乘刚也。"入于其宫，不见其妻"，不祥也。

【译文】

六三　被石头绊倒，手按在蒺藜上，进入居室，见不到自己的妻子，有凶险。

《象传》说："手按在蒺藜上"，是因为六三阴爻居于九二阳爻之上，象征阴柔者凌乘阳刚者。"进入居室，见不到自己的妻子"，这是不祥之兆。

困卦·九四阳爻

【本爻解析】

九四以阳爻居阴位，所处的位置不适当，故"吝"即会有令人悔恨之事。但九四阳爻与初六阴爻正相应合，又预示着事情终将顺利。不过，九四与初六的应合过程也充满了阻碍，因为初六与九四之间隔着九二阳爻，它仿佛一辆挡在路上的"金车"，阻碍两者的应合，以致九四只能"来徐徐"即缓慢而行。但九四与初六的应合毕竟是大势所趋，九二的"金车"是无法阻挡的，所以结果是"有终"即有好的结局。

【经文＋传文】

九四　来徐徐，困于金车，吝，有终。

《象》曰："来徐徐"，志在下也。虽不当位，有与也。

【译文】

九四　缓缓而来，受到饰有金属的车子的困阻，有令人悔恨之事，但有好的结局。

《象传》说："缓缓而来"，说明其心志是与居于下位的初六阴爻相应合。九四阳爻居于阴位，所处的位置虽不适当，但仍能得到他人的帮助。

困卦·九五阳爻

【本爻解析】

九五阳爻居上卦之中位，象征阳刚者居中守正，这无疑是极为吉利之象；但九五在处于困境之时，以阳爻居阳位，象征行事过于刚猛，从而造成众叛亲离，所以有"劓刖（yìyuè）""困于赤绂"之灾。但九五毕竟是中正之阳刚者，所以慢慢地会脱离困境。面对这种险恶的情势，九五最适合做的事就是举行祭祀活动，通过祭祀来表明自己的心迹，以重新获得众人的拥护，故爻辞中说"利用祭祀"。

【经文＋传文】

九五 劓刖，困于赤绂，乃徐有说（tuō），利用祭祀。

《象》曰："劓刖"，志未得也。"乃徐有说"，以中直也。"利用祭祀"，受福也。

【译文】

九五 被割鼻砍足，在政治上遭受挫折，渐渐地有机会解脱，利于举行祭祀活动。

《象传》说："被割鼻砍足"，说明其志向未能实现。"渐渐地有机会解脱"，是因为九五阳爻居上卦之中位，象征中正刚直。"利于举行祭祀活动"，是因为这样做可以得到神灵的福佑。

困卦·上六阴爻

【本爻解析】

上六阴爻处《困》卦之极，物极必反，说明上六已距离脱困不远，只要大胆向前，必能吉祥，所以爻辞中说"征吉"。不过，上六虽预示吉祥，但毕竟仍处于困境之中，仿佛被葛藤缠住身子，心中难以安定。而且，那葛藤又遍地都是，你只要一行动，就会被缠住。在这种情况下，上六就必须认清形势，意识到葛藤毕竟是柔软之物，它只是一些小小的障碍，与其在这些小小的障碍面前动辄得咎，还不如干脆采取果断的行动，以一举摆脱困境，这就是"征吉"的确切含义。

【经文＋传文】

上六　困于葛藟（lěi），于臲卼（nièwù），曰动悔有悔，征吉。

《象》曰："困于葛藟"，未当也。"动悔有悔"，吉行也。

【译文】

上六　被葛藤缠住，处于不安定的状态中，意识到只要一动就会出现令人后悔之事，从而心中悔悟，出征则吉利。

《象传》说："被葛藤缠住"，是因为行动不当。"意识到只要一动就会出现令人后悔之事，从而心中悔悟"，说明前行可获吉祥。

井 第四十八

【本卦解析】

井指水井，在古代社会，水井是人们生活中不可或缺的。《周易》的作者通过对水井的观察，发现了它的三个特点：一是固定性，"改邑不改井"，村邑可以迁移，水井却无法迁移，一旦掘成，它就会永远固定在那里；二是恒常性，不管人们如何汲水，水井总是保持它相对稳定的水位，即所谓"无丧无得"；三是能养人，能给人们的生活带来方便，所以人们才"往来井井"，即来来往往地从井中汲水。根据水井的上述特性，卦辞中告诉人们，在生活和工作中，一定要保持恒常的德性，否则，就会像"汔（qì）至亦未缋（yù）井，羸其瓶"那样，带来凶险。也就是说，筮（shì）到《井》卦，如果不能保持恒常的德性，如在工作中半途而废，在感情上见异思迁，就会有凶险；反之，就不会有凶险。

《彖（tuàn）传》主要以《井》卦的卦画结构为依据，来解释卦名和卦辞。首先是《井》卦下巽（xùn）上坎，坎为水，所以意味着"巽乎水而上水"，即汲水的器具入水把水汲上来，因此，该卦便用来指水井。其次是解释为什么井具有固定不变的特性。《彖传》认为，《井》卦中的九二、九五两个阳爻分别居下、上卦之中位，有阳刚者持守中道、恒久不变的意义，所以《井》卦的井有恒久固定之义。

《象传》由《井》卦下巽上坎象征"木上有水"，推出君子"以劳民劝相"，其间的逻辑关系是：井水有养人、益人之功用，井水的这一功用的实现，需要付出劳动，需要把井水从井中提上来；君子受此启发，从而切实行动起来，去做有益于民众的事情，这就是去慰劳民众，劝勉他们互相帮助。

【经文＋传文】

☴ （巽下坎上）井　改邑不改井，无丧无得，往来井井。汔至亦未繘
井，羸其瓶，凶。

《彖》曰：巽乎水而上水，井。井养而不穷也。"改邑不改井"，乃
以刚中也。"汔至亦未繘井"，未有功也。"羸其瓶"，是以"凶"也。

《象》曰：木上有水，井。君子以劳民劝相。

【译文】

井　村邑迁移而井不会迁移，井水总是恒定的，不会因为人们是
否取用而减少或增加，人们来来往往从井中汲水。汲水用的瓦器提至
井口而未出井口时倾覆毁坏，有凶险。

《彖传》说：《井》卦下巽上坎，巽为入，坎为水，象征汲水的器具入水
把水汲上来，这就是井的意义。井水养育人民，永远不会枯竭。"村邑迁
移而井不会迁移"，是因为《井》卦的九二和九五阳爻分别居下、上卦之
中位，象征阳刚者持守中道。"汲水用的瓦器提至井口而未出井口"，说明
井水的功用还未实现。"汲水的瓦器倾覆毁坏"，所以会"有凶险"。

《象传》说：《井》卦下巽上坎，巽为木，坎为水，象征用木制的器具把
水汲上来，这就是《井》卦的卦象。君子观此卦象，从而慰劳民众，并劝
勉他们互相帮助。

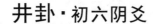

井卦·初六阴爻

【本爻解析】

初六阴爻居《井》卦之最下位，阴柔卑弱，仿佛井底之淤泥，使井水无法食用；又仿佛久已废弃之旧井，连鸟兽也不来光顾。以人事言之，则仿佛处于社会最底层之人，无依无靠，无人搭理；不仅如此，他还会增加社会的负担，给正常的社会秩序带来麻烦，此正与"井泥不食"即井中的淤泥使井水无法食用相似。

【经文＋传文】

初六　井泥不食。旧井无禽。

《象》曰："井泥不食"，下也。"旧井无禽"，时舍也。

【译文】

初六　井中污泥沉积，井水不可饮用。废弃的旧井没有鸟兽前来。

《象传》说："井中有污泥沉积，井水不可饮用"，是因为初六阴爻居《井》卦之最下位，象征所处的位置十分卑下。"废弃的旧井没有鸟兽前来"，说明此时该井已被人们舍弃不用。

井卦·九二阳爻

【本爻解析】

九二的状况比初六要好些,因为爻辞中的"井谷射鲋(fù)",说明井底被淤泥堵塞的状况已有改变,井中已经有水,虽然水不多,但里面已有游动的鲫鱼。但是,因为九二以阳爻居阴位,居位不正,且与上面的九五阳爻不相应合,象征"无与"即缺乏他人的帮助,因此九二的处境仍十分尴尬。从爻辞来看,这种尴尬反映在两个方面:一是不能发挥井水养人的正常功能,而只被人们用于用箭射鱼;二是汲水用的陶制器皿破漏,无法从井中汲水。

【经文+传文】

九二　井谷射鲋,瓮敝漏。

《象》曰:"井谷射鲋",无与也。

【译文】

九二　射击井底的鲫鱼,汲水用的陶制容器破裂漏水。

《象传》说:"射击井底的鲫鱼",说明缺乏别人的帮助。

井卦·九三阳爻

【本爻解析】

九三以阳爻居阳位，又与上六阴爻相应合，因此，九三爻意味着阳刚得正，能正常地发挥作用。爻辞中的"井渫（xiè）""可用汲"即井水已洁净，可以饮用，正是反映这一状况的。但是，九三只是居《井》卦的下卦之上位，没有像九五那样以阳刚居中正之位，这样，九三的功用便打了折扣，即九三不一定能受到重用，这正如爻辞中所说："井渫不食，为我心恻"，即井水已洁净而不被饮用，使我感到伤心。不过，爻辞中也明确指出，九三面临的这一状况，与居于尊位的人有极大的关系，居于尊位的人如果英明，九三是不会被弃置不用的，即所谓"王明，并受其福"。

【经文＋传文】

九三　井渫不食，为我心恻。可用汲，王明，并受其福。

《象》曰："井渫不食"，行"恻"也。求"王明"，受福也。

【译文】

九三　井水已洁净而不饮用，使我感到伤心。可以汲取这井水，若君王圣明，可使大家共享其福。

《象传》说："井水已洁净而不饮用"，这种行为确实"令人伤心"。祈求"君王圣明"，是为了享受福泽。

井卦·六四阴爻

【本爻解析】

六四阴爻居于阴位,处位适当;但六四与初六阴爻不相应合,本身又阴柔无力,故此时应养德以待时,而不可急于求进。爻辞中的"井甃（zhòu）",意为修砌井壁,以使水井能更好地发挥其功能,反映的正是注重自我修养以待时的意思。《象传》以"修井也"三字释爻辞,似乎没有说出什么新的内容,其实不然,它是进一步提醒六四应把精力放在修井上,而不要去做别的,这样才会没有灾殃。

【经文＋传文】

六四　井甃,无咎。

《象》曰:"井甃,无咎",修井也。

【译文】

六四　修砌井壁,没有灾殃。

《象传》说:"修砌井壁,没有灾殃",说明此时修砌井壁是恰当的。

井卦·九五阳爻

【本爻解析】

九五阳爻居上卦之中位,象征阳刚者居中得正,完美无缺。就井水而言,清澈冰凉如寒泉,当属最佳,故九五爻辞中称"井洌(liè)寒泉,食",可谓恰当之极。因此,九五爻辞中虽无吉凶之断辞,但应属吉无疑。

【经文+传文】

九五　井洌寒泉,食。

《象》曰:"寒泉"之"食",中正也。

【译文】

九五　井水清澈,像冰冷的泉水,可以饮用。

《象传》说:"像冰冷的泉水一样的井水"可以"饮用",是因为九五阳爻居上卦之中位,象征其有中正之德。

井卦·上六阴爻

【本爻解析】

上六阴爻居《井》卦之最上位，象征井水已提离井口，井的养人、济人之功可得以实现，因此，上六意味着大功告成，故爻辞中说"元吉"即大为吉祥。在《周易》六十四卦中，上六或上九爻都处于事物转化的关口，因此上爻爻辞很少有说"元吉"的，《井》卦上六爻辞是少有的例外之一，这与井的特点直接相关。因为井水必须由下往上汲出才会有用，所以在《井》卦六爻中，越往上爻辞越显吉利。不过，上六的"元吉"也是有条件的，这就是一方面要有诚信，一方面要"勿幕"即汲水后不要把井盖盖上，以方便他人汲水，而这也正是井的无私济人之德的体现。

【经文+传文】

上六　井收勿幕，有孚，元吉。

《象》曰："元吉"在上，大成也。

【译文】

上六　水已从井中汲上来，不要把井口盖上，有诚信，大吉。

《象传》说：居于上位的上六"大吉"，是因为此时已大功告成。

革 第四十九

【本卦解析】

　　革是变革的意思。《革》卦无疑是极为吉祥的,因为卦辞中说:"元亨,利贞,悔亡。"不过,《革》卦的吉祥也是有条件的,这就是"巳日乃孚",即在祭祀时向神灵表示诚信。因为变革是极其重大的举措,只有变革者心存诚信,并有天时地利与人和,才能克服一切障碍,最终取得成功。

　　《彖(tuàn)传》则主要从三个方面来系统地论述变革之道。首先,它以《革》卦的卦画结构为依据,论述了变革的必然性:《革》卦下离上兑,离为火,兑为水泽,象征水和火之间互相争斗;离为中女,兑为少女,象征两个女子同居一室,其志向不相合,因此,必然会导致变革。其次,论述了变革时诚信、守正的重要性,认为变革者只有诚信、守正,变革才会获得众人的支持,取得"元亨"的结局。第三,论述了变革的时机和措施必须恰当,"革而当,其'悔'乃'亡'","革之时大矣哉",都从不同的角度论述了选择恰当的时机和措施进行变革的重要性。

　　《象传》由《革》卦上兑下离象征"泽中有火",推出君子"以治历明时",其间的逻辑关系是:泽本是聚水之地,现在却燃起了大火,这当然是极大的变化,因此《象传》称之为"革"。君子从这种变化中,认识到事物必然会发生变革,正如天地不断发生变革而形成一年四季一样。古代社会,人们根据历法来安排工作和生活,因此,历法不能混乱,历法的混乱意味着人们在工作和生活安排上的混乱。为了保证人们的工作和生活井然有序,君子就要"治历明时",即制定历法,明确四时变化之序。

【经文＋传文】

䷰（离下兑上）革　巳日乃孚，元亨，利贞，悔亡。

《彖》曰：革，水火相息，二女同居，其志不相得，曰革。"巳日乃孚"，革而信之。文明以说（yuè），大"亨"以正。革而当，其"悔"乃"亡"。天地革而四时成，汤武革命，顺乎天而应乎人。革之时大矣哉。

《象》曰：泽中有火，革。君子以治历明时。

【译文】

革　在祭祀之日对神灵表示诚信，大为亨通，有利之占问，没有令人后悔之事。

《彖传》说：《革》卦上兑下离，兑为水泽，离为火，象征水和火互相克制；兑为少女，离为中女，象征两个女子居住在一起，她们的志趣不能投合，所以意味着要发生变革。"在祭祀之日对神灵表示诚信"，这样在变革时人们才会信服。离为文明，兑为悦，象征在上位者推行文治教化，民众高兴和悦，因为持守正道而大为"亨通"。变革的时机和措施适当，自然不会有令人后悔之事。天地发生变革而使一年四季更替，商汤王和周武王发动推翻夏桀和商纣暴政的革命，既顺从天命，又合乎民心。适合时宜进行变革的意义真是伟大啊。

《象传》说：《革》卦上兑下离，兑为泽，离为火，象征泽中有火，这就是《革》卦的卦象。君子观此卦象，从而制定历法，明确时序变化。

革卦·初九阳爻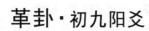

【本爻解析】

举行变革需要一定的条件,包括合适的时机,变革者的才能、权力大小,等等。初九处《革》卦之始,表明改革的时机并不成熟;且初九地位低下,才能不足,因此,此时若贸然进行变革,肯定不会有好的结局。但初九以阳爻居阳位,又有盲动的可能性,所以爻辞提醒初九必须克制自己,就像用黄牛皮把自己紧紧捆束起来一样,绝对不能采取行动。

【经文 + 传文】

初九　巩用黄牛之革。

《象》曰:"巩用黄牛",不可以有为也。

【译文】

初九　用黄牛皮革牢牢地捆束。

《象传》说:"用黄牛皮革牢牢地捆束",说明此时不宜采取行动。

革卦·六二阴爻

【本爻解析】

六二阴爻居于阴位，又处下卦之中位，上有九五阳爻与之相应合，象征阴柔者居中得正，又有阳刚尊者的支持，因此，六二若果断实行变革，必然顺利，所以爻辞中说"征吉，无咎"。不过，六二虽然有利于进行变革，但仍须选择合适的时机，这个时机就是"巳日"，即在举行祭祀时宣布改革，这样才能更好地起到凝聚人心、取信于民的效果。

【经文＋传文】

六二　巳日乃革之，征吉，无咎。

《象》曰："巳日""革之"，行有嘉也。

【译文】

六二　在祭祀之日推行变革，出征必吉利，没有灾殃。

《象传》说："在祭祀之日""推行变革"，这种行为必会带来吉庆。

革卦·九三阳爻

【本爻解析】

九三阳爻居于阳位,但位不居中,有阳刚者躁动之象,此时若继续按既定方针采取变革行动,将会面临凶险:"征凶,贞厉。"因此,此时九三必须调整自己的变革步伐,要多与别人商量,在取得他人的信任和支持后再进行变革,爻辞中的"革言三就,有孚",说的就是这个意思。

【经文+传文】

九三　征凶,贞厉。革言三就,有孚。

《象》曰:"革言三就",又何之矣。

【译文】

九三　出征有凶险,占问预示有危险。关于变革的言论要经过多次讨论才确定下来,并要有诚信。

《象传》说:"关于变革的言论要经过多次讨论才确定下来",除此之外还能怎么做呢?

革卦·九四阳爻

【本爻解析】

九四阳爻居于阴位,处位不正,会有令人后悔之事;但九四处于《革》卦下离上兑的交接部位,此时举行变革,时机极佳,故九四革而无悔。但爻辞中也提醒九四,要"有孚改命",即在变革时要有诚信,这样才会预示吉祥。若变革者考虑的只是自己的利益,或朝令夕改,则必有凶险。

【经文 + 传文】

九四　悔亡。有孚改命,吉。

《象》曰:"改命"之"吉",信志也。

【译文】

九四　没有令人后悔之事。有诚信,革除旧命,吉祥。

《象传》说:"革除旧命"而"获吉祥",是因为其志向为人们所信服。

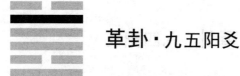

革卦·九五阳爻

【本爻解析】

九五阳爻居上卦之中位,有阳刚尊者居中守正之象,故爻辞以"大人"称之。大人居于尊位而发令变革,正像商汤王和周武王领导民众推翻暴虐的统治,这样的行为,用不着占问和怀疑,它必然体现着诚信和正道,所以爻辞说"未占有孚"。爻辞中的"虎变",指像虎一样进行变革,而虎的特点是威猛,这与九五阳刚尊者的性格吻合,所以"大人虎变"意为"像虎一样威猛地推行变革"。

【经文＋传文】

九五　大人虎变,未占有孚。

《象》曰:"大人虎变",其文炳也。

【译文】

九五　大人像虎一样威猛地推行变革,不用占问,大人之举必有诚信。

《象传》说:"大人像虎一样威猛地推行变革",说明大人的德行像虎身上的斑纹一样显著。

革卦·上六阴爻

【本爻解析】

上六居《革》卦之最上位，表示变革已经完成。此时该做的是如何巩固变革成果，而不是继续进行变革，因此爻辞中说"征凶，居贞吉"。"君子豹变"的说法与九五"大人虎变"相似，但一为君子，一为大人；一为豹，一为虎，两者之间还是存在区别的。其区别在于上六为阴爻，象征阴柔的臣子，故称君子，并以豹来象征；九五为阳爻居尊位，象征君主，故称大人，并以比豹子大而威猛的虎来象征。

【经文＋传文】

上六　君子豹变，小人革面。征凶，居贞吉。

《象》曰："君子豹变"，其文蔚也。"小人革面"，顺以从君也。

【译文】

上六　君子像豹一样灵活快捷地推行变革，小人因此而改正过错。出征有凶险，占问居处，得吉兆。

《象传》说："君子像豹一样灵活快捷地推行变革"，说明君子的德行像豹身上的斑纹一样华美。"小人改正过错"，说明他们能顺从君主的变革。

鼎 第五十

【本卦解析】

鼎指鼎器。在中国古代,鼎主要有两个方面的功用,一是用来烹煮或盛食物,二是象征国家政权。烹煮食物,使生命得以维持和延续;国家政权,则对人类的生活有举足轻重的影响,所以,《鼎》卦象征着大吉、亨通。

《彖(tuàn)传》主要从三个方面来论述《鼎》卦的意义。它首先解释《鼎》卦的卦画结构,认为《鼎》卦下巽(xùn)上离,巽为木,离为火,因此《鼎》卦象征以木烧火,烹饪食物。关于"鼎,象也",学者们多认为,其意为《鼎》卦恰像鼎的形状:初六阴爻像鼎之足,中间三个阳爻像鼎之腹,六五阴爻像鼎耳,上九阳爻像鼎铉(xuàn,横贯鼎耳以扛鼎的器具)。其次,指出鼎的功用是烹煮食物,而烹煮出来的食物则有两个方面的用途,一是用来祭祀上帝,二是用来奉养圣贤,即"亨以享上帝"和"大亨以养圣贤"。第三是以《鼎》卦的卦画结构为依据,解释为什么《鼎》卦预示"元亨":《鼎》卦下巽上离,巽为顺,象征谦逊,离为火,象征聪明,所以《鼎》卦象征内心谦逊而又耳聪目明。《鼎》卦包含初六、六五两个阴爻,从初六到六五,象征阴柔者的地位不断上升;六五居上卦之中位,与居下卦之中位的九二阳爻正相应合,象征阴柔者居于尊位,又能持守中道以与阳刚者相应。一个人既谦逊,又耳聪目明,又能持守中道,又能得到阳刚者的支持,当然就预示着大为亨通。

《象传》由《鼎》卦巽下离上象征"木上有火",推出君子"以正位凝命",其间的逻辑关系是:用鼎烹煮食物时,木柴的摆放必须端正,木柴按某种结构叠放在一起,才能产生烈焰;同时，木柴产生的火必须持久而集中，才能产生良好的烹煮食物的功效。君子正是从用木柴烹煮食物的形象和过程中，体悟到自己必须"正位凝命"，即端正自己的位置，完成自己的使命。

【经文 + 传文】

（巽下离上）鼎　元吉，亨。

《彖》曰：鼎，象也，以木巽火，亨饪也。圣人亨以享上帝，而大亨以养圣贤。巽而耳目聪明，柔进而上行，得中而应乎刚，是以元亨。

《象》曰：木上有火，鼎。君子以正位凝命。

【译文】

鼎　大吉，亨通。

《彖传》说：《鼎》卦像鼎器的形象，《鼎》卦下巽上离，巽为木为入，离为火，象征木头放入火中燃烧，这正是烹饪时的情形。圣人烹煮食物来祭祀上帝，而君主烹煮食物来奉养圣贤。巽为顺，离为明，象征人谦逊而又耳聪目明；从初六到六五阴爻，象征阴柔者的地位不断上升；六五阴爻居上卦之中位，与居下卦之中位的九二阳爻相应合，象征阴柔者持守中道而与阳刚者相应，所以大为亨通。

《象传》说：《鼎》卦下巽上离，巽为木，离为火，象征木头正在燃烧，这就是《鼎》卦的卦象。君子观此卦象，从而端正自己的位置，完成自己的使命。

鼎卦·初六阴爻

【本爻解析】

初六居《鼎》卦之初，仿佛鼎之足。鼎足须结实才能支撑全鼎，初六以阴爻居鼎足之位，阴为虚，则意味着鼎足不结实，故有鼎足颠倒之象。鼎足颠倒，这当然不是好事，但初六与九四阳爻相应合，预示反常中隐含正常：初六是以鼎煮物之始，以鼎煮物时，必先清洗鼎器，而鼎足颠倒朝上，恰有利于清除鼎中积存之秽物，故爻辞中说"利出否（pǐ）"。爻辞中的"得妾以其子"，是以具体的例子来说明"鼎颠趾，利出否"的含义。妾与妻相比，属低贱者；妾虽低贱，但妾生下来的儿子可继承宗祧（tiāo）而成为贵者。所以初六预示着"无咎"即没有灾殃。

【经文＋传文】

初六　鼎颠趾，利出否。得妾以其子，无咎。

《象》曰："鼎颠趾"，未悖也。"利出否"，以从贵也。

【译文】

初六　鼎倾倒，鼎足朝上，利于清除其中的污秽之物。得到妾和她的儿子，没有灾殃。

《象传》说："鼎倾倒，鼎足朝上"，这并没有违背事理。"利于清除污秽之物"，是因为倒出秽物后可纳入贵重之物，仿佛初六之顺从尊贵者。

鼎卦·九二阳爻

【本爻解析】

九二阳爻居下卦之中位,上与六五阴爻相应合,象征阳刚者持守中道而与阴柔尊者相应,所以预示吉祥。另外,九二处于鼎足之上,相当于鼎腹部位;九二为阳爻,阳为实,所以有鼎中盛满食物之象。爻辞中的"我仇有疾,不我能即,吉"一句,意思为:因为鼎中盛满了实物,仇人有病不能前来接近我,说明仇人无法分走或抢走鼎中的食物。那么此仇人是谁呢?很可能就是九三和九四阳爻,因为九二要与六五相应合,中间却隔着九三和九四,但九三"鼎耳革"即鼎耳脱落,九四"鼎折足"即鼎足折断,正是"有疾"之象,故九二预示吉祥。

【经文＋传文】

九二　鼎有实,我仇有疾,不我能即,吉。

《象》曰:"鼎有实",慎所之也。"我仇有疾",终无尤也。

【译文】

九二　鼎中盛满食物,我的仇人得了病,不能接近我,吉祥。

《象传》说:"鼎中盛满食物",说明出行时要慎重。"我的仇人得了病",说明最终不会有罪过。

389

鼎卦·九三阳爻

【本爻解析】

九三阳爻居下卦巽之极,与上九阳爻不相应合,象征行为失当,所以《象传》中说"失其义也",即九三的行为不恰当。对于九三失当的状况,爻辞中以"鼎耳革,其行塞,雉膏不食"来加以描述。鼎耳是鼎搬移时插抬杠用的部位,鼎耳脱落了,无法插抬杠,鼎就无法搬移;可是此时鼎中已煮好了肥美的野鸡肉,因鼎无法搬移,人们就不能马上食用,这种状况当然是不好的。但是九三毕竟是以阳爻居阳位,居位并没有不正;《鼎》卦的下卦巽又为阴卦,九三阳爻居于阴卦,又有阴阳和合之象,阴阳和合则会变成雨下降;当雨下降时,因吃不到野鸡肉而产生的懊悔情绪便会慢慢消除,所以最终预示吉祥,即所谓"方雨亏悔,终吉"。

【经文+传文】

九三　鼎耳革,其行塞,雉膏不食,方雨亏悔,终吉。

《象》曰:"鼎耳革",失其义也。

【译文】

九三　鼎耳脱落,难以搬移,肥美的野鸡肉一时无法吃到,天刚下雨,心中的后悔渐渐减少,最终吉祥。

《象传》说:"鼎耳脱落",说明其行为不恰当。

鼎卦·九四阳爻

【本爻解析】

九四阳爻居于阴位，上承六五阴柔之君，下与初六阴爻相应合，象征阳刚者居位不正，才智不足，君主委之以重任，他却起用阴柔小人，终于导致事情失败，所以预示有凶险。爻辞中的"鼎折足，覆公𫗧（sù），其形渥（wò）"，正是借用鼎足折断，鼎体倾覆，鼎中的食物洒落一地来比喻九四举措不当，最终造成凶险之事发生。

【经文＋传文】

九四　鼎折足，覆公𫗧，其形渥，凶。

《象》曰："覆公𫗧"，信如何也。

【译文】

九四　鼎足折断，把王公的美食都倒了出来，鼎身上沾满了食物，有凶险。

《象传》说："把王公的美食都倒了出来"，这种人怎么能信任呢。

鼎卦·六五阴爻

【本爻解析】

六五阴爻居上卦之中位,又与九二阳爻相应合,有阴柔尊者持守中道而得阳刚者辅佐之象,所以爻辞说"利贞"即有利之占问。爻辞中的"鼎黄耳"与六五所处的爻位有关:《鼎》卦六爻恰如一只鼎器,六五正处于鼎耳的位置;六五居上卦之中,而黄在五色中恰为中央之色,故称"鼎黄耳"。"金铉(xuàn)"指用金属制成的铉,铉是扛鼎的器具,这里的金铉一说指九二阳爻,因六五与九二相应,九二为阳刚者,故以"金铉"称之;一说指上九阳爻,因为上九恰处于鼎之铉的位置,且上九亦为阳刚者。二说均有一定道理。另外,拥有此"黄耳""金铉"之鼎者,必为富贵之家,所以筮到六五爻,即预示有利。

【经文 + 传文】

六五　鼎黄耳,金铉,利贞。

《象》曰:"鼎黄耳",中以为实也。

【译文】

六五　鼎有黄色的耳,有用金属制成的举鼎器具,有利之占问。

《象传》说:"鼎有黄色的耳",说明六五阴爻居上卦之中位,象征其持守中道而使自己富足。

鼎卦·上九阳爻

【本爻解析】

在《鼎》卦六爻中,上九处于"铉"的位置。当用鼎器烹煮好食物后,便用铉插入鼎器之两耳,抬至案前,供人享用;在祭祀活动中,则用来供神享用。因此,上九表示用鼎烹煮食物的事情已经完成,所以爻辞中说"大吉,无不利"。爻辞中的"鼎玉铉",指鼎配有用玉装饰的铉,铉是坚刚之物,玉是温润之物,因此,"玉铉"代表上九以阳爻居阴位,阴阳配合适度;同时,玉又是贵重之物,拥有玉铉的人,当比拥有六五中所说之金铉的人更加富贵,所以筮得上九,预示着"大吉,无不利"。

【经文 + 传文】

上九　鼎玉铉,大吉,无不利。

《象》曰:"玉铉"在上,刚柔节也。

【译文】

上九　鼎配有用玉装饰的扛鼎器具,大为吉祥,没有任何不利。

《象传》说:"用玉装饰的扛鼎器具"居于上位,说明刚柔之间配合适度。

震 第五十一

【本卦解析】

震是雷声震动的意思。《震》卦下震上震,震为雷,《震》卦象征双雷叠在一起,因此,确切地说,《震》卦的震指巨大的雷声震动的意思。随着春雷震动,万物重新开始生长;疾雷震动,可使人人危惧,改过从善,故雷震意味着亨通。卦辞"震来虩(xì)虩,笑言哑(è)哑。震惊百里,不丧匕鬯(chàng)"则是用来补充说明因雷震而导致亨通的情况的。巨雷震动,人们莫不感到震惊,此即所谓"迅雷风烈必变",但人们很快又能谈笑自若,这说明人们心中无愧。因为古人认为雷有赏善罚恶之功能,故没有作恶、心中无愧的人不用害怕雷声。举行祭祀活动时疾雷大作,祭祀者手持盛满了香酒的汤匙,里面的酒却一滴都没有洒落。祭祀者能如此神闲气定,说明其具有很高的道德修养。因此,上述卦辞正是通过人们闻雷声而不惧,来说明人们心中之亨通。

《彖(tuàn)传》对卦辞逐句作了解释,其核心思想是揭示由雷震而引起的心中惊惧的好处和作用:惊惧可以带来福泽,因为人惊惧后就能小心行事;惊惧可以使人们的行为符合规则,因为行为符合规则,才会心安理得,不再惊惧。至于心理素质好到可以丝毫不受雷震影响的人,则说明其德才兼备,有资格担任祭祀活动的主祭者,也就是担任国家的统治者。

《象传》由《震》卦下震上震象征"洊(jiàn)雷",推出君子应"恐惧修省(xǐng)",其间的逻辑关系是:古人认为,当人间有大的罪恶时,雷便会代天实施惩罚;"洊雷"指雷接续而至,代表上天极为震怒。君子看到此种情形,深刻认识到人间的不善将会带来的严重后果，从而惶恐惕惧，重视自我修养。

【经文＋传文】

䷲（震下震上）震　亨。震来虩虩，笑言哑哑。震惊百里，不丧匕鬯。

《彖》曰：震，"亨"。"震来虩虩"，恐致福也。"笑言哑哑"，后有则也。"震惊百里"，惊远而惧迩也。"不丧匕鬯"，出可以守宗庙社稷，以为祭主也。

《象》曰：洊雷，震。君子以恐惧修省。

【译文】

震　亨通。雷震令人恐惧，人们很快又谈笑自若。巨大的雷声使百里之内都受到震惊，祭神者却没有洒落一滴汤匙中用来祭祀的香酒。

《彖传》说：《震》卦预示"亨通"。卦辞中说"雷动令人恐惧"，说明恐惧能给人带来福泽。"人们谈笑自若"，说明恐惧后行为能符合准则。"巨大的雷声使百里之内都受到震惊"，说明无论远近都感到惊惧。"没有洒落一滴汤匙中用来祭祀的香酒"，这样的人就可以出来守护宗庙社稷，担任祭祀典礼的主祭人。

《象传》说：《震》卦下震上震，震为雷，象征雷接续而至，这就是《震》卦的卦象。君子观此卦象，从而心中惶恐惊惧，重视修身反省。

震卦·初九阳爻

【本爻解析】

初九阳爻居于阳位,居位得正,象征阳刚者持守正道而动,与《震》卦义旨颇合,故初九爻辞与卦辞的前半部分几乎一样。初九居《震》卦之初,闻雷声而能惊惧,因惊惧而注重自身修养,从而达到俯仰无愧、闻惊雷而仍能谈笑自若的境界,故预示吉祥。

【经文+传文】

初九 震来虩虩,后笑言哑哑,吉。

《象》曰:"震来虩虩",恐致福也。"笑言哑哑",后有则也。

【译文】

初九 雷声震动,人们恐惧不安,然后又谈笑自若,吉祥。

《象传》说:"雷声震动,人们恐惧不安",说明恐惧能给人带来福泽。"人们谈笑自若",说明人恐惧后行为能符合规则。

震卦·六二阴爻

【本爻解析】

六二阴爻居于初九阳爻之上，有阴柔者凌乘阳刚者之象，故预示有危险，并有丢失财物之灾。但六二阴爻居于阴位，又居下卦之中位，居中得正，又象征阴柔者持守中正之道，故虽丢失财物，但用不着去寻找，七天之内就会失而复得。

【经文＋传文】

六二　震来厉，亿丧贝，跻（jī）于九陵，勿逐，七日得。

《象》曰："震来厉"，乘刚也。

【译文】

六二　雷声震动，十分危险，丢失了大量钱财，登上高陵，不用追寻，七天之内会失而复得。

《象传》说："雷声震动，十分危险"，是因为六二凌乘阳刚者。

震卦·六三阴爻

【本爻解析】

六三阴爻居于阳位，居位不中不正，故听到雷声震动，心中便恐惧不安。但六三上承九四阳爻，下无凌乘阳刚之行为，加上闻雷而能戒惧审慎，故不会有灾祸。

【经文＋传文】

六三　震苏苏，震行，无眚（shěng）。

《象》曰："震苏苏"，位不当也。

【译文】

六三　雷声震动，恐惧不安，惊恐地前行，没有灾祸。

《象传》说："雷声震动，恐惧不安"，是因为六三所处的位置不适当。

震卦·九四阳爻

【本爻解析】

　　九四阳爻居于阴位,居位不正。其上下为四个阴爻,阳刚之德被众阴遮蔽,有阳刚君子在众多小人的包围下无力自拔之象,因此九四的处境十分不好。爻辞"震遂泥",指雷震时因恐惧而陷入泥泞,正是对九四的恶劣处境的形象描述。

【经文＋传文】

　　九四　震遂泥。

　　《象》曰:"震遂泥",未光也。

【译文】

　　九四　雷声震动,因恐惧而陷入泥泞之中。

　　《象传》说:"雷声震动,因恐惧而陷入泥泞之中",说明阳刚之德未能发扬光大。

震卦·六五阴爻

【本爻解析】

六五阴爻位于上卦震之中，又在下卦震之上面，有前后左右皆为雷震之象，故爻辞中说"震往来厉"。但六五阴爻居于阳位，又居上卦之中位，有阴柔者持守中道、积极有为之象，所以对做事情不会有任何影响。

【经文＋传文】

六五　震往来厉，亿无丧有事。

《象》曰："震往来厉"，危行也。其"事"在中，大"无丧"也。

【译文】

六五　雷声震动，往来不停，有危险，但对事情不会有任何影响。

《象传》说："雷声震动，往来不停，有危险"，说明行动要小心谨慎。做事情符合中道，所以不会有任何影响。

震卦·上六阴爻

【本爻解析】

上六阴爻居《震》卦之极，有阴柔者面临巨大雷震之象，上六处于此种境地，若妄行出征，必将面临凶险。但上六阴爻居于阴位，自知才弱，不敢轻举妄动，故雷震不会及于其身，而是击中了其相邻之人。上六从中获得教训，从而知道戒惧，因此不会有灾殃。另外，上六以阴爻居阴位，与六三阴爻不相应，故上六若去求婚姻之事，必会遇到麻烦，并受到责怪，所以爻辞中又说"婚媾有言"。

【经文+传文】

上六　震索索，视矍（jué）矍，征凶。震不于其躬，于其邻，无咎。婚媾有言。

《象》曰："震索索"，中未得也。虽"凶""无咎"，畏邻戒也。

【译文】

上六　雷声震动，令人恐惧，双眼彷徨四顾，出征会有凶险。雷电没有击中自己，而是击中了其邻居，没有灾殃。婚姻之事上会受到责怪。

《象传》说："雷声震动，令人恐惧"，是因为上六未居中位。虽然"有凶险"而"没有灾殃"，是因为畏惧邻居所遭受的灾难，从而心中戒惧。

艮 第五十二

【本卦解析】

　　艮（gèn）是止的意思。《艮》卦下艮上艮，艮为山，象征静止，故《艮》卦的艮是止的意思。引申至人事，则有控制欲望的意思。卦辞为我们举了一个极形象、极浅显的例子：一个人的背部止而不动，就不可能看见其背后的人，即使那个背后的人就与你同在一个庭院之中，你也不可能看见他。卦辞中所谓背后的人，是象征性的说法，用来比喻人们欲望的对象。人们如果见不到欲望的对象，慢慢地就没有邪欲，当然就不会有灾祸，所以卦辞说"无咎"。

　　《彖（tuàn）传》从三个方面来解释《艮》卦的卦名、卦画结构、卦辞及其意义。首先，解释艮的含义。《彖传》认为，艮是止的意思，但同时又强调，止不是指绝对的静止不动，而是指该止的时候就止，而到该行的时候还是要去行。因此，一个止字，包含了动和静的辩证法，即"动静不失其时"，也就是行动和静止都要适合时宜，只有这样，前途才会光明。其次，解释卦辞"艮其背"。《彖传》把卦辞中的"艮其背"改为"艮其止"，并说"艮其止"就是"止其所"，这里含有背部止而不动是最合适的止的意思，这也是就背部止而不动则见不到欲望的对象，从而不会起欲念而言的。第三，以《艮》卦的卦画结构为依据，解释卦辞中"不获其身"以下几句的意思。《彖传》认为，《艮》卦的同位爻之间都为阴爻或阳爻，互不应合，就像人与人之间相背而立、互不相见一样；互不相见，则不起欲念，所以不会有灾殃。

　　《象传》由《艮》卦下艮上艮象征"兼山"，推出君子应"思不出其位"，其间的逻辑关系是：《艮》卦象征两山重叠，止而又止，永不移动；君子受此启发，从而立于自己的本位来考虑问题，不去干涉他人的事务。

【经文＋传文】

䷳（艮下艮上）艮　艮其背，不获其身，行其庭，不见其人，无咎。

《彖》曰：艮，止也。时止则止，时行则行，动静不失其时，其道光明。艮其止，止其所也。上下敌应，不相与也，是以"不获其身，行其庭，不见其人，无咎"也。

《象》曰：兼山，艮。君子以思不出其位。

【译文】

艮　背部止而不动，见不到对方的身体；在庭院中行走，见不到对方的人，没有灾殃。

《彖传》说：艮，是止的意思。适合止的时候就止，适合行的时候就行，动和静都适合时宜，前途就会光明。《艮》卦所谓的止，是指止于该止的地方。《艮》卦的同位爻之间属于阴爻与阴爻、阳爻与阳爻相对应，就像敌对的双方，不能互相往来，所以说"见不到对方的身体，在庭院中行走，见不到对方的人，没有灾殃"。

《象传》说：《艮》卦下艮上艮，艮为山，象征两座山相重叠，这就是《艮》卦的卦象。君子观此卦象，从而不超越自己的本位去思考问题。

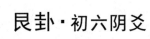

艮卦·初六阴爻

【本爻解析】

初六阴爻处于《艮》卦的最下面，仿佛人脚指头的部位，故以"趾"作喻。初六阴爻处于阳位，有阴柔者躁动之象，但其能"艮其趾"，即不贸然行动，所以不会有灾殃。爻辞在"无咎"后又补以"利永贞"，是因为初六处于艮止之初，艮止之道尚未完全展开，故只对长远之事有利，眼下则仅得无咎，而说不上有利。

【经文＋传文】

初六　艮其趾，无咎，利永贞。

《象》曰："艮其趾"，未失正也。

【译文】

初六　脚指头止而不动，没有灾殃，利于占问长远之事的吉凶。

《象传》说："脚指头止而不动"，说明初六没有背离正道。

艮卦·六二阴爻

【本爻解析】

六二阴爻居于阴位,有阴柔者静止不动之象,故爻辞中说"艮其腓(féi)"。"腓"指小腿肚子,此与六二居下卦之中位的位置有关。但六二意欲追随九三阳刚,因小腿肚止而不动,无法追随,故其心中不快活。对于爻辞"不拯其随",学者们众解纷纭,尤其是关于其中的"随"字,一说指随从初六阴爻,一说指追随九三阳爻。笔者认为,应以指追随九三为佳。《象传》中说"未退听也",也殊为费解,关键在于究竟指谁"退听"谁?一说指六二退听初六,一说指九三退听六二,一说指六二退听自己,等等。笔者认为,六二"退听",只能指"退听"初六,因初六"艮其趾",预示无咎;六二已"艮其腓",却又想追随九三,这说明其未能听从初六,像初六那样老老实实地艮止。

【经文 + 传文】

六二 艮其腓,不拯其随,其心不快。

《象》曰:"不拯其随",未退听也。

【译文】

六二 腿肚子止而不动,不能向上追随,心中不痛快。

《象传》说:"不能向上追随",说明没有退而听从别人的意见。

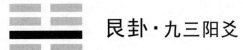

艮卦·九三阳爻

【本爻解析】

九三阳爻处下卦艮之最上位,在《艮》卦中处于仿佛人腰部的位置,故爻辞中说"艮其限"。九三阳爻居于阳位,本应有所行动,但九三居位不中,不能正确处理止与行的关系,只知死板地止而不动,从而造成夹脊肉撕裂的后果。九三该动而不动,面临危险而不知避开,虽心急如焚,亦只能坐视危险的来临,故爻辞中说其"厉薰心"。

【经文＋传文】

九三　艮其限,列其夤（yín）,厉薰心。

《象》曰:"艮其限",危"薰心"也。

【译文】

九三　腰部止而不动,造成夹脊肉撕裂,对危险的担忧像火烧灼其心一样。

《象传》说:"腰部止而不动",从而造成对危险的担忧"像火烧灼其心一样"。

艮卦·六四阴爻

【本爻解析】

六四阴爻处上卦艮之初,在《艮》卦中处于仿佛人上身的部位,故爻辞中说"艮其身"。六四阴爻居于阴位,居位得正,能自觉地止而不动,得《艮》卦"时止则止"之旨,故没有灾殃。

【经文 + 传文】

六四　艮其身,无咎。

《象》曰:"艮其身",止诸躬也。

【译文】

六四　上身止而不动,没有灾殃。

《象传》说:"上身止而不动",说明是自己让自己止而不动。

艮卦·六五阴爻

【本爻解析】

六五阴爻处上卦艮之中位，在《艮》卦中处于仿佛人脸颊的部位，故爻辞中说"艮其辅"。六五柔居尊位，守中得体，恰如人说话时极有条理分寸，所以不会有令人后悔之事。《象传》中说"以中正也"，"正"字疑为衍文，因为六五以阴居阳，只得中而未得正。

【经文＋传文】

六五　艮其辅，言有序，悔亡。

《象》曰："艮其辅"，以中正也。

【译文】

六五　控制自己的面颊，说话有条理，没有令人后悔之事。

《象传》说："控制自己的面颊"，说明六五能持守中道。

艮卦·上九阳爻

【本爻解析】

上九阳爻居于阴位,又居《艮》卦之极,有阳刚者当止则止、止得其所之象,故预示吉祥。爻辞中的"敦"、《象传》中的"厚",指的都是敦厚的意思,因上九属于阳爻,阳为实、为厚,故有此说。

【经文+传文】

上九　敦艮,吉。

《象》曰:"敦艮"之"吉",以厚终也。

【译文】

上九　很诚恳地止而不动,吉祥。

《象传》说:"很诚恳地止而不动"而"获吉祥",是因为上九能始终保持敦厚。

渐 第五十三

【本卦解析】

渐是渐进的意思。事物循序渐进地向前发展，则基础稳固，发展顺利，故卦辞中说"利贞"即有利之占问。卦辞中之所以"女归吉"作喻，一是因为古代女子出嫁，须经历纳采、问名、亲迎等六个步骤，十分恰当地反映了《渐》卦的渐进之义。二是《渐》卦下艮（gèn）上巽（xùn），艮为阳卦，巽为阴卦，有阴阳交通之象；又巽为顺，艮为止，可象征女子柔顺地到男方安家，与女子出嫁之意相合。

【经文＋传文】

（艮下巽上）渐　女归吉。利贞。

《彖（tuàn）》曰：渐之进也。"女归吉"也，进得位，往有功也。进以正，可以正邦也。其位刚得中也。止而巽，动不穷也。

《象》曰：山上有木，渐。君子以居贤德善俗。

【译文】

渐　女子出嫁，吉祥。有利之占问。

《彖传》说：渐，是渐进的意思。"女子出嫁，吉祥"，是因为阴柔者向上升进而居位得当，所以前往必可获成功。恪守正道而前进，可以使国家的治理步入正轨。九五阳爻居上卦之中位，象征阳刚者持守中道。《渐》卦下艮上巽，艮为止，巽为谦逊，象征安静而谦逊，这样其行动就不会陷于困境。

《象传》说：《渐》卦下艮上巽，艮为山，巽为木，象征山上有树木生长，这就是《渐》卦的卦象。君子观此卦象，从而不断地修养自己的美德并改善风俗。

渐卦·初六阴爻

【本爻解析】

初六阴爻处《渐》卦之初,象征渐进之始,故爻辞中用"鸿渐于干"为喻。大雁从水中飞到岸边,岸距水很近,所处的位置也很低。初六上无应爻,以之比喻人事,则仿佛社会中孤立无援之孩子,必会面临危险;其处事无经验,也会受到别人的责怪,故爻辞中说"小子厉,有言"。但初六能守其本分,不急不躁,以待将来之发展,故没有灾殃。

【经文 + 传文】

初六　鸿渐于干,小子厉,有言,无咎。

《象》曰:"小子"之"厉",义"无咎"也。

【译文】

初六　大雁渐渐飞至岸边,小孩有危险,会受到责怪,没有灾殃。

《象传》说:"小孩"虽有"危险",但理应"没有灾殃"。

渐卦·六二阴爻

【本爻解析】

六二阴爻居下卦之中位，居中得正，故爻辞中用"鸿渐于磐"作喻。大雁飞到磐石上，则安全稳固，从容自在。六二上承九三阳爻，又与九五阳爻相应合，像本分而又勤勉的臣子，积极地为阳刚者的事业而奔忙，从而能心安理得地享用阳刚者给予的俸禄，故爻辞中说"饮食衎(kàn)衎"即快乐地进食。六二能持守中正之道，勤勉努力，所以预示吉祥。唐朝时，郭子仪在平定安史之乱和仆固怀恩的叛乱中功勋卓著，使李唐江山危而复安，被封为汾阳郡王、太尉、中书令等，并被唐德宗尊为尚父，晚年享受荣华富贵，与此颇为相似。

【经文＋传文】

六二　鸿渐于磐，饮食衎衎，吉。

《象》曰："饮食衎衎"，不素饱也。

【译文】

六二　大雁渐渐飞至磐石，快乐地进食，吉祥。

《象传》说："快乐地进食"，说明不是白白吃饱饭。

渐卦·九三阳爻

【本爻解析】

九三阳爻居于阳位,居位不中,有阳刚者不守渐进之道、失道躁进之象,故爻辞用"鸿渐于陆"作喻。大雁离开水面到了陆地,则失去了适合其生存的场所。爻辞中的"夫征不复",正是指阳刚者躁进不已,从而有出征而不能回归之凶险。爻辞"妇孕不育"的"妇",当指六四阴爻。因九三不能安静地与初六、六二两个阴爻相守,上面又无应合之爻,故与六四阴爻亲比,仿佛男女间不以正道相合,导致女方怀孕,故虽有孕而不能生下来。爻辞"利御寇"则系告诫九三应与众人一起在家乡防御盗寇。

【经文＋传文】

九三　鸿渐于陆,夫征不复,妇孕不育,凶。利御寇。

《象》曰:"夫征不复",离群丑也。"妇孕不育",失其道也。"利"用"御寇",顺相保也。

【译文】

九三　大雁渐渐飞至陆地,丈夫出征一去不回,妇女怀孕而不能顺利生育,有凶险。有利于抵御敌寇。

《象传》说:"丈夫出征一去不回",说明他离开了共同生活的群体。"妇女怀孕而不能顺利生育",是因为其行为违背了正道。"有利于抵御敌寇",说明九三应该和顺地与众人一起互相保护。

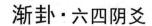

渐卦·六四阴爻

【本爻解析】

六四阴爻居于九三阳爻之上，又无应合之爻，有阴柔者凌乘阳刚者之象，其处境不是很好，故爻辞用"鸿渐于木"作喻。大雁属于水鸟，趾间有蹼，不宜栖息在树上，故大雁飞至树上，则象征其境遇不佳。但六四阴爻居于阴位，居位得正，象征其能守渐进之道；六四上承九五阳爻，又有顺从阳刚者之象，因此，《象传》说六四"顺以巽"，即具有柔顺谦逊之德。既然如此，六四当能摆脱其面临的不利局面，故爻辞中又说"或得其桷（jué）"，即大雁飞到了树上，栖止困难，却碰上了平直如方形椽子的树枝，从而得以安栖。六四既然能安栖，当然就不会有灾殃。

【经文＋传文】

六四 鸿渐于木，或得其桷，无咎。

《象》曰："或得其桷"，顺以巽也。

【译文】

六四 大雁渐渐飞至树上，或可栖息在平直如方形椽子的树枝上，没有灾殃。

《象传》说："或可栖息在平直如方形椽子的树枝上"，说明六四柔顺而又谦逊。

渐卦·九五阳爻

【本爻解析】

　　九五阳爻居上卦之中位，象征阳刚者居于尊位，故爻辞以"鸿渐于陵"作喻。但丘陵远离水边，其地虽高，却不利于大雁觅食，因此大雁飞至丘陵，意味着大雁陷于困境，故爻辞中以妇女三年不能怀孕作喻。九五与六二阴爻相应合，因此此处的"妇"当指六二而言。九五与六二虽相应合，但中间有九三和六四阻挡作梗，使其不能顺利相会，从而导致六二长期不能怀孕。不过，九五与六二均居上下卦之中位，且以阳居阳、以阴居阴，居位得正，象征阳刚者与阴柔者均能持守中正之道，并能互相配合，这样的力量，是谁都阻挡不了的，故爻辞中说"终莫之胜，吉"，即九五与六二最终必能顺利会合，并预示吉祥。

【经文+传文】

　　九五　鸿渐于陵，妇三岁不孕，终莫之胜，吉。

　　《象》曰："终莫之胜，吉"，得所愿也。

【译文】

　　九五　大雁渐渐飞至丘陵，妇女三年不能怀孕，但最终没有人能胜过她，吉祥。

　　《象传》说："最终没有人能胜过她，吉祥"，说明九五的心愿得到了实现。

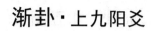

渐卦·上九阳爻

【本爻解析】

上九爻辞"鸿渐于陆"与九三爻辞相同，但上九预示吉祥而九三预示凶，可见上九爻辞中的"陆"字有误。高亨先生认为，此"陆"字当为"陂"字之误，陂指堤岸、水边，此说有一定的道理。因为上九居《渐》卦之极，物极必反，九五居于丘陵，已至最高位，故上九要返至适合大雁栖息的水边。大雁返至水边，居位得宜，仿佛人的行为合于礼仪，故爻辞中以大雁的羽毛可用于礼仪活动作喻。至于《象传》说"不可乱也"，是指把大雁的羽毛用于礼仪活动，使礼仪活动能按程式进行，不致混乱。当然，此"不可乱也"也有指上九的行为、心意不乱之意。

【经文＋传文】

上九　鸿渐于陆，其羽可用为仪，吉。

《象》曰："其羽可用为仪，吉"，不可乱也。

【译文】

上九　大雁渐渐飞至陆地，它的羽毛可用于礼仪活动，吉祥。

《象传》说："大雁的羽毛可用于礼仪活动，吉祥"，说明仪式不能混乱。

归妹 第五十四

【本卦解析】

归妹即嫁女的意思。《归妹》卦上震下兑，震为动，为长男；兑为悦，为少女，象征少女欣悦地顺从长男而动，故《归妹》卦意为嫁女。卦辞"征凶，无攸利"，征兆极为不好。《归妹》卦上震下兑，震为阳卦，兑为阴卦，下阴上阳，也有天地阴阳之气不交之象，故卦辞说"征凶，无攸利"。

《彖（tuàn）传》主要从两个方面说明《归妹》卦的卦名、卦画结构、卦辞及其意义。首先，《彖传》认为，"归妹"这一概念中蕴含三层意思。一是反映了天地阴阳交合的大道理。二是归妹意味着"人之终始"。所谓"人之终始"即人终而又始，不断繁衍发展。嫁出女儿、使男女婚配影响着人类的繁衍和发展，当然关系到"人之终始"。三是说明《归妹》卦的嫁出女儿之义是由其卦画结构所决定的，因为《归妹》卦下兑上震，兑为悦，震为动，象征女子心中喜悦，并随着男子而动，所以归妹指嫁出女儿。其次，以《归妹》卦的卦画结构为依据，解释卦辞"征凶，无攸利"。《彖传》认为，《归妹》卦的九二、九四两个阳爻处于阴位，六三、六五两个阴爻处于阳位，居位皆失当，象征人所处的位置不正，人处位不正，则所行不顺，故出征必有凶险；同时，《归妹》卦的六三阳爻居于九二阳爻之上，六五阴爻居于九四阳爻之上，象征阴柔者凌乘阳刚者，仿佛丈夫受制于妻子，君子受制于小人，上下颠倒，大失正道，以此行事，当然不可能得到什么利益。

《象传》由《归妹》卦下兑上震象征"泽上有雷"，推出君子应"永终知敝"，其间的逻辑关系是：泽上有雷，则泽随雷动，此恰如婚姻生活中的女随男动；君子受此启发，认识到自己在夫妻生活中处于主导和关键的地位，也认识到夫妻和睦对于家庭稳定的重要性，从而努力使夫妻关系保持至终，不让其半途夭折。

【经文＋传文】

（兑下震上）归妹　征凶，无攸利。

《彖》曰：归妹，天地之大义也。天地不交，而万物不兴。归妹，人之终始也。说（yuè）以动，所归妹也。"征凶"，位不当也。"无攸利"，柔乘刚也。

《象》曰：泽上有雷，归妹。君子以永终知敝。

【译文】

归妹　出征有凶险，得不到什么利益。

《彖传》说：嫁出女儿，让男女婚配，这样做符合天地间阴阳相结合的大道理。天地阴阳不相交合，则万物不能繁殖生长。男女婚配，是人类得以不断繁衍的基础。《归妹》卦下兑上震，兑为悦，震为动，象征心中喜悦而行动，所以可嫁出女儿。"出征有凶险"，是因为卦中六三、六五阴爻和九二、九四阳爻所处的位置不适当。"得不到什么利益"，是因为阴柔者凌乘阳刚者。

《象传》说：《归妹》卦下兑上震，兑为泽，震为雷，象征大泽上有雷声震动，这就是《归妹》卦的卦象。君子观此卦象，从而努力使夫妻关系保持至终，并知道婚姻不和谐的弊病。

归妹卦·初九阳爻

【本爻解析】

初九阳爻处《归妹》卦之初，上无应合之爻，恰如嫁给他人作妾之女子。"归妹以娣（dì）"，即嫁出女子而以该女子的妹妹陪嫁，这是中国古代的一种婚姻制度，此陪嫁之妹妹的地位就相当于后世的妾。妾在家中地位不高，仿佛足跛之人。但初九阳爻处于阳位，有女子具有贤德之象，故初九虽非正妻，但仍能贤惠地辅佐其夫及姊处理家务，仿佛足跛之人而仍能行走，所以预示行动可获吉祥。

【经文＋传文】

初九　归妹以娣，跛能履，征吉。

《象》曰："归妹以娣"，以恒也。"跛能履""吉"，相承也。

【译文】

初九　嫁出女子而以该女子的妹妹陪嫁，腿瘸而能行走，行动可获吉祥。

《象传》说："嫁出女子而以该女子的妹妹陪嫁"，这是符合伦常的做法。"腿瘸而能行走"，"吉祥"，是因为能帮助别人。

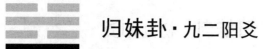

归妹卦·九二阳爻

【本爻解析】

九二阳爻居下卦之中位,当归妹之时,亦有女子具有贤德之象。但九二以阳居阴,居位不正;九二与六五阴爻相应合,六五又为居位不正的阴柔之人。因此,九二犹如女子嫁了个不争气的丈夫,无法享受生活之乐趣,故爻辞中以"眇(miǎo)"即瞎了一只眼睛来比喻九二所处之困境。但九二毕竟有守中之德,故虽处境不佳,仍能保持其贞正之德,不见异思迁,所以爻辞以"眇能视"作喻,而《象传》则称其"未变常"即能坚守正道。

【经文＋传文】

九二　眇能视,利幽人之贞。

《象》曰:"利幽人之贞",未变常也。

【译文】

九二　一只眼睛虽瞎而仍能视物,有利于幽居无争之人占问。

《象传》说:"有利于幽居无争之人占问",是因为九二能坚守正道。

归妹卦·六三阴爻

【本爻解析】

六三阴爻居于阳位，上无应合之爻，有阴柔者贪图非分之物之象。处归妹之时，仿佛女子本应做妾，却妄想做正室，结果未能得逞。爻辞中说"归妹以须，反归以娣"，就是指女子与其姐姐一同出嫁，按照规矩，应以姐姐为正室，妹妹为侧室，结果妹妹却以正室自居，而让其姐姐当侧室；这种做法违背伦常，所以最终该女子还是做了侧室。

【经文＋传文】

六三　归妹以须，反归以娣。

《象》曰："归妹以须"，未当也。

【译文】

六三　嫁出女子而以该女子的姐姐陪嫁，结果被遣归，仍以该女子作为陪嫁。

《象传》说："嫁出女子而以该女子的姐姐陪嫁"，这种做法太不妥当。

421

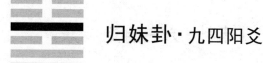

归妹卦·九四阳爻

【本爻解析】

九四阳爻居于阴位,下无应合之爻,象征有贤德的女子没有合适的配偶,故静而待时。爻辞中说"迟归有时",《象传》中说"有待而行",指的都是同一个意思。需要说明的是,九四延期出嫁,不是因为没有人看得上她,也不是她嫌贫爱富,挑三拣四,而是心有定见,一心要找志同道合的如意郎君。

【经文+传文】

九四　归妹愆(qiān)期,迟归有时。

《象》曰:"愆期"之志,有待而行也。

【译文】

九四　嫁出女子延误了时间,这样迟迟不嫁是想等待更好的机会。

《象传》说:"延误时间"的目的,是想等待更好的出嫁机会。

归妹卦·六五阴爻

【本爻解析】

六五阴爻居上卦之中位，与居下卦之中位的九二阳爻相应合，处归妹之时，仿佛身份尊贵的女子下嫁给贤德的臣子，故爻辞中以"帝乙归妹"作喻。六五阴爻居于中位，象征阴柔女子持守中道，重视道德修养，故虽然其服饰比不上陪嫁的妹妹漂亮，但仍然无损其尊贵的身份。"月既望"指月亮接近满盈，月亮属阴，代表六五；说月亮接近满盈，是指六五有谦逊之德，不骄傲自满。正因为六五为盛德之女子，故预示吉祥。

【经文＋传文】

六五　帝乙归妹，其君之袂不如其娣之袂良。月几望，吉。

《象》曰："帝乙归妹"，"不如其娣之袂良"也。其位在中，以贵行也。

【译文】

六五　帝乙嫁出女儿，嫁做正夫人的女儿的服饰不如陪嫁的妹妹的服饰好。月亮接近满月，吉祥。

《象传》说："帝乙嫁出女儿"，"嫁做正夫人的女儿的服饰不如陪嫁的妹妹的服饰好"。但是六五居于中位，是以尊贵的身份出嫁的。

归妹卦·上六阴爻

【本爻解析】

上六阴爻居于阴位，下面又无应合之爻，仿佛无男子与之相配之女子；上六处《归妹》卦之极，物极必反，则又有女子失去男子之象。《周易》以阳为实，以血为阴，因此，爻辞中的"女承筐无实""士刲（kuī）羊无血"，是指女子无阳无男、男子无阴无女之意，此皆为婚姻不成或男女相离之凶象，故爻辞说"无攸利"。

【经文＋传文】

上六　女承筐，无实；士刲羊，无血。无攸利。

《象》曰：上六"无实"，"承"虚"筐"也。

【译文】

上六　女子手中捧筐，筐里没有东西；青年男子杀羊，放不出血来。得不到什么利益。

《象传》说：上六爻辞中说的"没有东西"，是因为手中捧的是个空筐。

丰 第五十五

【本卦解析】

丰是丰盛、盛大的意思。《丰》卦下离上震，离为明，震为动，象征明智地行动。人能明智地行动，则可远离灾祸，所事有成，从而能不断积累而至丰盛，故《丰》卦的丰有丰盛、盛大的意思。

《彖（tuàn）传》从四个方面来解释《丰》卦的卦名、卦画结构、卦辞及其意义。首先，《彖传》认为，丰是大的意思，而丰之所以指大，是因为《丰》卦下离上震，离为明，震为动，象征人以光明之德指导其行动，从而能有大的成就，故丰有大的意思。其次，解释卦辞"王假（gé）之"。《彖传》认为，卦辞中说君王亲自前来，说明君王对盛德之人或盛大之事业表示重视。第三，解释卦辞"勿忧，宜日中"。《彖传》认为，卦辞中之所以说不用担忧，宜于像日在中天一样，是因为日在中天，则其光芒遍及天下，因此，盛德之人也应像中天之日一样，用其道德之光惠及天下。第四，揭示处"丰"之道。《彖传》指出，丰盛、盛大，这是人人所追求的，但是，正如太阳到了中天就会向西偏斜，月亮圆满后又会亏缺，万事万物都不可能是只盈满而不亏虚的，因此，人处于丰盛、盛大之时，当知亏虚不足之时，从而不骄傲自满。

《象传》由《丰》卦上震下离象征"雷电皆至"，推出君子应"折狱致刑"，其间的逻辑关系是：离象征光明、明察，雷象征威严，威严而明察，恰与人间断案施刑的情形相似。因此，君子效法电之明察，从而明智地判决案件；效法雷之威严，从而严厉地实施刑法。

（离下震上）丰　亨，王假之，勿忧，宜日中。

《彖》曰：丰，大也。明以动，故丰。"王假之"，尚大也。"勿忧，宜日中"，宜照天下也。日中则昃（zè），月盈则食，天地盈虚，与时消息，而况于人乎，况于鬼神乎？

《象》曰：雷电皆至，丰。君子以折狱致刑。

【译文】

丰　亨通，君王亲自前来，不用担忧，宜于像日在中天一样。

《彖传》说：丰，是盛大的意思。《丰》卦下离上震，离为明，震为动，象征明智地采取行动，所以盛大。"君王亲自前来"，说明君王崇尚盛大。"不用担忧，宜于像日在中天一样"，说明宜于用光明之盛德惠及天下。太阳到了中天，就会向西偏斜；月亮圆满了，就会亏缺，天地间的盈满和亏虚，都是随着时间而发生变化，更何况人呢，何况鬼神呢？

《象传》说：《丰》卦上震下离，震为雷，离为火为电，象征雷电交加，这就是《丰》卦的卦象。君子观此卦象，从而明智地判决案件，严厉地实施刑罚。

丰卦·初九阳爻

【本爻解析】

初九阳爻居《丰》卦之初，与九四阳爻不相应合，但处丰之时，两者同为阳爻，有以光明相应、相得益彰之象，所以爻辞中说"虽旬无咎"，即虽然两者势均力敌，但没有灾殃。而且，初九前去与九四相会，还会受到人们的尊崇——"往有尚"。

【经文＋传文】

初九　遇其配主，虽旬无咎，往有尚。

《象》曰："虽旬无咎"，过旬灾也。

【译文】

初九　遇到与自己相匹配者，虽然力量均等，但没有灾殃，前往会受到尊崇。

《象传》说："虽然力量均等，但没有灾殃"，说明均势一旦打破，便会有灾殃。

丰卦·六二阴爻

【本爻解析】

六二阴爻居于阴位,处丰之时,有阴暗之物不断增大之象,故爻辞以"日中见斗"作喻。"日中见斗"指正当日中之时,却出现了北斗星,这里反映的是日全食时的景象。日全食发生时,太阳被彻底遮蔽,天下一片黑暗;在黑暗中前往,因不知日食何时才会过去,加上看不清道路,所以会得疑心之病。但六二以阴居阴,又居下卦之中位,象征阴柔者居中得正,因此,六二只要向外显示其中正之德,便可摆脱困厄,而获吉祥。

【经文 + 传文】

六二 丰其蔀(bù),日中见斗,往得疑疾,有孚发若,吉。

《象》曰:"有孚发若",信以发志也。

【译文】

六二 增大遮蔽物,遮住了太阳,以致正午时出现了北斗星,此时前往会得疑心之病,表明自己的诚信,吉祥。

《象传》说:"表明自己的诚信",这是用诚信来表明自己的志向。

丰卦·九三阳爻

【本爻解析】

九三阳爻与上六阴爻相应合,上六居《丰》卦之极,仿佛极其巨大的旗幡遮住了太阳,故九三阳爻虽居于阳位,却仍处于极其昏暗之境。爻辞中的"日中见沬(mèi)",指发生日全食时,天空中出现了小星星。小星星比北斗星小得多,日中之时能见到小星星,说明九三的黑暗程度比六二要严重,故造成九三不慎"折其右肱"的后果。但九三以阳居阳,居位得正,故能于摔断右臂后惕然而惧,谨慎行事,所以不会有灾殃。

【经文 + 传文】

九三　丰其沛,日中见沬,折其右肱,无咎。

《象》曰:"丰其沛",不可大事也。"折其右肱",终不可用也。

【译文】

九三　增大旗幡,遮住了太阳,以致正午时出现了小星星,右臂折断,没有灾殃。

《象传》说:"增大旗幡",说明不可采取大的行动。"右臂折断",说明终究不能发挥作用。

丰卦·九四阳爻

【本爻解析】

九四阳爻居于阴位,有陷入黑暗之象,其状与六二相似,故其爻辞中亦有"丰其蔀,日中见斗"。不过,九四阳爻与初九阳爻存在应位关系,象征其能得初九的光明之助,故爻辞中说"遇其夷主,吉",这里的"夷主",指的就是初九。九四得初九之助,则其黑暗程度比九三要轻,因为九三黑得连小星星都能看到,九四则仅能见到北斗星。

【经文+传文】

九四 丰其蔀,日中见斗,遇其夷主,吉。

《象》曰:"丰其蔀",位不当也。"日中见斗",幽不明也。"遇其夷主",吉行也。

【译文】

九四 增大遮蔽物,遮住了太阳,以致正午时出现了北斗星,遇到与之同等之主,吉祥。

《象传》说:"增大遮蔽物",说明九四所处的位置不适当。"正午时出现了北斗星",是因为天色昏暗不明。"遇到与之同等之主",说明前行可获吉祥。

丰卦·六五阴爻

【本爻解析】

六五阴爻居于阳位,又居上卦之中位,有阴柔尊者光大其德之象,仿佛日食已经结束,太阳又重新焕发出明亮的光辉,故爻辞中说"来章",即光明重现。六五能自显其光明之德,所以预示吉祥,并有值得庆贺之事。

【经文 + 传文】

六五　来章,有庆誉,吉。

《象》曰:六五之"吉",有庆也。

【译文】

六五　光明重现,有吉庆和美誉,吉祥。

《象传》说:六五爻辞中说的"吉祥",是指有值得庆贺之事。

丰卦·上六阴爻

【本爻解析】

上六阴爻居于阴位，又居《丰》卦之极，有居于上位却又昏暗不明之象，故爻辞中以"丰其屋，蔀其家"作喻。因上六居于上位，象征有权有势之人，故有能力大造住宅；但其大造住宅的目的，不是为了广纳贤士，而是为了深居简出，不与他人往来，故爻辞中又说"阒（qù）其无人，三岁不觌（dí）"。因上六居于高位而不知施德于人，其行昏昧，所以预示有凶险。

【经文＋传文】

上六　丰其屋，蔀其家，窥其户，阒其无人，三岁不觌，凶。

《象》曰："丰其屋"，天际翔也。"窥其户，阒其无人"，自藏也。

【译文】

上六　扩大房屋，遮蔽居室，通过门窗窥视，发现里面空无一人，三年见不到面，有凶险。

《象传》说："扩大房屋"，说明上六身居高位，如在天空中飞翔。"通过门窗窥视，发现里面空无一人"，说明上六把自己藏了起来。

旅 第五十六

【本卦解析】

旅是出门旅行的意思。《旅》卦下艮（gèn）上离，艮为止，离有附丽、依附之义，象征人依附某处而止息，此正有外出旅行者找到旅店住下来的意思。《旅》卦的六五阴爻居上卦之中位，又位于上九阳爻之下，有阴柔者外出时持守中道并顺从阳刚者之义；《旅》卦下艮上离，艮为止，离为明，又象征外出者安静地依附于明德之人。人在外出时能谦逊自守，又能顺从有德的阳刚者，则其行必能顺利，故预示吉祥。但外出者只知依附、顺从他人，亦不可能有大的收获，故只是"小亨"即小事亨通。

【经文＋传文】

（艮下离上）旅　小亨，旅贞吉。

《彖（tuàn）》曰：旅，"小亨"，柔得中乎外而顺乎刚，止而丽乎明，是以"小亨，旅贞吉"也。旅之时义大矣哉。

《象》曰：山上有火，旅。君子以明慎用刑，而不留狱。

【译文】

旅　小事亨通，占问出门旅行之事，吉祥。

《彖传》说：旅，"小事亨通"，六五阴爻居外卦之中位，又位于上九阳爻之下，象征阴柔者在外持守中道，并顺从阳刚者；《旅》卦下艮上离，艮为止，离为明，象征安静地依附于明德之人，所以说"小事亨通，占问出门旅行之事可获吉祥"。选择合适的时机出门旅行有很重要的意义。

《象传》说：《旅》卦下艮上离，艮为山，离为火，象征山上有火在燃烧，这就是《旅》卦的卦象。君子观此卦象，从而在施用刑罚时明察慎重，又不拖延对案件的审判。

旅卦·初六阴爻

【本爻解析】

初六阴爻处《旅》卦之初，仿佛没有见过世面而又地位卑下的人初次踏上旅途，这样的人，在旅途中的表现肯定是举止猥琐，少见多怪，从而受到众人的鄙视。受到众人鄙视的人，往往容易招来灾祸，故爻辞中说"斯其所取灾"。

【经文+传文】

初六　旅琐琐，斯其所取灾。

《象》曰："旅琐琐"，志穷"灾"也。

【译文】

初六　出门旅行时举止猥琐，这是他自取灾祸。

《象传》说："出门旅行时举止猥琐"，这是因为初六没有志气，所以会"招来灾祸"。

旅卦·六二阴爻

【本爻解析】

六二阴爻居于阴位，又居下卦之中位，象征阴柔者居中得正。人在旅途中能持守中正之道，肯定不会有过失，故有平安住进旅店、怀中的钱财不丢失、得到忠诚的童仆等种种顺利的事情。这里的童仆指初六阴爻，因六二位居初六之上，故有此喻。

【经文＋传文】

六二　旅即次，怀其资，得童仆贞。

《象》曰："得童仆贞"，终无尤也。

【译文】

六二　旅途中住进客舍，怀藏着钱财，得到忠诚的童仆。

《象传》说："得到忠诚的童仆"，说明最终不会有什么过失。

旅卦·九三阳爻

【本爻解析】

九三阳爻居于阳位,有阳刚者躁进之象;加上九三居下卦之最上,居位不中,故有旅舍被焚之灾。从爻辞来看,九三与六二恰成对比:九三为"焚其次",六二为"即次";九三为"丧其童仆",六二为"得童仆贞"。九三的处境之所以与六二截然相反,就在于六二阴柔中正,而九三则阳亢失中。

【经文+传文】

九三　旅焚其次,丧其童仆,贞厉。

《象》曰:"旅焚其次",亦以伤矣。以旅与下,其义"丧"也。

【译文】

九三　旅途中所住的客舍被烧毁,失去了童仆,占问预示有危险。

《象传》说:"旅途中所住的客舍被烧毁",这也够令人悲伤的了。在旅行时苛待下人,当然会"失去童仆"。

旅卦·九四阳爻

【本爻解析】

九四阳爻居于阴位,又居上卦之初,居位不中不正,故有外出旅行而未能安居之象。爻辞中的"旅于处",指去某个地方旅行。去某个地方旅行时心中感到不痛快,就与九四居位不中不正有关。

【经文＋传文】

九四　旅于处,得其资斧,我心不快。

《象》曰:"旅于处",未得位也。"得其资斧",心未快也。

【译文】

九四　去某个地方旅行,得到了旅费,但心中仍然不痛快。

《象传》说:"去某个地方旅行",说明九四未能居于适当之位。"得到了旅费",但心中还是感到不痛快。

旅卦·六五阴爻

【本爻解析】

六五阴爻居上卦之中位,有柔顺守中之德;六五上承上九阳爻,又象征阴柔者顺从阳刚者。六五柔顺守中而又能顺承居于上位的阳刚者,故虽在射雉时射失了一支箭,但仍能得到美誉和赏赐。需要说明的是,在《周易》中,"五"通常为君位,但处于《旅》卦之中,"五"则指外出旅行之人,而不指君主,故《象传》中说"上逮",即六五能顺承居于上位者。

【经文+传文】

六五　射雉,一矢亡,终以誉命。

《象》曰:"终以誉命",上逮也。

【译文】

六五　用箭射野鸡,有一支箭没有射中,最终得到荣誉和赏赐。

《象传》说:"最终得到荣誉和赏赐",是因为六五能顺承居于上位者。

旅卦·上九阳爻

【本爻解析】

上九阳爻居《旅》卦之极,有出门旅行的人高高在上之象。出门旅行却表现出高高在上的样子,必然会引起众人的反感,从而招来不测之祸,令上九大哭不已。爻辞中的"丧牛于易"是用来补充说明上九为什么"号咷(táo)"的,因为上九在边界把牛丢了,无法找回,故悲伤痛哭。爻辞中的"鸟焚其巢"一句,值得令人玩味。《旅》卦下艮上离,艮为山,上九处《旅》卦之极,恰有山上的鸟巢之象;又离为火,上九在上卦离之最上,又恰好有鸟巢被焚之象。但此处的"鸟焚其巢"只是一种象征性的说法,用来比喻上九因高高在上而导致所住的旅舍被焚。

【经文+传文】

上九 鸟焚其巢,旅人先笑后号咷,丧牛于易,凶。

《象》曰:以旅在上,其义"焚"也。"丧牛于易",终莫之闻也。

【译文】

上九 鸟巢被烧毁,出门旅行的人先高兴地笑,后号啕大哭,在边界丢失了牛,有凶险。

《象传》说:出门旅行却又高高在上,其居室理应被焚毁。"在边界丢失了牛",最终也没有人来体恤过问。

巽 第五十七

【本卦解析】

巽（xùn）是逊顺、顺从的意思。《巽》卦的上下卦皆为巽，一个阴爻处于两个阳爻之下，有阴柔者顺从阳刚者之象，故巽指逊顺、顺从。《巽》卦的九五阳爻居上卦之中位，象征阳刚者持守中正之道；初六和六四两个阴爻都位于阳爻之下，象征阴柔者顺从阳刚者。阴柔者能顺从阳刚者，阳刚者又能持守中正之道，则诸事顺遂，故卦辞说利于有所前往；大人物通常喜欢听话、顺从的人，故卦辞又说利于去见大人。但是，只知一味顺从他人，不可能成就大的事业，故筮（shì）到《巽》卦，只是"小亨"即小事亨通。

【经文＋传文】

（巽下巽上）巽　小亨，利有攸往，利见大人。

《彖（tuàn）》曰：重巽以申命。刚巽乎中正而志行，柔皆顺乎刚，是以"小亨，利有攸往，利见大人"。

《象》曰：随风，巽。君子以申命行事。

【译文】

巽　小事亨通，利于有所前往，利于去见大人。

《彖传》说：《巽》卦下巽上巽，两巽相叠，象征上下顺从，从而可以不断发布命令。阳刚者持守中正之道，从而使其志向得以实行，阴柔者都顺从阳刚者，所以"小事亨通，利于有所前往，利于去见大人"。

《象传》说：《巽》卦下巽上巽，巽为风，象征风与风相随而吹，这就是《巽》卦的卦象。君子观此卦象，从而不断申述命令，推行政事。

巽卦·初六阴爻

【本爻解析】

初六阴爻处《巽》卦之初，有阴柔者柔弱卑顺之象。柔弱卑顺之人，在面临进退抉择时，往往会思虑再三，不轻易作出决定。爻辞中的"武人"指勇武之人，如军人、武士等。之所以要专指武人，就是怕初六过于小心，优柔寡断。武人在战场上面临该进攻还是退守的问题时能小心谨慎，反复考虑，则不会因盲动而陷于困境，故有利。《象传》中说的"志治也"，则是指武人在如何进退的问题上心有定见。

【经文＋传文】

初六　进退，利武人之贞。

《象》曰："进退"，志疑也。"利武人之贞"，志治也。

【译文】

初六　不轻易决定进退，勇武之人占问有利。

《象传》说："不轻易决定进退"，说明心中存在疑虑。"勇武之人占问有利"，说明其心有定见。

巽卦·九二阳爻

【本爻解析】

九二阳爻处于阴位，当巽之时，有阳刚者谦逊顺从之象，故爻辞中以"巽在床下"作喻。九二阳爻居下卦之中位，则又有阳刚者持守中道之象。阳刚者持守中道，又能谦逊顺从，所以预示吉祥、没有灾殃。爻辞中的"用史巫纷若"，是举例来说明九二的顺从的，因为九二请史巫来祝祷祈神，心中一定会无比虔诚恭敬。

【经文＋传文】

九二　巽在床下，用史巫纷若，吉，无咎。

《象》曰："纷若"之"吉"，得中也。

【译文】

九二　卑顺地处于床下，用众多的史巫来祝祷祈神，吉祥，没有灾殃。

《象传》说："用众多的史巫祝祷祈神"而"获吉祥"，是因为九二能持守中道。

巽卦·九三阳爻

【本爻解析】

九三阳爻居于阳位,居位得正,本当有所作为,却为六四阴爻所凌乘,无奈之下,只好"频巽",即皱着眉头不情愿地顺从。因为九三的行为违背了自己的意愿,故爻辞中说"吝"即预示有令人悔恨之事。

【经文+传文】

九三　频巽,吝。

《象》曰:"频巽"之"吝",志穷也。

【译文】

九三　皱着眉头不情愿地顺从,将有令人悔恨之事。

《象传》说:"皱着眉头不情愿地顺从"而"将有令人悔恨之事",是因为九三失去了自己的志向。

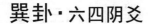

巽卦·六四阴爻

【本爻解析】

六四阴爻居于九三阳爻之上，象征阴柔者凌乘阳刚者，当会有令人后悔之事；但六四以阴居阴，居位得正，加上位于九五阳爻之下，又有顺承阳刚者之象，故爻辞中说"悔亡"，即没有令人后悔之事。而且，因为六四顺承的是九五阳刚尊者，有阴柔者追随君主做事之象，故不但没有令人后悔之事，还会有"田获三品"之收获。

【经文＋传文】

六四　悔亡，田获三品。

《象》曰："田获三品"，有功也。

【译文】

六四　没有令人后悔之事，打猎时获得多种猎物。

《象传》说："打猎时获得多种猎物"，说明六四立下了功劳。

巽卦·九五阳爻

【本爻解析】

九五阳爻居于阳位，居位得正，又居于上卦之中位，象征阳刚尊者持守中正之道，故预示吉祥，没有任何不利。但九五既已预示吉祥，爻辞中为何还要附上"悔亡"和"无初有终"呢？这是因为，九五以阳爻居阳位，虽居位得正，但处巽之时，有不够谦逊之象，以此行事，当会发生令人后悔之事，开始时也不会顺利（即"无初"）；然而，九五毕竟是按照中正之道行事，故手段上虽不够完美，但其道终究能够大行，故爻辞中又说"悔亡""有终"。

【经文＋传文】

九五 贞吉，悔亡，无不利。无初有终。先庚三日，后庚三日，吉。

《象》曰：九五之"吉"，位正中也。

【译文】

九五 占问得吉兆，没有令人后悔之事，没有任何不利。起初不顺利，但有好的结局。在庚日前的三天和庚日后的三天，吉祥。

《象传》说：九五爻辞中说的"吉祥"，是因为九五能持守中正之道。

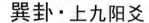

巽卦·上九阳爻

【本爻解析】

上九阳爻居《巽》卦之极，物极必反，因此，上九不宜继续逊顺从事，而应努力有所作为。然而，上九不能与时俱进，仍然拘泥于逊顺，以至于身居上位却卑顺地伏于床下，此种行为大悖常理，故会有失去钱财之灾，并预示有凶险。上九与九二同为"巽在床下"，然而九二预示"吉，无咎"，上九却为"贞凶"，就是因为它们处在不同的爻位，九二处于下卦之中，适合逊顺；而上九居上卦之极，事物的性质已开始发生变化，就不应墨守成规。

【经文＋传文】

上九　巽在床下，丧其资斧，贞凶。

《象》曰："巽在床下"，上穷也。"丧其资斧"，正乎"凶"也。

【译文】

上九　卑顺地处于床下，失去了钱财，占问得凶兆。

《象传》说："卑顺地处于床下"，说明上九陷入了困境。"失去了钱财"，理应有"凶险"。

兑 第五十八

【本卦解析】

　　兑是喜悦的意思。《兑》卦下兑上兑，兑为泽，泽水润泽万物，使万物欣悦成长，仿佛统治者施惠于民，使民众能快乐地生活，故《兑》卦的兑有喜悦的意思。《兑》卦的九二、九五两个阳爻分别居下、上卦之中位，六三、上六两个阴爻分别居下、上卦之上位，有阳刚者内守中道而柔和处外之象。一个人内心有固定之操守，待人接物时又能温柔和悦，则必能使人感到高兴；依此行事，当然亦能顺利亨通。

【经文＋传文】

　　（兑下兑上）兑　亨，利贞。

　　《彖（tuàn）》曰：兑，说（yuè）也。刚中而柔外，说以"利贞"，是以顺乎天而应乎人。说以先民，民忘其劳；说以犯难，民忘其死。说之大，民劝矣哉。

　　《象》曰：丽泽，兑。君子以朋友讲习。

【译文】

　　兑　亨通，有利之占问。

　　《彖传》说：兑，是喜悦的意思。阳刚者持守中道而柔和处外，以利人济物、坚守正道而使人喜悦，所以既顺应天理，又符合民心。引导民众而使他们喜悦，民众会忘掉自己所受的劳累；面临危难而使民众喜悦，民众就会舍生忘死。喜悦的巨大作用，在于可以劝勉民众奋发有为。

　　《象传》说：《兑》卦下兑上兑，兑为泽，象征泽与泽相连，这就是《兑》卦的卦象。君子观此卦象，从而与朋友一起切磋学习。

兑卦·初九阳爻

【本爻解析】

初九阳爻居于阳位,居位得正,上无应合之爻,象征阳刚者持守正道,并以和悦的态度广泛地应对他人,如此行事,必能获得吉祥,故爻辞说"和兑,吉",即温和喜悦,吉祥。

【经文+传文】

初九　和兑,吉。

《象》曰:"和兑"之"吉",行未疑也。

【译文】

初九　温和喜悦,吉祥。

《象传》说:"温和喜悦"而"获吉祥",是因为行动时心中没有疑问。

兑卦·九二阳爻

【本爻解析】

九二阳爻居于阴位,居位不正,似会有令人后悔之事;但九二阳爻居下卦之中位,又象征阳刚者持守中道。处兑之时,阳刚者能持守中道,则能诚实和悦地对待他人,故预示吉祥,而令人后悔之事也不会发生。

【经文+传文】

九二　孚兑,吉,悔亡。

《象》曰:"孚兑"之"吉",信志也。

【译文】

九二　诚实喜悦,吉祥,没有令人后悔之事。

《象传》说:"诚实喜悦"而"获吉祥",是因为九二的心志诚信。

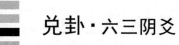

兑卦·六三阴爻

【本爻解析】

六三阴爻居于阳位,又居下卦兑的最上位,有阴柔者不中不正之象;六三阴爻上无应合之爻,故前来谋求与初九和九二阳爻一起喜悦,这又有阴柔小人谄媚阳刚者之象。阴柔小人不中不正,又向阳刚者献媚,必无好的结果,故爻辞中说"凶"。

【经文 + 传文】

六三 来兑,凶。

《象》曰:"来兑"之"凶",位不当也。

【译文】

六三 前来谋求喜悦,有凶险。

《象传》说:"前来谋求喜悦"而"有凶险",是因为六三所处的位置不适当。

兑卦·九四阳爻

【本爻解析】

九四阳爻处于阴位,上承九五阳爻,下比六三阴爻,处兑之时,仿佛阳刚者面临抉择:是与九五一起喜悦呢,还是与六三一起喜悦? 因九四以阳处阴,不够果决,故爻辞中说"商兑未宁",且有"介疾"。但九四毕竟属于阳爻,最终必能作出正确的抉择,所以预示"有喜"。这里的"有喜"既可指病愈,也可用来指有喜事。

【经文＋传文】

九四　商兑未宁,介疾有喜。

《象》曰:九四之"喜",有庆也。

【译文】

九四　商酌如何实现喜悦,还未安宁,小毛病得以痊愈。

《象传》说:九四爻辞中说的"喜",是指有吉庆之事。

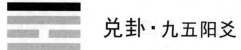

兑卦·九五阳爻

【本爻解析】

九五阳爻居于阳位,且居上卦之中位,所处的位置既中又正。但九五阳爻与上六阴爻相亲比,仿佛阳刚尊者受到阴柔小人的蛊惑,因一时失察,轻信了阴柔小人,故"有厉"即预示有危险。根据《周易》的惯例,九五阳爻居中得正,应该预示吉祥或无灾;从《象传》的解释来看,也特别强调九五"位正当",而爻辞却只说"有厉",因此,"有厉"后面缺漏"吉"或"无咎"的可能性较大。

【经文+传文】

九五　孚于剥,有厉。

《象》曰:"孚于剥",位正当也。

【译文】

九五　信任侵剥别人的人,有危险。

《象传》说:"信任侵剥别人的人",但九五所处的位置却很正当。

兑卦·上六阴爻

【本爻解析】

上六阴爻居于阴位，下为九四、九五两个阳爻，处兑之时，有阴柔小人引诱阳刚者共同享乐之象，此与九五爻辞"孚于剥"即信任侵剥别人的人正好吻合。上六与六三是《兑》卦中仅有的两个阴爻，六三居下卦之极，故称"来兑"，即前来谋求与初九、九二阳爻一起享乐；上六居上卦之极，故称"引兑"，即引诱九四、九五阳爻一起享乐。六三之所以称"来"，是因为六三以阴居阳，以动为主；上六之所以称"引"，是因为上六以阴居阴，以静为主，故只是待在那里引诱他人。

【经文＋传文】

上六　引兑。

《象》曰：上六"引兑"，未光也。

【译文】

上六　诱引他人享受喜悦。

《象传》说：上六爻辞中说的"诱引他人享受喜悦"，说明喜悦之道还未能发扬光大。

涣 第五十九

【本卦解析】

涣有两方面的意义,一方面指水势盛大,一方面指涣散、流散。《涣》卦下坎上巽(xùn),坎为水,巽为木,亦为风。当巽指木时,涣指水势盛大,因为水上有木,象征水上有木舟划行,水大到足以承舟,则水量自然不小,故卦辞中说"利涉大川"。当巽指风时,涣指涣散、流散,因为水上有风,则水在狂风的吹袭下四处奔流,有流散之象;以之比喻社会政治,则有天下人心涣散之象;为了凝聚人心,故"王假(gé)有庙",即帝王前去宗庙祭祀,利用神灵的力量使民众重新团结起来。《涣》卦既象征乘着木舟顺利地渡过大河,又象征天下人心散而复聚,所以卦辞中说"亨""利贞"。

【经文+传文】

(坎下巽上)涣 亨,王假有庙,利涉大川,利贞。

《彖(tuàn)》曰:涣,"亨",刚来而不穷,柔得位乎外而上同。"王假有庙",王乃在中也。"利涉大川",乘木有功也。

《象》曰:风行水上,涣。先王以享于帝,立庙。

【译文】

涣 亨通,君王前去宗庙祭祀,利于渡大河,有利之占问。

《彖传》说:涣,"亨通",是指阳刚者从上面下来而不会陷于困境,阴柔者在外面安于其位而与居于上位者心志相同。"君王前去宗庙祭祀",是指君王居守中位。"利于渡大河",是说乘船渡河必能取得成功。

《象传》说:《涣》卦上巽下坎,巽为风,坎为水,象征风在水面上吹拂,这就是《涣》卦的卦象。先王观此卦象,从而祭祀天帝,建立宗庙。

涣卦·初六阴爻

【本爻解析】

初六阴爻处《涣》卦之初,仿佛阴柔者处于洪水初来之时,此时要远离洪水之灾,并不费力。初六又位于九二阳爻之下,有阴柔者顺从阳刚者之象;初六能顺从阳刚者,便会得到阳刚者的鼎力相助,故爻辞中以"用拯马壮"作喻。初六处于洪水初来之时,又有强壮的马匹可供乘坐,必能远离洪水之灾,故预示吉祥。

【经文+传文】

初六　用拯马壮,吉。

《象》曰:初六之"吉",顺也。

【译文】

初六　前来拯救的马很强壮,吉祥。

《象传》说:初六爻辞中说的"吉祥",是因为初六能顺从阳刚者。

涣卦·九二阳爻

【本爻解析】

九二阳爻处于下卦坎险之中,当会有令人后悔之事;但九二阳爻居下卦之中位,又有阳刚者持守中道之象,故最终不会有令人后悔之事。另外,初六在洪水到来之际顺从九二,得九二之鼎力相助;同样,当九二面临危险时,也会得到初六之助,对此,爻辞用"涣奔其机"来比喻。这里的"机"指几案,是古人席地而坐时用来支撑身体的,故爻辞用它来比喻初六,仿佛九二在面临危险时,奔到几案旁安身,从而得以躲过危险,所以《象传》说"得所愿也"。

【经文＋传文】

九二　涣奔其机,悔亡。

《象》曰:"涣奔其机",得愿也。

【译文】

九二　大水冲来,赶紧奔向几案,没有令人后悔之事。

《象传》说:"大水冲来,赶紧奔向几案",说明这样做符合自己的心愿。

涣卦·六三阴爻

【本爻解析】

六三阴爻居于阳位，与上九阳爻相应合，象征阴柔者得到阳刚者之助。上九处于外卦巽中，巽为木，有木舟之象。六三在面临大水淹及身体之灾时，得上九之助，仿佛及时乘上了木舟，从而得以摆脱险境，所以爻辞中说"无悔"。

【经文＋传文】

六三　涣其躬，无悔。

《象》曰："涣其躬"，志在外也。

【译文】

六三　大水冲到身上，不后悔。

《象传》说："大水冲到身上"，说明六三的志向是与在外者相应合。

涣卦·六四阴爻

【本爻解析】

六四阴爻居于阴位，当涣之时，有众人处于易遭水患之地，从而受到洪水包围之象，故爻辞说"涣其群"，即大水冲向人群。爻辞"涣有丘，匪夷所思"是对"涣其群"的补充说明，指即使人群处于丘陵上，仍会遭遇洪水围困。六四之遭遇，都与其以阴爻处于阴位有关。但是，六四阴爻居于阴位，居位得正；上承九五阳爻，又能得阳刚尊者的大力帮助。因此，六四最终必能摆脱险境，故爻辞说"元吉"。

【经文＋传文】

六四　涣其群，元吉。涣有丘，匪夷所思。

《象》曰："涣其群，元吉"，光大也。

【译文】

六四　大水冲向人群，大吉。大水冲上丘陵，这不是按常理所能想象的。

《象传》说："大水冲向人群，大吉"，说明六四守正顺上之道得到了发扬光大。

涣卦·九五阳爻

【本爻解析】

九五阳爻居于上卦巽之中,当涣之时,象征水借风势,洪水越来越大。爻辞中的"涣王居",是说大水冲向了王宫。王宫是一国之中心,通常建于地势较高之处,现在却面临大水的威胁,可见洪水是如何的迅猛了。爻辞中的"涣汗其大号",正是用来描写人们在面临洪水的巨大威胁时奔走呼号、挥汗如雨的情景。但九五阳爻居于阳位,又居上卦之中位,有阳刚尊者居中守正之象。九五有此盛德,必能号令民众奋起抗洪,战胜灾害,故爻辞中说"无咎"。

【经文＋传文】

九五　涣汗其大号,涣王居,无咎。

《象》曰:"王居,无咎",正位也。

【译文】

九五　汗出如水流,奔走呼号,大水冲向王宫,没有灾殃。

《象传》说:"王宫""没有灾殃",是因为九五所居的位置很正。

459

涣卦·上九阳爻

【本爻解析】

上九阳爻居《涣》卦之极,物极必反,象征洪水已经退去,故爻辞中说"涣其血去",即对洪水的忧虑已经消除。爻辞中的"逖(tì)出",指离家远出,此与上九居外卦巽的最上位,有外出之象有关。上九在水灾过后出门远行,其行必会顺利,故不会有灾殃。

【经文＋传文】

上九　涣其血去,逖出,无咎。

《象》曰:"涣其血",远害也。

【译文】

上九　对洪水的忧虑已经消除,离家远出,没有灾殃。

《象传》说:"对洪水的忧虑",是指考虑如何远离灾害。

节 第六十

【本卦解析】

节是节制的意思。《节》卦下兑上坎,兑为泽,坎为水,象征泽上有水。泽上有水,说明泽中之水太多,需要增筑堤坝,予以控制,故《节》卦的节有节制的意思。泽水受到节制,则不会造成灾害,故节制意味着亨通。反之,如果以节制为苦,则会带来危害,所以卦辞说"苦节,不可贞"。

《彖(tuàn)传》主要从三个方面来解释《节》卦的卦辞、卦画结构及其意义。首先,《彖传》认为,《节》卦之所以预示亨通,是因为《节》卦的卦画结构有"刚柔分而刚得中"的特点。所谓"刚柔分",是指《节》卦上坎下兑,坎为阳卦为刚,兑为阴卦为柔,阳刚在上而阴柔在下,象征君臣上下各居其位,秩序井然;所谓"刚得中",是指《节》卦的九二和九五阳爻分别居于下、上卦之中位,象征阳刚者持守中道。因为《节》卦的卦画结构象征秩序井然,行事顺利,所以《节》卦预示亨通。其次,解释卦辞"苦节,不可贞"。《彖传》认为,如果以节制为苦,那么在做事时就不会加以节制,这样最终必会陷于绝境。最后,揭示了《节》卦的卦画结构所蕴含的三层意义。《彖传》认为,《节》卦下兑上坎,兑为悦,坎为险,象征以喜悦的心情去冒险,此为其一;《节》卦的六四阴爻居于阴位,九五阳爻居于阳位,象征阴柔者和阳刚者居位得正,并能自我节制,此为其二;《节》卦的九五阳爻居上卦之中位,既中又正,象征阳刚者持守中正之道,从而使诸事顺遂,此为其三。

《象传》由《节》卦下兑上坎象征"泽上有水",推出君子应"制数度,议德行"。其间的逻辑关系是:泽上有水,说明泽中之水已满溢出来，为了不使其造成灾害，就必须加筑堤坝予以控制；君子受此启发，认识到人的行为如果没有规矩，就会邪僻放荡，无所不为，因此，要订立规章制度，确立道德标准，来约束人们的行为，使归于正途。

【经文＋传文】

☷（兑下坎上）节　亨。苦节，不可贞。

《彖》曰：节，"亨"，刚柔分而刚得中。"苦节，不可贞"，其道穷也。说（yuè）以行险，当位以节，中正以通。天地节而四时成。节以制度，不伤财，不害民。

《象》曰：泽上有水，节。君子以制数度，议德行。

【译文】

节　亨通。以节制为苦，则不适合占问。

《彖传》说：节，"亨通"，是因为《节》卦阳刚和阴柔各得其位，而阳刚者又能持守中道。"以节制为苦，则不适合占问"，是因为以节制为苦的处世之道会使人陷于绝境。心情愉快地去涉险犯难，处于适当的位置而有节制，持守中正之道而得以畅通无阻。天地有节度，从而形成了一年四季。按照节制的原则来订立法度，就不会浪费财物，不会损害民众。

《象传》说：《节》卦下兑上坎，兑为泽，坎为水，象征泽的上面有水，这就是《节》卦的卦象。君子观此卦象，从而制订礼数法度，评议道德行为的标准。

节卦·初九阳爻

【本爻解析】

初九阳爻处于阳位，居位得正，处《节》卦之初，有知节能止之象。初九位于下卦兑的最底部，象征初阳弱小；《节》卦的上卦为坎，坎为险，初九明白盲目出行，必会导致凶险，故"不出户庭"。初九能做到足不出户，则一切祸患均不会降临，故爻辞说"无咎"，《象传》则赞其"知通塞"，即明白境遇之顺逆。

【经文＋传文】

初九　不出户庭，无咎。

《象》曰："不出户庭"，知通塞也。

【译文】

初九　足不出户，没有灾殃。

《象传》说："足不出户"，是因为初九明白境遇之顺逆。

节卦·九二阳爻

【本爻解析】

九二阳爻居于阴位，居位不正，有节制不当之象。初九阳刚微弱，故不宜出户；九二阳刚已盛，正是积极有为的大好时候，九二却拘泥于节制，不知变通，仍然固守不出，以致错失了行动的最佳时机，所以预示有凶险。

【经文＋传文】

九二　不出门庭，凶。

《象》曰："不出门庭，凶"，失时极也。

【译文】

九二　足不出门，有凶险。

《象传》说："足不出门，有凶险"，是因为九二错失了极好的时机。

节卦·六三阴爻

【本爻解析】

六三阴爻居于阳位,居位不中不正,又凌乘初九、九二两个阳爻,有阴柔者不知节制之象,故爻辞说"不节若"。但六三阴爻处下卦兑之最上,又有阴柔者柔顺和悦之象;阴柔者柔顺和悦,则会顺应形势而调整自己的行为,当看到自己不知节制的行为有可能带来灾祸时,能及时醒悟,并为自己的错误而忧伤叹息,故最终不会有灾殃。

【经文＋传文】

六三　不节若,则嗟若,无咎。

《象》曰:"不节"之"嗟",又谁咎也。

【译文】

六三　不知节制,忧伤叹息,没有灾殃。

《象传》说:"不知节制"而能"忧伤叹息",又有谁会来责备呢?

节卦·六四阴爻

【本爻解析】

六四阴爻居于阴位，居位得正；六四位于九五阳爻之下，又有顺承阳刚尊者之象。当节之时，六四能安于其位以顺承阳刚尊者，便有阴柔者安于节制之象，故爻辞中说"安节"。六四能安于有节制，自然会得到九五阳刚尊者的信任，故预示亨通。

【经文＋传文】

六四　安节，亨。

《象》曰："安节"之"亨"，承上道也。

【译文】

六四　安于有节制，亨通。

《象传》说："安于有节制"而"亨通"，是因为六四顺承居于上位者的阳刚中正之道。

节卦·九五阳爻

【本爻解析】

九五阳爻居上卦之中位，有阳刚尊者居中守正之象，是《节》卦的主爻，《象传》中的"当位以节，中正以通"，就是针对九五而言的。九五作为《节》卦的主爻，也是节制之道的代言人，故九五能"甘节"，即心甘情愿地有节制。因为九五之节制发自内心，故不会有过或不及之偏，犹如孔子所说的"随心所欲不逾矩"，所以不但预示吉祥，而且其品行也必然受到人们的推崇，并成为人们学习的榜样。

【经文＋传文】

九五　甘节，吉，往有尚。

《象》曰："甘节"之"吉"，居位中也。

【译文】

九五　甘心有节制，吉祥，前往会受到人们崇尚。

《象传》说："甘心有节制"而"吉祥"，是因为九五居位适中。

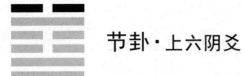

节卦·上六阴爻

【本爻解析】

上六阴爻居《节》卦之极，物极必反，有不知节制之象，故爻辞中说"苦节"。卦辞中的"苦节，不可贞"与此爻爻辞相似，当是依据上六而言的。上六不知节制，则行为放纵，必会带来祸患，故爻辞中说有凶险。但是，上六阴爻居于阴位，居位得正，又有知错能改之象，故最终得以"悔亡"。有学者指出，"悔亡"两字系衍文，亦有一定道理。

【经文＋传文】

上六　苦节，贞凶，悔亡。

《象》曰："苦节，贞凶"，其道穷也。

【译文】

上上六　以节制为苦，占问得凶兆，没有令人后悔之事。

《象传》说："以节制为苦，占问得凶兆"，是因为这样的处世之道必然会陷于绝境。

中孚 第六十一

【本卦解析】

　　中孚是内心诚信的意思。《中孚》卦上下各为两个阳爻，中间为两个阴爻，外实内虚，有虚心待物之象。人能虚心待物，则能表现内心之诚信，故《中孚》卦的中孚有内心诚信的意思。《中孚》卦下兑上巽（xùn），兑为泽，巽为木为舟，有水上行舟之象，故卦辞说"利涉大川"。卦辞中的"豚鱼，吉"，指用小猪和鱼为祭品来祭祀，吉祥。根据《周易》的观点，祭祀者只要心中诚信，则即使用很薄的祭品，也能感格神灵。

　　《彖传》从四个方面来解释《中孚》卦的卦名和卦辞。首先，以《中孚》卦的卦画结构为依据，解释中孚的含义。《彖传》认为，《中孚》卦的六三、六四两个阴爻居于卦的中位，有阴柔者居内而虚心之象；九二、九五两个阳爻分别居下、上卦之中位，有阳刚者持守中道之象；《中孚》卦下兑上巽，兑为悦，巽为谦逊，有统治者谦逊待下而民众和悦顺从之象。正因为《中孚》卦有虚心、守中、和悦谦逊之象，所以中孚指内心诚信的意思。其次，解释卦辞"豚鱼，吉"。《彖传》认为，所谓小猪和鱼吉祥，是指通过以小猪和鱼为祭品来表达诚信。第三，解释卦辞"利涉大川"。《彖传》认为，《中孚》卦下兑上巽，兑为泽，巽为木，象征木舟在水上划行，所以利于渡大河。第四，解释卦辞"利贞"。《彖传》认为，因为内心诚信，所以占问有利，这是符合天道的。

　　《象传》由《中孚》卦下兑上巽象征"泽上有风"，推出君子应"议狱缓死"，其间的逻辑关系是：《象传》以风比教化，以泽比恩泽，因此，"泽上有风"象征通过恩泽和教化治理百姓；君子受此启发,从而慎重地审理案件,宽缓对死刑的判决,即不是机械地用法律条文来判决案件,而是力图通过感化的手段,使违法犯罪者幡然悔悟,重新做人。

【经文+传文】

(兑下巽上)中孚 豚鱼,吉。利涉大川,利贞。

《彖》曰:中孚,柔在内而刚得中,说(yuè)而巽,孚乃化邦也。"豚鱼,吉",信及豚鱼也。"利涉大川",乘木舟虚也。中孚以"利贞",乃应乎天也。

《象》曰:泽上有风,中孚。君子以议狱缓死。

【译文】

中孚 用小猪和鱼为祭品进行祭祀,吉祥。利于渡大河,有利之占问。

《彖传》说:《中孚》卦象征阴柔者居内而阳刚者恪守中道,和悦而谦逊,用诚信教育感化整个国家的民众。"用小猪和鱼为祭品进行祭祀,吉祥",说明是通过小猪和鱼来表达诚信。"利于渡大河",是因为乘坐着空的木船。内心诚信而"占问有利",这是符合天道的。

《象传》说:《中孚》卦下兑上巽,兑为泽,巽为风,象征大泽上有风吹拂,这就是《中孚》卦的卦象。君子观此卦象,从而慎重地审理案件,宽缓对死刑的判决。

中孚卦·初九阳爻

【本爻解析】

初九阳爻处于阳位,居位得正,处《中孚》卦之初,有安守诚信之象。人能安守诚信,则必获吉祥,故爻辞中说"虞,吉"。但初九与六四阴爻相应合,表示有改变初衷之可能。初九若改变初衷,即不能安守诚信,故爻辞中提出告诫:"有它,不燕",即若初九别有他求,则会不得安宁。

【经文+传文】

初九　虞,吉;有它,不燕。

《象》曰:初九"虞,吉",志未变也。

【译文】

初九　安守不动,吉祥;另有他事,则不安定。

《象传》说:初九爻辞中说的"安守不动,吉祥",是因为其志向没有发生变化。

471

中孚卦·九二阳爻

【本爻解析】

九二阳爻居下卦之中位，象征阳刚者持守中道；当中孚之时，则表示阳刚者具有诚信之美德。爻辞用充满诗意的言辞来表达九二阳爻所具有的至诚之德："鸣鹤在阴，其子和（hè）之。"这里的"鸣鹤"代指九二阳爻，因其位于六三、六四两个阴爻之下，故称"鸣鹤在阴"；初九阳爻位于九二之下，仿佛九二之子，初九与九二同为阳爻，且同具诚信之德，故说"其子和之"。爻辞"我有好爵，吾与尔靡之"中的"我""吾"均指九二，"尔"则指初九；爻辞用九二与初九共同分享美酒，来比喻诚信之德带来的益处。

【经文＋传文】

九二　鸣鹤在阴，其子和之。我有好爵，吾与尔靡之。

《象》曰："其子和之"，中心愿也。

【译文】

九二　鹤在树荫下鸣叫，小鹤鸣叫着应和。我有美酒，与你一起分享。

《象传》说："小鹤鸣叫着应和"，说明它发自内心地愿意这么做。

中孚卦·六三阴爻

【本爻解析】

六三阴爻居于阳位，又居下卦之上位，居位不中不正，且与上九阳爻相应合，有阴柔者心旌摇曳（yè）、不能保持诚信之象。六三与六四相邻，两者同为阴爻，故爻辞中的"敌"，当指六四而言。六三因心无诚信，不能与六四建立信任关系，故成为敌对的双方。但六四以阴居阴，居位得正，又上承九五阳爻，六三不是六四之对手。因此，当六三向六四挑战时，或击鼓进攻而无法得手，或罢兵不战又心有不甘，或因失败而哭泣，或因偶得进展而歌唱，这一切，均表明六三前景堪忧，凶多吉少。

【经文＋传文】

六三　得敌，或鼓或罢，或泣或歌。

《象》曰："或鼓或罢"，位不当也。

【译文】

六三　遇到敌人，或击鼓进攻，或罢兵不战，或哭泣，或歌唱。

《象传》说："或击鼓进攻，或罢兵不战"，是因为六三所处的位置不适当。

中孚卦·六四阴爻

【本爻解析】

六四阴爻居于阴位，居位得正；上承九五阳爻，又有阴柔者顺从阳刚者之象。六四居位得正而又柔顺得体，体现了完美的阴柔之德，故爻辞用"月几望"即月亮接近满月、满而不盈作喻。但六四与初九相应合，当中孚之时，六四若去与初九应合，便是心无定见，不能保持诚信，故六四毅然断绝与初九的联系而一心一意顺承九五阳刚尊者，所以爻辞中以"马匹亡"作喻，而《象传》中则称赞六四"绝类上"，即断绝与同类的联系而顺承居于上位者。

【经文+传文】

六四　月几望，马匹亡，无咎。

《象》曰："马匹亡"，绝类上也。

【译文】

六四　月亮接近满月，马失去其配偶，没有灾殃。

《象传》说："马失去其配偶"，说明六四断绝了与同类的联系而顺承居于上位者。

中孚卦·九五阳爻

【本爻解析】

九五阳爻居于阳位，又居上卦之中位，象征阳刚尊者居中守正。当中孚之时，说明九五充分具备真诚守信之美德，是中孚之德的最佳体现者，故爻辞中称九五"有孚挛如"，即能持续不断地保持诚信。

【经文+传文】

九五　有孚挛如，无咎。

《象》曰："有孚挛如"，位正当也。

【译文】

九五　持续不断地保持诚信，没有灾殃。

《象传》说："持续不断地保持诚信"，是因为九五所处的位置正当。

中孚卦·上九阳爻

【本爻解析】

上九阳爻居《中孚》之极，物极必反，象征诚信逐渐丧失，虚伪开始产生，故爻辞用"翰音登于天"作喻。"翰音登于天"指声音高扬于天空中，比喻徒有虚声，名实不符，如此处世，必会带来灾祸，故爻辞中说"贞凶"，《象传》则说"何可长也"。

【经文＋传文】

上九　翰音登于天，贞凶。

《象》曰："翰音登于天"，何可长也。

【译文】

上九　声音高扬于天空中，占问得凶兆。

《象传》说："声音高扬于天空中"，这种状况怎么能维持长久呢？

小过 第六十二

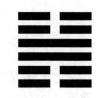

【本卦解析】

小过指小者超过、小有过失的意思。《小过》卦由四个阴爻和两个阳爻组成，阴爻的数目多于阳爻，《周易》以阳为大，以阴为小，所以《小过》卦有小者超过的意思。另外，"小过"又有稍许超过常规的意思；而"过犹不及"，所以"小过"亦有小有过失之义。

《彖（tuàn）传》从四个方面来解释《小过》卦的卦名、卦画结构及卦辞。首先，解释卦名"小过"及卦辞"亨"。《彖传》认为，《小过》卦的小过是指"小者过"，所谓"小者过"，既指阴爻的数目多于阳爻，也指小有过失。其次，解释卦辞"利贞"。《彖传》指出，小过既然意味着小有过失，为什么还说是有利之占问呢？这是因为，小过所谓的小有过失，不是因为不认真或不小心造成的，而是根据时势的需要有意为之。再次，解释卦辞"可小事，不可大事"：《小过》卦的九四阳爻居于阴位，九三阳爻不居下卦之中位，象征阳刚者居不当位又不能守中道；而六二、六五阴爻却占据着主要的位置，所以只适合做小事，不适合做大事。最后，解释卦辞"飞鸟遗之音，不宜上，宜下，大吉"。认为卦辞中之所以说不宜向上发展，而应向下，是因为鸟在空中飞翔时，越向上飞，阻力越大，而在低空飞行，则可任意自在，即所谓"上逆而下顺也"。

《象传》由《小过》卦下艮上震象征"山上有雷"，推出君子应"行过乎恭，丧过乎哀，用过乎俭"，其间的逻辑关系是：山上打雷时，山中之人极易被雷击中，君子因此比平时更加警惕，在各个方面都严格要求自己，行为比一般人更为恭敬，居丧比一般人更为哀痛,消费比一般人更为节俭,以至于在旁人看来都显得有些过分。

【经文 + 传文】

（艮 [gèn] 下震上）小过　亨,利贞。可小事,不可大事。飞鸟遗之音,不宜上,宜下,大吉。

《彖》曰:小过,小者过而"亨"也。过以"利贞",与时行也。柔得中,是以小事吉也;刚失位而不中,是以"不可大事"也。有飞鸟之象焉,"飞鸟遗之音,不宜上,宜下,大吉",上逆而下顺也。

《象》曰:山上有雷,小过。君子以行过乎恭,丧过乎哀,用过乎俭。

【译文】

小过　亨通,有利之占问。适合做小事,不适合做大事。鸟飞过后留下叫声,不应向上,而应向下,大为吉祥。

《彖传》说:小过,意为只是小有过失,所以仍然"亨通"。有过失而仍为"有利之占问",是因为能根据合适的时机采取行动。《小过》卦象征阴柔者持守中道,所以做小事吉;阳刚者所处的位置不当而且不能持守中道,所以说"不适合做大事"。《小过》卦下艮上震,象征鸟从山上飞过,"鸟飞过后留下叫声,不应向上,而应向下,大为吉祥",说明向上会碰到阻碍而向下则会顺利。

《象传》说:《小过》卦下艮上震,艮为山,震为雷,象征山上有雷震动,这就是《小过》卦的卦象。君子观此卦象,从而行为比一般人更为恭敬,居丧时比一般人更为哀痛,消费时比一般人更为节俭。

小过卦·初六阴爻

【本爻解析】

初六阴爻处《小过》卦之初,应以安居不动或向下为佳,但初六与九四阳爻正相应合,因此,初六不愿安于现状,而是努力向上去往应九四。根据《象传》,《小过》卦的原则是"上逆而下顺",初六向上发展,必会遇到凶险,故爻辞中说"飞鸟以凶"。但初六既与九四相应合,则必然会向上行动,故《象传》中说这也是无可奈何之事。

【经文+传文】

初六　飞鸟以凶。

《象》曰:"飞鸟以凶",不可如何也。

【译文】

初六　鸟向上飞,有凶险。

《象传》说:"鸟向上飞,有凶险",对此真是无可奈何。

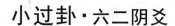

小过卦·六二阴爻

【本爻解析】

六二爻辞中以"祖""妣（bǐ）""君""臣"作喻，故此四个字的确切所指至为关键。笔者认为，这里的"祖"应指九四阳爻，因祖父属阳。"妣"和"君"均指六五阴爻，因六五与六二属于应位，且六五属阴爻，相当于"妣"；六五居上卦之中位，又为"君"。"臣"则指初六，因六二"不宜上，宜下"，即不宜向上追赶六五，而应向下与初六相遇，如此方能无咎。因此，就爻位关系而言，整句爻辞的意思是：六二越过九三、九四两个阳爻后遇上了六五，但六二最终没有赶上六五，而是向下去与初六相遇，没有灾殃。

【经文＋传文】

六二　过其祖，遇其妣；不及其君，遇其臣。无咎。

《象》曰："不及其君"，臣不可过也。

【译文】

六二　越过祖父，遇到了祖母；没有赶上君主，遇到了臣子。没有灾殃。

《象传》说："没有赶上君主"，是因为臣子不能逾越君主。

小过卦·九三阳爻

【本爻解析】

九三阳爻居于阳位，又居下卦之最上，有阳刚者自恃其刚而贸然行动之象。九三阳爻与上六阴爻相应合，上六为阴柔小人，根据《小过》卦"不宜上，宜下"的原则，九三不应该去与上六应合。但九三自恃其刚，轻率地去与上六相应，且事先亦不作过多的防备，结果有可能受到上六的伤害，即爻辞中所谓的"从或戕（qiāng）之"，所以预示有凶险。

【经文＋传文】

九三　弗过防之，从或戕之，凶。

《象》曰："从或戕之"，"凶"如何也。

【译文】

九三　不愿作过多的防范，随从他人，将会受到伤害，有凶险。

《象传》说："随从他人，将会受到伤害"，对于此种"凶险"，又能怎么办呢？

# 小过卦·九四阳爻

【本爻解析】

　　九四阳爻与位于下面的初六阴爻相应合，符合《小过》卦"不宜上，宜下"的原则，故"无咎"。但九四阳爻居于阴位，居位不当，从而导致其心中想着向上发展，对于与初六相遇之事，不是很热心，故爻辞中说"弗过遇之"。"弗过遇之"，意为不是很想去相遇。因九四该与初六相遇，却不太想去相遇，故爻辞诫以"往厉"，即前往会有危险。爻辞"勿用永贞"也是就九四居位不当而言的，九四居位不当，只能暂时无咎，时间一长，则难保始终无咎，故不利于占问长远之事的吉凶。

【经文＋传文】

　　九四　无咎，弗过遇之，往厉必戒。勿用永贞。

　　《象》曰："弗过遇之"，位不当也。"往厉必戒"，终不可长也。

【译文】

　　九四　没有灾殃，不是很想与初六相遇，前往有危险，一定要作戒备。不利于占问长远之事的吉凶。

　　《象传》说："不是很想与初六相遇"，是因为九四所处的位置不适当。"前往有危险，一定要作戒备"，说明这种局面终究不会长久。

小过卦·六五阴爻

【本爻解析】

六五阴爻居上卦之中位,象征阴柔者居于尊位。六五与六二同为阴爻,不相应合,仿佛阴阳得不到调剂,孤阴不能化为雨水,故爻辞用"密云不雨"作喻。但六五居上卦之中位,有阴柔者持守中道之象,虽因无阳刚之助而不能大有作为,亦非一事无成。六二既然不能成为六五之助,则可成为六五之猎物,故爻辞又以"公弋(yì),取彼在穴"作喻,比喻六五仍可有所收获。此也符合《小过》卦"不宜上,宜下"之原则。

【经文 + 传文】

六五　密云不雨,自我西郊。公弋,取彼在穴。

《象》曰:"密云不雨",已上也。

【译文】

六五　天空中浓云密布,但是没有下雨,云来自西郊。王公用系着绳的箭射获了洞穴中的猎物。

《象传》说:"天空中浓云密布,但是没有下雨",说明六五过于向上。

小过卦·上六阴爻

【本爻解析】

上六阴爻居《小过》卦之极，象征其不能恪守小过时应遵循之原则。上六与九三阳爻相应合，但上六却只顾向上发展，而不愿去与九三相应，故爻辞中说"弗遇，过之"。上六行为过度，严重违背《小过》卦"不宜上，宜下"之原则，必会带来灾祸，故爻辞中又以"飞鸟离之"即飞鸟遭遇被捉、被射杀等灾祸作喻，并连下"凶""灾眚（shěng）"两个断语，可见上六之灾是多么的严重了。

【经文＋传文】

上六 弗遇，过之，飞鸟离之，凶，是谓灾眚。

《象》曰："弗遇，过之"，已亢也。

【译文】

上六 没有相遇，行为过度，飞鸟遭遇不幸，有凶险，这就叫灾难。

《象传》说："没有相遇，行为过度"，是指上六的行为过于极端。

既济 第六十三

【本卦解析】

　　既济是已经成功的意思。《既济》卦中的每一爻都是阳爻居阳位,阴爻居阴位,而且初九与六四、六二与九五、九三与上六同位爻之间皆一一对应。这种情况,在其他六十三卦中是没有的。《既济》卦下离上坎,离为火,坎为水,象征火上炎而水下润,阴阳交融,刚柔相济,故"既济"意为成功。事情既已成功,则"亨小",即连小事亦可亨通;"利贞",即是有利之占问。卦辞中的"初吉,终乱",指最初吉利,最终会有祸乱,说明事物的发展是没有止境的,当事情成功时,仍应居安思危,防微杜渐。

【经文 + 传文】

　　（离下坎上）既济　亨小,利贞。初吉,终乱。

　　《彖(tuàn)》曰:既济,"亨",小者亨也。"利贞",刚柔正而位当也。"初吉",柔得中也。"终"止则"乱",其道穷也。

　　《象》曰:水在火上,既济。君子以思患而豫防之。

【译文】

　　既济　小事亦获亨通,有利之占问。开始时吉利,最终会有祸乱。

　　《彖传》说:既济,"亨通",是指小事情亨通。"有利之占问",是因为《既济》卦象征阳刚者和阴柔者各守正道,所处的位置均极为适当。"开始时吉利",是因为阴柔者能持守中道。最终停止会有祸乱,是因为其所行之道已陷于绝境。

　　《象传》说:《既济》卦上坎下离,坎为水,离为火,象征水在火的上面,这就是《既济》卦的卦象。君子观此卦象,从而考虑有可能出现祸患而事先加以预防。

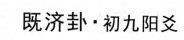

既济卦·初九阳爻

【本爻解析】

初九阳爻处《既济》卦的最下位，故爻辞中以"轮""尾"作喻，因轮子在车的下面，尾巴在动物身体的后面。初九阳爻处于阳位，与六四阴爻相应合，按其本性，是要积极向上去往应六四的。但《既济》卦为守成之卦，守成以不妄动为佳，爻辞"曳其轮，濡其尾"，正是竭力阻止初九，防其妄动。因车子的轮子被拉住，就无法前进；动物渡水时，通常会竖起尾巴，以减少阻力，现在尾巴被水沾湿，则其行缓慢。初九能努力做到不妄动，谨慎行事，故得"无咎"。

【经文＋传文】

初九　曳其轮，濡其尾，无咎。

《象》曰："曳其轮"，义"无咎"也。

【译文】

初九　拉住车轮，渡水的动物沾湿了尾巴，没有灾殃。

《象传》说："拉住车轮"，理应"没有灾殃"。

既济卦·六二阴爻

【本爻解析】

六二阴爻居于阴位，又居下卦之中位，上与九五阳爻相应合，象征阴柔者居中守正，而与阳刚尊者相处融洽。处既济之时，恰如君臣洽穆、天下太平。对此，爻辞中以"妇丧其茀（fú），勿逐，七日得"作喻，意即若六二丢失了首饰，用不着去寻找，七天后会失而复得。另外，六二"勿逐"而"得"，还有安守其成、不宜妄动之义。

【经文＋传文】

六二　妇丧其茀，勿逐，七日得。

《象》曰："七日得"，以中道也。

【译文】

六二　妇人丢失了首饰，用不着寻找，七天后将会失而复得。

《象传》说："七天后将会失而复得"，是因为六二能持守中道。

既济卦·九三阳爻

【本爻解析】

九三阳爻居于阳位,上临坎险,当既济之时,有积极有为之君子于局势大定后平定局部叛乱之象,故爻辞以"高宗伐鬼方"作喻。"高宗伐鬼方"反映的是古代历史,指商王武丁平定鬼方之事。据《竹书纪年》载:"武丁三十二年伐鬼方,次于荆。三十四年王师克鬼方,氏羌来宾。"至于爻辞"小人勿用",是指安定局势之事,当慎重处置,若小人用事,必冒进滥杀,以期克日成功,这样只会使局势变得更糟。

【经文+传文】

九三　高宗伐鬼方,三年克之,小人勿用。

《象》曰:"三年克之",惫也。

【译文】

九三　高宗征讨鬼方,用了三年时间才取胜,不要任用小人。

《象传》说:"用了三年时间才取胜",说明此事让大家都疲惫不堪。

既济卦·六四阴爻

【本爻解析】

六四阴爻居于阴位，居位得正；但六四已入上卦坎险，正值天下安而将乱之时；同时，六四接近九五阳刚尊者，又处多惧之地。因此，总起来看，六四就像一位循规蹈矩的臣子，面对即将来临的乱世，又无力挽救，所以只好"终日戒"，即整天告诫自己要小心谨慎，以免罹祸。关于爻辞"缥(rú)有衣袽(rú)"，历来众解纷纭，但认为六四应居安思危或已面临危难，则是大家一致的看法。

【经文＋传文】

六四　缥有衣袽，终日戒。

《象》曰："终日戒"，有所疑也。

【译文】

六四　船漏时有用来堵漏洞的破衣服，整天处于警惕戒备的状态。

《象传》说："整天处于警惕戒备的状态"，是因为心中有疑虑。

既济卦·九五阳爻

【本爻解析】

九五阳爻居上卦之中位，象征阳刚君主持守中正之道；当既济之时，则仿佛英明的君主开创了太平盛世。英明的君主之所以能开创太平盛世，主要基于两个因素：一是心中诚信，二是顺应时势。爻辞"东邻杀牛，不如西邻之禴（yuè）祭"，反映的正是上述道理。因为杀牛祭祀，属于盛祭，但若祭祀者属失德之人，或心无诚信，或选择祭祀的时机不当，都不能感格神灵，结果只能是空忙一场；禴祭属于薄祭，若祭祀者为盛德之人，心存诚信，又祭得其时，则必能感格神灵，切实地享受福泽。

【经文＋传文】

九五　东邻杀牛，不如西邻之禴祭，实受其福。

《象》曰："东邻杀牛"，不如西邻之时也。"实受其福"，吉大来也。

【译文】

九五　东邻杀牛举行祭祀，不如西邻举行薄祭更能切实地享受上天降下的福泽。

《象传》说："东邻杀牛举行祭祀"，不如西邻举行祭祀时选择的时机适宜。"切实地享受上天降下的福泽"，说明巨大的吉祥将会接踵而来。

既济卦·上六阴爻

【本爻解析】

上六阴爻居《既济》卦最上位,故爻辞中以"首"作喻。上六阴爻居上卦坎险之上,又居《既济》之极,象征太平盛世即将结束,天下混乱的局面就要到来。处此危局,上六又力弱才浅,必将会面临灭顶之灾,故爻辞以"濡其首"即渡水时头部沾湿作喻。对于上六"濡其首",《象传》的评述是"何可久",即怎么能长久。此"何可久"有两个方面的意思:一是上六既已沾湿头部,则很快就会没入水中;二是告诫上六要尽快结束这种状况,不能让其持续下去。爻辞中说上六"厉"而不说"凶",正是说明上六虽面临危险,但只要主观上努力,仍有摆脱危险之可能。

【经文＋传文】

上六　濡其首,厉。

《象》曰:"濡其首,厉",何可久也。

【译文】

上六　渡水时头部沾湿,有危险。

《象传》说:"渡水时头部沾湿,有危险",这种状况怎么能长久呢?

未济 第六十四

【本卦解析】

　　未济是未获成功的意思。《未济》卦下坎上离，坎为水，离为火，水性润下，火性炎上，象征阴阳不交，行事不顺，故《未济》卦的未济指未获成功。另外，《未济》卦六爻，皆为阳爻居阴位、阴爻居阳位，居位皆不恰当，象征上下失位，名实不符，秩序大乱。《周易》把《未济》卦列于《既济》卦之后，说明事物的发展不会有彻底终结的时候，旧的过程结束了，新的过程就会重新开始。

　　《彖（tuàn）传》从四个方面来解释《未济》卦的卦辞和卦画结构。首先，解释卦辞"亨"。《彖传》认为，《未济》卦之所以预示亨通，是因为六五阴爻居上卦之中位，象征阴柔者能持守中道。其次，解释卦辞"小狐汔（qì）济"。《彖传》认为，《未济》卦的九二阳爻居下卦坎之中位，坎为险，象征未脱离险境，故卦辞中以"小狐汔济"即小狐渡水还未游到对岸、身子仍在水中作喻。再次，解释卦辞"濡其尾，无攸利"。《彖传》认为，小狐之所以会在快要游到对岸时尾巴被水沾湿，以致功败垂成，是因为它"不续终"，即不能坚持到终点。最后，说明《未济》卦卦画结构的特点。《彖传》认为，《未济》卦的三个阳爻居于阴位，三个阴爻居于阳位，是六爻皆不当位；但初六与九四、九二与六五、六三与上九皆相应合，则又象征刚柔相济。《未济》卦六爻皆不当位，象征上下失序，事情未获成功；但六爻之间刚柔皆应，则象征社会上的各类人群能齐心协力，共济时艰，此为《未济》卦中的积极因素，故又预示《未济》卦必能克服混乱无序的状态，走向大治。

《象传》由《未济》卦上离下坎象征"火在水上",推出君子应"慎辨物居方",其间的逻辑关系是:火在水上,则火炎上而水润下,水火不能相交,火势不能受到有效控制,事情未能获得成功;若能做到像《既济》卦那样"水在火上",便能阴阳交融,事情大获成功。君子受此启发,认识到确定事物的性质并使之处于恰当位置的重要性,从而审慎地辨别事物,并使它们各得其所。

【经文 + 传文】

（坎下离上）未济　亨。小狐汔济,濡其尾,无攸利。

《彖》曰:未济,"亨",柔得中也。"小狐汔济",未出中也。"濡其尾,无攸利",不续终也。虽不当位,刚柔应也。

《象》曰:火在水上,未济。君子以慎辨物居方。

【译文】

未济　亨通。小狐快要游到对岸时,尾巴被水沾湿,得不到什么利益。

《彖传》说:未济,"亨通",是因为阴柔者能持守中道。"小狐快要游到对岸",说明其身子仍在水中。"尾巴被水沾湿,得不到什么利益",是因为不能继续努力以达到终点。《未济》卦的阴爻和阳爻所处的位置虽然均不适当,但处于同位的阴阳爻之间却能互相应合。

《象传》说:《未济》卦上离下坎,离为火,坎为水,象征火在水的上面,这就是《未济》卦的卦象。君子观此卦象,从而审慎地辨别事物并使其各居于合适的地方。

未济卦·初六阴爻

【本爻解析】

初六阴爻处于阳位，与九四阳爻相应合，有急于向上往应九四之象。但初六处《未济》卦之初，正值天下无道、社会秩序大乱之时，以初六阴弱之才，就想有所动作，必会遭遇麻烦，故爻辞用"濡其尾"作喻。初六"濡其尾"，则不能继续前进，故爻辞中说"吝"，《象传》中说"不知极"。这里的"极"字，指的是准则、法则。

【经文＋传文】

初六　濡其尾，吝。

《象》曰："濡其尾"，亦不知极也。

【译文】

初六　尾巴被水沾湿，有令人悔恨之事。

《象传》说："尾巴被水沾湿"，说明初六也太不懂得行动的准则了。

未济卦·九二阳爻

【本爻解析】

九二阳爻居下卦之中位,上与六五阴爻相应合,象征阳刚的臣子持守中道,又得阴柔尊者之信任,可以大有作为。但九二处下卦坎险之中,又在未济之时,客观形势不允许其轻易采取行动,故九二审时度势,暂时"曳(yè)其轮",即努力拉住大车的轮子不让其前行,以等待合适的时机。因九二能不轻举妄动,故预示吉祥。

【经文 + 传文】

九二　曳其轮,贞吉。

《象》曰:九二"贞吉",中以行正也。

【译文】

九二　拉住车轮,占问得吉兆。

《象传》说:九二爻辞中说的"占问得吉兆",是因为九二既守中又能行正道。

未济卦·六三阴爻

【本爻解析】

六三阴爻居于阳位,居位不当;六三居下卦坎之最上,又处未济之时,有阴柔者不中不正、身处险境之象。爻辞中说"未济"即未能渡水到达对岸,正是指六三处于险境之中。六三自身尚且难保,故"征凶",即出征会有凶险。但爻辞"利涉大川"与前面的"未济"相矛盾,因"未济"指渡水未能成功,怎么又说利于渡大河呢?有学者认为,这是因为六三下乘九二阳爻,九二阳刚有为,可助六三渡大河。此种说法太过牵强。朱熹认为,"利涉大川"前当有"不"字,此说似较为合理。

【经文 + 传文】

六三　未济,征凶。利涉大川。

《象》曰:"未济,征凶",位不当也。

【译文】

六三　未能渡水到达对岸,出征会有凶险。利于渡大河。

《象传》说:"未能渡水到达对岸,出征会有凶险",是因为六三所处的位置不适当。

未济卦·九四阳爻

【本爻解析】

九四阳爻居于阴位,居位不正,会有令人后悔之事;但九四已出坎险,且居上卦离之初位,象征混乱的局面有可能结束,天下安宁的曙光即将出现,故九四最终不会有令人后悔之事,而且还预示吉祥。不过,九四之"吉"不是轻易得来的,它需要九四付出艰苦的努力。爻辞"伐鬼方""三年",正是用来说明九四经过长期的征讨,才赢得了胜利,并最后得到大国的封赏。九四爻辞"震用伐鬼方"与《既济》卦九三爻辞"高宗伐鬼方"均说"伐鬼方"之事,但《未济》卦的爻辞说九四"有赏于大国",这里的"大国"指殷国,而高宗恰是殷国之帝王,由此推断,"震"当为人名,他追随高宗征讨鬼方,立了大功,从而受到封赏。

【经文+传文】

九四　贞吉,悔亡。震用伐鬼方,三年有赏于大国。

《象》曰:"贞吉,悔亡",志行也。

【译文】

九四　占问得吉兆,没有令人后悔之事。震出兵征讨鬼方,三年后取得胜利,得到大国的赏赐。

《象传》说:"占问得吉兆,没有令人后悔之事",说明九四的志向得到了实行。

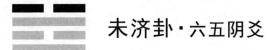

未济卦·六五阴爻

【本爻解析】

六五阴爻居于阳位,居位不正,似当有悔;但六五居上卦之中位,又与九二阳爻相应合,象征阴柔者居于尊位而能持守中道,以诚信对待九二阳刚之臣,从而得九二的倾力辅佐。因此,当未济之时,六五象征廓清乱氛、重建秩序之主,故不但"无悔",而且"贞吉"。另外,六五居上卦离之中,离为文明、为光,故六五又有光明盛大之象,爻辞中的"君子之光",正是就此而言的。总之,六五是《未济》卦中最好的一爻,故爻辞中先言"贞吉",最后又言"吉",真可谓吉祥无比。

【经文＋传文】

六五　贞吉,无悔。君子之光,有孚,吉。

《象》曰:"君子之光",其晖"吉"也。

【译文】

六五　占问得吉兆,没有令人后悔之事。君子之德发出光辉,有诚信,吉祥。

《象传》说:"君子之德发出光辉",说明君子之德发出的光辉能带来"吉祥"。

未济卦·上九阳爻

【本爻解析】

上九阳爻居《未济》卦之极,物极必反,已由《未济》转为《既济》,天下又是一派太平景象,故爻辞用"有孚于饮酒"作喻。"有孚于饮酒"指在饮酒之事上有诚信,之所以这么说,是因为天下太平,则大家饮酒庆贺,并人人以诚信相待。此种行为符合正道,故爻辞说"无咎"。但爻辞同时又以"濡其首"相告诫,这里的"濡其首"是指小狐渡水时头部被水沾湿,不是头部被酒沾湿;小狐的头部被水沾湿,则渡水之事必不能成功。爻辞是以此警告人们:处于太平盛世时,仍当居安思危,否则"濡其首"那样的灾难就将会重新出现。

【经文 + 传文】

上九　有孚于饮酒,无咎。濡其首,有孚失是。

《象》曰:"饮酒"濡首,亦不知节也。

【译文】

上九　在饮酒之事上守信用,没有灾殃。头部沾湿,虽有诚信,也会背离正道。

《象传》说:"饮酒"时头部沾湿,也太不知道节制了。

文言传

乾

【原文】

元者,善之长也;亨者,嘉之会也;利者,义之和也;贞者,事之干也。君子体仁足以长(zhǎng)人,嘉会足以合礼,利物足以和义,贞固足以干事。君子行此四德者,故曰:"乾:元亨利贞。"

初九曰"潜龙勿用",何谓也? 子曰:"龙德而隐者也。不易乎世,不成乎名。遁世无闷,不见是而无闷。乐则行之,忧则违之。确乎其不可拔,潜龙也。"

九二曰"见龙在田,利见大人",何谓也? 子曰:"龙德而正中者也。庸言之信,庸行之谨。闲邪存其诚,善世而不伐,德博而化。《易》曰'见龙在田,利见大人',君德也。"

九三曰"君子终日乾乾,夕惕若,厉,无咎",何谓也? 子曰:"君子进德修业。忠信,所以进德也;修辞立其诚,所以居业也。知至至之,可与言几也;知终终之,可与存义也。是故居上位而不骄,在下位而不忧。故乾乾因其时而惕,虽危无咎矣。"

九四曰"或跃在渊,无咎",何谓也? 子曰:"上下无常,非为邪也;进退无恒,非离群也。君子进德修业,欲及时也,故无咎。"

九五曰"飞龙在天,利见大人",何谓也? 子曰:"同声相应,同气相求。水流湿,火就燥,云从龙,风从虎,圣人作而万物睹。本乎天者亲上,本乎地者亲下,则各从其类也。"

上九曰"亢龙有悔",何谓也? 子曰:"贵而无位,高而无民,贤人在下位而无辅,是以动而有悔也。"

"潜龙勿用",下也。"见龙在田",时舍也。"终日乾乾",行事也。"或跃在渊",自试也。"飞龙在天",上治也。"亢龙有悔",穷之灾也。乾元用九,天下治也。

"潜龙勿用",阳气潜藏。"见龙在田",天下文明。"终日乾乾",与时偕行。"或跃在渊",乾道乃革。"飞龙在天",乃位乎天德。"亢龙有悔",与时偕极。乾元用九,乃见天则。

乾元者,始而亨者也;利贞者,性情也。乾始能以美利利天下,不言所利,大矣哉! 大哉乾乎! 刚健中正,纯粹精也。六爻发挥,旁通情也。时乘六龙,以御天也。云行雨施,天下平也。

君子以成德为行,日可见之行也。"潜"之为言也,隐而未见,行而未成,是以君子弗"用"也。

君子学以聚之,问以辩之,宽以居之,仁以行之。《易》曰"见龙在田,利见大人",君德也。

九三重刚而不中,上不在天,下不在田,故"乾乾"因其时而"惕",虽危"无咎"矣。

九四重刚而不中,上不在天,下不在田,中不在人,故"或"之。"或"之者,疑之也,故"无咎"。

夫大人者,与天地合其德,与日月合其明,与四时合其序,与鬼神合其吉凶。先天而天弗违,后天而奉天时。天且弗违,而况于人乎? 况于鬼神乎?

"亢"之为言也,知进而不知退,知存而不知亡,知得而不知丧。其唯圣人乎,知进退存亡而不失其正者,其唯圣人乎!

【译文】

元,是一切善的事物的统领;亨,是一切美好的事物的聚合;利,是道义的体现;贞,是做事取得成功的根本。君子履行仁德,足以成为众人的尊长;会聚美好的事物,足以使之合于礼仪;济人利物,足以使它体现道义；坚守正道，足以成就事业。君子是履行上述四种美德的人，所以说"乾：包含着元始、亨通、有利、守正四种德性"。

初九爻辞说"龙潜藏于水中，不宜采取行动"，这是什么意思呢？孔子说："这是指具有龙一样的德行却隐居起来的人。他不因为世俗的观念而改变自己的志向，不去追逐俗世的功名。独自隐居而不感到烦闷，言行不被世人认同也不感到苦闷。自己乐意的事就积极去做，不乐意的事就坚决不做。意志坚定，不可动摇，这就是潜藏于水中的龙。"

九二爻辞说"龙出现在田野上，有利于出现大人物"，这是什么意思呢？孔子说："这是指具有龙一样的德行而立身中正、没有偏颇的人。他说话常常言而有信，做事常常小心谨慎。防止邪恶的侵害，保持内心的诚实。行善于世而不自夸，恩德广博而天下莫不感化。《易经》中说'龙出现在田野上，有利于出现大人物'，说明这样的大人物具备担任君主的品德。"

九三爻辞说"君子整天勤奋努力，毫不懈怠，到晚上也谨慎小心，有危险，但不会造成灾殃"，这是什么意思呢？孔子说："指的是君子增进道德修养，建立功业。忠诚守信，可以增进道德；言辞反映内心的真实想法，可以使自己的事业积累壮大。知道自己要达到的目标，并为之积极努力，就可以跟他谈论事物细微的征兆；知道事情的终极结果并知道如何去终结，就可以跟他一起省察如何使自己的行为适宜。所以居于尊贵的地位而不骄傲，处于卑微的地位而不忧愁，能够随时振作并保持警惕，这样，即使面临危险，也不会有什么灾殃了。"

九四爻辞说"龙或跃离深渊，或待在渊中，没有灾殃"，这是什么意思呢？孔子说："或上或下，变化不定，并不是出于某种邪恶的动机；或进或退，变动无常，也不是要脱离众人，而是君子在增进自己的道德、建立功业时，想要使自己的行为合乎时宜，所以不会有灾殃。"

九五爻辞说"龙在天空中飞翔，有利于出现大人物"，这是什么意思呢？孔子说："同类的声音互相应和，气息相同的事物互相求合。

水向低湿的地方流动，火向干燥的地方蔓延；云总是伴随着龙，风总是跟随着虎，圣人兴起而万人仰视。根源在天的就与上面的东西亲近，根源在地的就与下面的东西亲近，万物都归属于不同的类。"

上九爻辞说"龙腾飞过高，将会发生令人后悔的事"，这是什么意思呢？孔子说："处于尊贵的地位而没有实权，高高在上而没有直接归他管辖的民众，贤明的人居于下位而无法辅佐他，所以一有行动就会出现令人后悔的事。"

"龙潜藏于水中，不宜采取行动"，因为此时其所处的地位还很低下。"龙出现在田野上"，说明此时境遇已经开始变好。"整天奋发努力，不懈怠"，说明正在从事自己的事业。"龙或跃离深渊，或待在渊中"，说明其正在进行自我尝试。"龙在天空中飞翔"，是说大人物居于上位来治理民众。"龙腾飞过高，将会发生令人后悔的事"，说明事物走向极端，就会造成灾祸。用九体现了乾之善德，天下因此而大治。

"龙潜藏于水中，不宜采取行动"，因为此时阳气处于潜伏隐藏的状态。"龙出现在田野上"，说明此时天下文采光明。"整天勤奋努力，不懈怠"，说明君子能够与时俱进。"龙或跃离深渊，或待在渊中"，说明天道正在发生变化。"龙在天空中飞翔"，说明其具有与天创生万物一样的功德。"龙腾飞过高，将会发生令人后悔的事"，说明随着时间的推展，事情已发展到了尽头。用九体现了乾之善德，从中可以发现天道运行的规律。

《乾》卦卦辞中的"元亨"，是指乾创造万物并使它们发展亨通；"利贞"，是乾具有的本性和真情。创造万物的乾能用美好的利益使天下万物受益，却从不夸耀自己的利物之功，真是博大啊！伟大的乾啊！它刚健有力，居中守正，纯粹之极。《乾》卦六爻把其内在的性质或能力表现出来，广通于万物的情状。太阳驾着六条飞龙在天空中有规律地运行。云在天空中飘移，雨水从天上降下，天下一片太平。

君子把成就德行作为自己行动的目标，这一点每天都可以从他的行为中表现出来。"潜"的意思是隐藏着而不显露，正在进行道德修养而尚未完成，所以君子暂不"采取行动"。

君子通过不断学习来积累知识，通过询问来辨明是非，以宽厚的态度来处世，以仁爱之心来指导行动。《易经》中说"龙出现在田野上，有利于出现大人物"，说明这样的大人物具备担任君主的品德。

九三爻处在重叠的两个阳爻之上，其位置又不居中，而且上不在天位，下不在地位，象征上不着天，下不着地，所以要随时振作并保持警惕，这样，即使面临危险也不会有什么灾殃。

九四爻处在重叠的阳爻之上，其位置又不居中，而且上不着天，下不着地，加上其所处的位置又非人所宜处，所以爻辞中才会用"或"字。"或"表示有疑虑，不妄作决断，所以才会没有灾殃。

大人物具有与天地一样的品德，与日月一样明亮的光辉，他的行为像四季更替一样井然有序，预知吉凶能与鬼神相一致。他先于天的变化而行动，随后发生的天的变化会证明他的正确；他若后于天的变化而行动，会严格遵循时序的自然运行。天尚且不违背他，更何况人呢？何况鬼神呢？

"亢"的意思是：只知道进取而不知道退让，只知道事物的存在而不知道它会消亡，只知道获得而不知道丧失。大概只有圣人吧，知道进退存亡的道理并且能正确地运用的，大概只有圣人吧！

坤

【原文】

坤至柔而动也刚，至静而德方，后得主而有常，含万物而化光。坤道其顺乎，承天而时行。

积善之家，必有余庆；积不善之家，必有余殃。臣弑（shì）其君,子弑其父,非一朝一夕之故,其所由来者渐矣,由辩之不早辩也。《易》曰"履霜,坚冰至",盖言顺也。

"直",其正也;"方",其义也。君子敬以直内,义以方外,敬义立而德不孤。"直方大,不习无不利",则不疑其所行也。

阴虽有美,含之以从王事,弗敢成也。地道也,妻道也,臣道也。地道无成,而代有终也。

天地变化,草木蕃;天地闭,贤人隐。《易》曰"括囊,无咎无誉",盖言谨也。

君子黄中通理,正位居体,美在其中,而畅于四支,发于事业,美之至也。

阴疑于阳必战,为其嫌于无阳也,故称龙焉;犹未离其类也,故称血焉。夫玄黄者,天地之杂也:天玄而地黄。

【译文】

大地极其柔顺,它的运动却是刚健的;大地极其宁静,它的品德十分方正。大地后于天而动,以天为主,并且有固定的规律。大地包含并化育万物,作用极其广大。大地之道多么驯顺啊,它秉承天的意志,按照时令而运行。

积德行善的人家,一定有福泽留给子孙;积恶行不善的人家,一定会给后代留下灾殃。臣子犯上杀害君主,儿子犯上杀害父亲,这种情况不是短时间内造成的,而是有一个逐渐积累的过程,关键在于能否及早明察。《易经》说"脚踩到霜,冻结着坚厚的冰的日子就要来临",说的是事物发展有其必然的趋势。

"直",是指内心正直;"方",是指行事合乎道义。君子以诚敬的态度使自己的内心正直,实行道义使自己的行为方正。内心诚敬,行动上践行道义,君子的德行就会产生广泛的影响。"正直、端方、广大,不熟悉也没有任何不利",这样他就不会对自己的行为产生怀疑了。

处于阴柔地位的人,虽然有美德美才,也是守持而不外露,默默地追随君王做事，不敢把功劳归于自己。这就是大地顺从天之道，妻子顺从夫之道，臣子顺从君主之道。大地顺从天之道是取得成功而不居功，它只是代替天完成功业。

天地阴阳互相沟通，草木就茂盛；天地阴阳闭塞隔绝，贤人就退隐。《易经》说"扎紧袋子，既没有灾殃，也没有美誉"，大概说的就是处世要小心谨慎吧。

君子内蕴大地柔顺之德，通达事理，居于自己所应居的位置，存于内心的美德，表现在行动上，在事业中得到发挥，其美德真是达到了极致。

阴气发展到能与阳气相匹敌，必然会导致争斗，因为怕人们误以为其中只有阴没有阳，所以称龙在原野上搏斗；上六的阴气虽然到了能与阳气相匹敌的地步，但它毕竟仍属于阴类，所以爻辞中说"血"。血的颜色青黄相杂，说明天地的颜色混杂在一起：天是青色的，地是黄色的。

系辞传

系辞传上

第一章

【原文】

天尊地卑，乾坤定矣。卑高以陈，贵贱位矣。动静有常，刚柔断矣。方以类聚，物以群分，吉凶生矣。在天成象，在地成形，变化见（xiàn）矣。是故刚柔相摩，八卦相荡。鼓之以雷霆，润之以风雨，日月运行，一寒一暑。乾道成男，坤道成女。乾知大始，坤作成物。乾以易知，坤以简能。易则易知，简则易从。易知则有亲，易从则有功。有亲则可久，有功则可大。可久则贤人之德，可大则贤人之业。易简而天下之理得矣。天下之理得，而成位乎其中矣。

【译文】

天高而在上，地低而在下，乾和坤的位置、特性就是据此确定的。低和高的位置既已排定，贵和贱的地位也就确立了。天地的动和静有规律性，阳刚和阴柔的区别也就判然分明了。同类的道理聚合在一起，事物按其所属的群体相区分，吉凶也就因此而产生了。在天上形成日月星辰等天象，在地上形成山川草木等形体，事物变化的道理也就从中显现出来了。所以阴爻和阳爻交错配合而产生八卦，八卦之间摆动重叠而产生六十四卦。雷霆在天空中震动，风雨滋润着大地，日月在天空中交替往来，寒和暑不断更替。具有乾阳特性的成为男，具有坤阴特性的成为女。乾的功用是创生万物,坤的作用是成就万物。乾通过平易来体现其功能,坤通过简约来显示其作用。平易就容易为人所知晓,简约就容易为人所遵循。容易被人知晓就会有人来亲近,容易被人遵循就能取得成功。有人来亲近就可以长久,取得成功后事业就能发展壮大。可以长久,指的是贤人的品德;可以发展壮大,指的是贤人的功业。能够做到平易简约,天下的道理就都能掌握了。天下的道理都掌握了,就能恰当地给自己定位了。

第二章

【原文】

圣人设卦观象,系辞焉而明吉凶。刚柔相推而生变化。是故吉凶者,失得之象也;悔吝者,忧虞之象也;变化者,进退之象也;刚柔者,昼夜之象也。六爻之动,三极之道也。是故君子所居而安者,《易》之序也;所乐而玩者,爻之辞也。是故君子居则观其象而玩其辞,动则观其变而玩其占,是以"自天佑之,吉,无不利"。

【译文】

圣人创设八卦和六十四卦,观察其卦象和爻象,并在每卦和每爻的后面配上文辞,以表明其中蕴含的吉凶。阳爻与阴爻互相推移而产生种种变化。所以吉和凶,是得到和失去的象征;悔和吝,是内心忧愁的象征;卦爻间的变化,是进取和退守的象征;阳刚和阴柔,是白昼和黑夜的象征。六爻的变化,体现了天、地、人三才的关系和内在规律。所以君子平素家居时细心考察的,是《易经》的卦序;愉快地玩味的,是每一爻的爻辞。所以君子平素家居时就考察《易经》的卦象和爻象,玩味卦辞和爻辞,准备有所行动时就观察卦爻象的变化并细细品味占问时所显示的吉凶,所以才能"有上天保佑,吉祥,没有任何不利"。

第三章

【原文】

彖（tuàn）者，言乎象者也；爻者，言乎变者也；吉凶者，言乎其失得也；悔吝者，言乎其小疵也；无咎者，善补过也。是故列贵贱者存乎位，齐小大者存乎卦，辩吉凶者存乎辞，忧悔吝者存乎介，震无咎者存乎悔。是故卦有小大，辞有险易。辞也者，各指其所之。

【译文】

彖辞，是用来说明卦象的意义的；爻辞，是用来说明每一爻的具体变化的；吉和凶，是用来说明失去或得到的；悔和吝，是说明人们的行为存在瑕疵；无咎，说明善于补救过失。所以排列地位贵贱是通过六爻的爻位，分别大小要根据它是阳卦还是阴卦，辨别吉凶要根据卦爻辞的内容，担忧有悔吝之事就要注意防微杜渐，惊惧戒备而没有灾殃是因为知道及时悔改。所以卦有大小之别，卦爻辞有凶险和平易之分。每一则卦爻辞，都指出了行动的方向。

第四章

【原文】

《易》与天地准，故能弥纶天地之道。仰以观于天文，俯以察于地理，是故知幽明之故。原始反终，故知死生之说。精气为物，游魂为变，是故知鬼神之情状。与天地相似，故不违。知周乎万物而道济天下，故不过。旁行而不流，乐天知命，故不忧。安土敦乎仁，故能爱。范围天地之化而不过，曲成万物而不遗，通乎昼夜之道而知，故神无方而《易》无体。

【译文】

《易经》是依据天地创作出来的，所以能囊括天地间的一切道理。抬头观察天上的日月星辰等天象，低头察看山川土地之形势，所以能明白所有无形和有形的事物。考察事物的开始，推究事物的终结，从而明白死和生的道理。精气可凝聚成有生命之物，精气游散后就会造成变化，从中就可以明白鬼神的真实情形。《易经》所蕴含的道理与天地的真实情况相吻合，所以不会与天地之道相违背。《易经》包含的知识遍及万物，其道理可以匡济天下，所以不会有什么过失。采取变通的手段处理问题而不会陷于放纵，能预知命运的安排并乐于顺从，所以不会有什么忧愁。安于所居住的环境，不断地培养自己的仁德，所以能充满爱心。《易经》能包罗天地化育万物之功而又不过分，多方设法以成全万物而没有遗漏，贯通阴阳变化之道而充满智慧，所以说神妙的事物变化无穷而《易经》之道没有固定的形体。

第五章

【原文】

一阴一阳之谓道。继之者善也，成之者性也。仁者见之谓之仁，知(zhì)者见之谓之知，百姓日用而不知，故君子之道鲜矣。显诸仁，藏诸用，鼓万物而不与圣人同忧，盛德大业至矣哉！富有之谓大业，日新之谓盛德。生生之谓易，成象之谓乾，效法之谓坤。极数知来之谓占，通变之谓事，阴阳不测之谓神。

【译文】

阴和阳既互相对立，又互相依存和转化，这称为道。能承继这种道的是天地间的善德，使这种道得以充分实现是事物的本性。仁者发现这种道包含仁德，就称之为仁；智者发现这种道蕴含智慧，就称之为智；百姓们每天都在应用这种道，却对此并不了解，所以能像君子那样全面地认识这种道的人是很少的。这种道通过仁德显现出来，隐藏在日用之中，激发万物生长而不像圣人那样怀有忧患之心，它的隆盛之德和弘大功业真是达到了极致！拥有一切事物，这称为弘大的功业；不断变化更新，这称为隆盛之德。使万物不断生长变化，这称为易；形成日月星辰等天象，这称为乾；仿效乾的特性，这称为坤。穷尽蓍策之数的变化以预知未来，这称为占问；使事物开通变化，这称为事功；阴和阳的变化难以预料，这称为神奇。

第六章

【原文】

夫《易》广矣大矣，以言乎远则不御，以言乎迩则静而正，以言乎天地之间则备矣。夫乾，其静也专，其动也直，是以大生焉；夫坤，其静也翕（xī），其动也辟（pì），是以广生焉。广大配天地，变通配四时，阴阳之义配日月，易简之善配至德。

【译文】

《易经》之道极其广大，从远的方面来说，它没有止境；从近的方面来说，它宁静而端正；从天地之间这么广泛的范围来看，它又无所不包。乾，静止时十分专一，运动时直而不曲，从而具有大的特点；坤，静止时闭合伏藏，运动时展开显露，从而具有广的特点。《易经》之道的广和大可与天地相配，变化通达可与四季的更替相配，阴和阳的特性可与日月相配，平易简约的善德可与最高的道德相配。

第七章

【原文】

子曰："《易》其至矣乎！夫《易》，圣人所以崇德而广业也。知

511

（zhì）崇礼卑，崇效天，卑法地。天地设位，而《易》行乎其中矣。成性存存，道义之门。"

【译文】

孔子说："《易经》之道真是完美到了极致！《易经》，是圣人用来提高道德修养并推广事业的。智慧要崇高，而礼仪则贵在谦卑；崇高的智慧仿效天，谦卑的礼仪效法地。天地确立了尊卑高下的位置，《易经》之道就在其中运行了。成全万物的本性并保护其生存，这就是通向道义的门径。"

第八章

【原文】

圣人有以见天下之赜（zé），而拟诸其形容，象其物宜，是故谓之象；圣人有以见天下之动，而观其会通，以行其典礼，系辞焉以断其吉凶，是故谓之爻。言天下之至赜而不可恶也，言天下之至动而不可乱也。拟之而后言，议之而后动，拟议以成其变化。

"鸣鹤在阴，其子和（hè）之。我有好爵，吾与尔靡之。"子曰："君子居其室，出其言善，则千里之外应之，况其迩者乎；居其室，出其言不善，则千里之外违之，况其迩者乎。言出乎身，加乎民；行发乎迩，见乎远。言行，君子之枢机，枢机之发，荣辱之主也。言行，君子之所以动天地也，可不慎乎？"

"同人先号咷（táo）而后笑。"子曰："君子之道，或出或处，或默或语。二人同心，其利断金。同心之言，其臭（xiù）如兰。"

"初六：藉用白茅，无咎。"子曰："苟错（cù）诸地而可矣，藉之用茅，何咎之有，慎之至也。夫茅之为物薄，而用可重也。慎斯术也以往，其无所失矣。"

"劳谦君子，有终，吉。"子曰："劳而不伐，有功而不德，厚之至也,语以其功下人者也。德言盛,礼言恭。谦也者,致恭以存其位者也。"

"亢龙有悔。"子曰:"贵而无位,高而无民,贤人在下位而无辅,是以动而有悔也。"

"不出户庭,无咎。"子曰:"乱之所生也,则言语以为阶。君不密则失臣,臣不密则失身,几事不密则害成,是以君子慎密而不出也。"

子曰:"作《易》者,其知盗乎?《易》曰'负且乘,致寇至',负也者,小人之事也;乘也者,君子之器也。小人而乘君子之器,盗思夺之矣;上慢下暴,盗思伐之矣。慢藏诲盗,冶容诲淫。《易》曰'负且乘,致寇至',盗之招也。"

【译文】

圣人因为看到天下万物所蕴藏的道理极为深奥,从而模仿它们的形状,来象征与事物相适宜的意义,所以称之为卦象;圣人看到天下万物变动不居,从而观察其中的会合变通,以推行治理社会的典制礼仪,并配上文辞来判断吉凶,所以称之为爻。说明天下最深奥的道理而不可不恰当,说明天下最复杂的运动变化而不可混乱。用卦象比拟事物后再发表意见,对事情进行斟酌后再采取行动,通过比拟和审议来促成事物向好的方面变化。

《中孚》卦九二爻辞说:"鹤在树荫下鸣叫,小鹤鸣叫着应和。我有美酒,与你一起分享。"对此,孔子说:"君子在家中居住,口出善言,那么远在千里之外的人都会响应他,更何况那些离他很近的人呢;在家中居住,口出不善之言,那么远在千里之外的人都会反对他,更何况那些离他很近的人呢。言论从身上发出,影响到广大民众;近处发生的行动,远处的人也能看到。言论和行动,对于君子来说好比户枢和发射弓箭的机关那样的关键部位,这个关键部位的动作是否恰当,决定着荣还是辱。言论和行动,是君子用来影响天地万物的,能不慎重吗?"

《同人》卦九五爻辞中说："与别人心意、行为相同，先号啕大哭，后欢笑欣喜。"对此，孔子说："君子的处世之道，是要根据客观的情况，有时外出行事，有时在家安居；有时保持沉默，有时发表意见。两个人同心一意，其作用就像利刃能砍断金属一样。同心一意而说出的话，就像兰花发出的气味一样芳香。"

《大过》卦初六爻辞说："初六：祭祀时用洁白的茅草来衬垫祭品，没有灾殃。"对此，孔子说："如果直接把祭品放在地上也是可以的，现在又用洁白的茅草来衬垫，会有什么灾殃呢，这是慎重之极的做法。茅草是一种微不足道的东西，却可以发挥重要的作用。慎重地按照这种方式去行事，就不会有什么过失了。"

《谦》卦九三爻辞说："君子有功劳而仍保持谦虚，有好的结局，吉祥。"对此，孔子说："有功劳而不自我夸耀，建立了功业而不自居其德，这是敦厚之极的行为，说的是虽有功劳却仍甘居人下。德行讲究隆盛，礼节讲究恭敬。所谓谦虚，就是要人们用最恭敬的态度来保存其既有的地位。"

《乾》卦上九爻辞说："龙腾飞过高，将会发生令人后悔的事。"对此，孔子说："处于尊贵的地位而没有实权，高高在上而没有直接归他管辖的民众，贤明的人居于下位而无法辅佐他，所以一有行动就会出现令人后悔的事。"

《节》卦初九爻辞说："足不出户，没有灾殃。"对此，孔子说："祸乱的产生，往往是由言语引起的。君主说话不能保密就会失去臣子的忠心，臣子说话不能保密就有可能丢掉性命，机密之事不能保密就会造成危害，所以君子为了慎重地保密而不外出。"

孔子说："写作《易经》的人，大概对盗贼是很了解的吧？《易经》的《解》卦六三爻辞中说'背负着东西乘车，招来了盗寇'，背负东西，这是小人干的事；乘坐的车辆，这是君子所用的工具。小人乘坐着本该由君子乘坐的车辆，盗贼就会谋算着要来夺取了；居于上位的人轻慢懈怠而处于下位的人横暴无礼，盗贼就会谋算着要来攻打了。收藏

514

财物不谨慎就会招来盗贼，把容貌打扮得过于艳丽就会激起人的淫荡之心。《易经》所说的'背负着东西乘车，招来了盗寇'，说明盗贼正是这样招引来的。"

第九章

【原文】

大衍之数五十，其用四十有九。分而为二以象两，挂一以象三，揲（shé）之以四以象四时，归奇（jī）于扐（lè）以象闰，五岁再闰，故再扐而后挂。天数五，地数五，五位相得而各有合。天数二十有五，地数三十，凡天地之数五十有五，此所以成变化而行鬼神也。《乾》之策二百一十有六，《坤》之策百四十有四，凡三百有六十，当期（jī）之日。二篇之策，万有一千五百二十，当万物之数也。是故四营而成易，十有八变而成卦。八卦而小成，引而伸之，触类而长之，天下之能事毕矣。显道神德行，是故可与酬酢（zuò），可与佑神矣。

【译文】

占筮（shì）时用五十根蓍（shī）草，用于具体运算的则是四十九根。把这四十九根蓍草任意分为两堆，以象征天地两仪；从两堆蓍草中任意抽取一根，放到一旁，以象征天、地、人三才；以四根为一组分别点数两堆蓍草，以象征春、夏、秋、冬四季；把每堆中剩下的蓍草（不超过四根）置于手指之间，以象征闰月；农历五年中有两次闰月，所以占筮时也要重复上述步骤，并把再次演算后剩下的蓍草夹于手指之间，然后置于一旁。天数有一、三、五、七、九这五个，地数有二、四、六、八、十这五个，五个天数和五个地数分别相加各有其和数。天数相加的和数是二十五，地数相加的和数是三十，天数和地数的总和为五十五，正是依靠这些数字，才造成了各种变化并能与鬼神相通。《乾》卦六个阳爻包括二百一十六根蓍草，《坤》卦六个阴爻包括一百四十四根蓍草,两者相加为三百六十,相当于一年的天数。《易经》上下经六十四卦包括的蓍草,共为一万一千五百二十根,以此来代表天地万物的数目。所以经过分二、挂一、揲四、归奇四个步骤,就形成一次变化;经过十八次分二、挂一、揲四、归奇的步骤,就可以得出《易经》的一卦。乾、坤、震、巽、坎、离、艮、兑八个经卦可以在较小的范围内象征事物,以八卦为基础加以引申,碰到同类的事物就扩展其象征意义,天下的事物就全部包罗在其中了。《易经》能彰显大道,使道德品行趋于神妙之境,所以掌握了《易经》之道,就可以从容地应对一切,并可以辅助神灵。

第十章

【原文】

子曰:"知变化之道者,其知神之所为乎。《易》有圣人之道四焉:以言者尚其辞,以动者尚其变,以制器者尚其象,以卜筮者尚其占。"是以君子将有为也,将有行也,问焉而以言,其受命也如响,无有远近幽深,遂知来物。非天下之至精,其孰能与于此。参(sān)伍以变,错综其数,通其变,遂成天地之文;极其数,遂定天下之象。非天下之至变,其孰能与于此。《易》无思也,无为也,寂然不动,感而遂通天下之故。非天下之至神,其孰能与于此。夫《易》,圣人之所以极深而研几也。唯深也,故能通天下之志;唯几也,故能成天下之务;唯神也,故不疾而速,不行而至。子曰"《易》有圣人之道四焉"者,此之谓也。

【译文】

孔子说:"知道事物变化规律的人,大概就知道了神灵的所作所为吧。《易经》中包含了四个方面的圣人之道:用《易经》来指导言论的推崇它的卦爻辞,用《易经》来指导行动的推崇其中蕴含的变化,用《易经》来指导制造器皿的推崇它的卦爻象,用《易经》来预测的推崇它的占断功能。"所以君子将有所作为，将采取某种行动时，就说出自己的想法并用蓍草进行占问，蓍草接到命令后，就像声音发出的回声一样，无论是远是近，还是其道理幽深难明，都能推知将要发生之事的状况。若不是天下最为精妙的东西，怎么能达到如此之程度。反复不断地变化推演，交错综合蓍草的数目，贯通了其中变化的规律，就可以确定天地间丰富多彩的事物；穷尽了蓍草的数目，就可以确定天下的所有物象。若不是蕴含了天下最丰富的变化，怎么能达到如此之程度。《易经》本身没有思虑，没有作为，它寂静不动，但是通过占问，它就能发生感应，并能贯通天下所有的事物。若不是天下最为神妙的东西，怎么能达到如此之程度。《易经》，是圣人用来探究事物的最幽深、最隐微之理的。正因为《易经》之道幽深，所以能贯通天下人的心志；正因为《易经》之道隐微，所以能成就天下的事务；正因为《易经》之道神妙，所以用不着急疾而能速成，用不着行动而能达到目的。孔子说"《易经》中包含了四个方面的圣人之道"，说的就是这个意思。

第十一章

【原文】

天一，地二；天三，地四；天五，地六；天七，地八；天九，地十。子曰："夫《易》何为者也？夫《易》开物成务，冒天下之道，如斯而已者也。"是故圣人以通天下之志，以定天下之业，以断天下之疑。是故蓍（shī）之德圆而神，卦之德方以知（zhì），六爻之义易以贡。圣人以此洗心，退藏于密，吉凶与民同患；神以知来，知以藏往。其孰能与于此哉？古之聪明睿知、神武而不杀者夫。是以明于天之道，而察于民之故，是兴神物以前民用。圣人以此齐（zhāi）戒，以神明其德夫。是故阖（hé）户谓之坤，辟（pì）户谓之乾，一阖一辟谓之变，往来不穷谓之通。见（xiàn）乃谓之象，形乃谓之器，制而用之谓之法，利用出入，民咸用之谓之神。

是故《易》有太极,是生两仪,两仪生四象,四象生八卦,八卦定吉凶,吉凶生大业。是故法象莫大乎天地;变通莫大乎四时;县象著明莫大乎日月;崇高莫大乎富贵;备物致用,立成器以为天下利,莫大乎圣人;探赜(zé)索隐,钩深致远,以定天下之吉凶,成天下之亹(wěi)亹者,莫大乎蓍龟。是故天生神物,圣人则之;天地变化,圣人效之;天垂象,见吉凶,圣人象之;河出图,洛出书,圣人则之。《易》有四象,所以示也;系辞焉,所以告也;定之以吉凶,所以断也。

【译文】

一为天数,二为地数;三为天数,四为地数;五为天数,六为地数;七为天数,八为地数;九为天数,十为地数。孔子说:"《易经》有什么作用呢?《易经》的作用就是揭示万物的真相,成就事业,包罗天下的道理,如此而已。"因此圣人通过《易经》来贯通天下人的心志,成就天下的事业,决断天下的疑难之事。所以蓍草圆形而十分灵验,卦体方形而充满智慧,六爻的意义充满变化并告人以吉凶。圣人通过《易经》来净化自己的心灵,退而隐藏于秘密之处,与民众一起为吉凶之事而担忧;凭借蓍草的神通预知未来,通过卦体的智慧保存往昔之事。谁能做到这样呢?只有古代的充满聪明智慧、神勇英武而又不残忍嗜杀的人。所以圣人明了天道变化的规律,明察百姓的事务,从而创设用蓍草来占问的方法,以引导民众运用它。圣人因此诚敬戒慎,以使自己的德行达到极高之境界。所以关上门户称为坤,打开门户称为乾,一闭一开称为变化,来来往往没有穷尽称为亨通。事物显现出来的称为象,具有形体的称为器物;根据这些象和器制作器物并供人们使用,这称为效法;在日常生活中使用这些器物,并且使百姓们都使用它们,这称为神奇。

所以《易经》之道中包孕着太极,太极生出阴阳,阴阳生出老阴、老阳、少阴、少阳四象,四象生出八卦,通过八卦可以判定事物的吉凶,趋吉避凶就可以建立大业。所以供人效法的对象没有比天地更大的；显示变化贯通没有比一年四季的更替更明显的；在天空中高高悬挂并显示光明没有能超过日月的；地位崇高没有能超过天子那样既富且贵的；备办各种器物并尽其所用，制成各种器具，以利于天下之人，没有比圣人更伟大的；探索隐微难见之理，钩沉深邃之事，招致远处之物，以确定天下之事的吉凶，并成就天下之人为之不懈地奋斗的功业，没有能超过蓍草和龟的。所以天创造了蓍草和龟这样的神异之物，圣人效法它们来进行卜筮（shì）；天地变化无穷，圣人用《乾》卦和《坤》卦来仿效这种变化；天上的日月星辰等天象显示出吉和凶，圣人就用卦和爻来进行象征；黄河出现龙图，洛水出现龟书，圣人依照龙图和龟书而创造了八卦和九畴。《易经》有老阴、老阳、少阴、少阳四象，它们是用来显示变化的；在卦和爻的后面配上文辞，是用来告诉人们卦和爻的意义的；在卦爻辞中确定吉和凶，是用来帮助人们进行决断的。

第十二章

【原文】

《易》曰："自天佑之，吉，无不利。"子曰："佑者，助也。天之所助者顺也，人之所助者信也。履信思乎顺，又以尚贤也，是以'自天佑之，吉，无不利'也。"

子曰："书不尽言，言不尽意。"然则圣人之意，其不可见乎？子曰："圣人立象以尽意，设卦以尽情伪，系辞焉以尽其言，变而通之以尽利，鼓之舞之以尽神。"

乾坤，其《易》之缊（yùn）邪（yé）？乾坤成列，而《易》立乎其中矣；乾坤毁，则无以见《易》；《易》不可见，则乾坤或几乎息矣。是故形而上者谓之道，形而下者谓之器，化而裁之谓之变，推而行之谓之通，举而错（cù）之天下之民谓之事业。是故夫象，圣人有以见天下之赜（zé），而拟诸其形容，象其物宜，是故谓之象；圣人有以见天下之动，而观其会通，以行其典礼，系辞焉以断其吉凶，是故谓之爻。极天下之赜者存乎卦；鼓天下之动者存乎辞；化而裁之存乎变；推而行之存乎通；神而明之存乎其人；默而成之，不言而信，存乎德行。

【译文】

《易经》的《大有》卦上九爻辞说："有上天保佑，吉祥，没有任何不利。"孔子说："佑，是帮助的意思。上天所帮助的，是顺从正道的人；众人愿意帮助的，是有诚信的人。履行诚信并愿意顺从正道，又能尊崇贤人，所以就能'有上天保佑，吉祥，没有任何不利'。"

孔子说："文字不能彻底表达人的语言，语言不能彻底表达人的思想。"那么，圣人的思想难道真的无法表达出来吗？孔子说："圣人设立象来充分表达自己的思想，设置卦来充分揭示事物的真伪，在卦爻后面加上文辞来充分表达自己的语言，通过变化使之贯通以充分获取其中的利益，反复摆弄蓍（shī）草以充分发挥《易经》的神妙作用。"

《乾》《坤》两卦中蕴藏着全部的《易经》之道吧？《乾》《坤》两卦一确立，《易经》之道就包含在其中了；《乾》《坤》两卦一旦毁坏，《易经》之道也就无从体现；《易经》之道无法体现，《乾》《坤》两卦也就接近消亡了。所以没有具体形象的抽象的东西就称为道，有形象的具体的东西就称为器，根据道来改变或裁制器物称为变化，推行这种变化之道称为通达，把它广泛地实施于天下民众之中，就称为事业。因此所谓象，是因为圣人看到天下万物所蕴藏的道理极为深奥，从而模仿它们的形状，来象征与事物相适宜的意义，所以称之为卦象；圣人看到天下万物变动不居，从而观察其中的会合变通，以推行治理社会的典制礼仪，并配上文辞来判断吉凶，所以称之为爻。把天下所有深奥的道理都蕴含在卦中；占问天下的各种变动并把其中的得失反映在卦爻辞中；把根据道改变或裁制器物体现在变化之中；把推行变化之道体现在事物的会通之中；通过掌握《易经》之道的人来彰显《易经》

的神奇；至于静默无为而能获得成功，不用说话而能取得别人的信任，则依赖于德行。

系辞传下

第一章

【原文】

八卦成列，象在其中矣；因而重之，爻在其中矣；刚柔相推，变在其中矣；系辞焉而命之，动在其中矣。吉凶悔吝者，生乎动者也。刚柔者，立本者也；变通者，趣时者也。吉凶者，贞胜者也；天地之道，贞观者也；日月之道，贞明者也；天下之动，贞夫一者也。夫乾，确然示人易矣；夫坤，隤（tuí）然示人简矣。爻也者，效此者也；象也者，像此者也。爻象动乎内，吉凶见（xiàn）乎外。功业见乎变，圣人之情见乎辞。天地之大德曰生，圣人之大宝曰位，何以守位曰仁，何以聚人曰财，理财正辞，禁民为非曰义。

【译文】

八卦创立后，八卦所象征的事物就包括在其中了；把八卦重叠成六十四卦，所有的爻就包括在其中了；阳爻和阴爻互相推移，变化就包含在其中了；在卦爻后面加上文辞并告之以吉凶，卦爻的变动也就包含在其中了。吉、凶、悔、吝，这些都是卦爻变动产生的结果。阳爻和阴爻，是《易经》各卦的基础；阴阳的变化和会通，是为了适合具体的时宜。吉和凶，说明守正就能获胜；天地之道，是要以正道示人；日月之道，说明守正方能充满光明；天下万物的变动，说明事物都有其内在的规律。乾道刚健而示人以平易，坤道柔顺而示人以简约。爻，仿效的是乾坤易简之道；卦象，模仿的也是乾坤易简之道。爻象在卦内变动，吉凶体现在卦外的事物中。建功立业体现在能否把握变化之道，圣人的思想情感反映在卦爻辞上。天地最大的德行是化生万物，圣人最可宝贵的东西是天子之位，让圣人能守住此天子之位的是仁德，能把众人聚集起来的是财物，管理好财物，端正言辞法令，禁止民众做非法之事，这称为处事适宜。

第二章

【原文】

古者包牺氏之王（wàng）天下也，仰则观象于天，俯则观法于地，观鸟兽之文，与地之宜，近取诸身，远取诸物，于是始作八卦，以通神明之德，以类万物之情。作结绳而为网罟（gǔ），以佃以渔，盖取诸《离》。包牺氏没，神农氏作，斫木为耜（sì），揉木为耒（lěi），耒耨（nòu）之利，以教天下，盖取诸《益》。日中为市，致天下之民，聚天下之货，交易而退，各得其所，盖取诸《噬嗑（shìhé）》。神农氏没，黄帝、尧、舜氏作，通其变，使民不倦；神而化之，使民宜之。《易》穷则变，变则通，通则久，是以"自天佑之，吉，无不利"。黄帝、尧、舜垂衣裳而天下治，盖取诸《乾》《坤》。刳（kū）木为舟，剡（yǎn）木为楫，舟楫之利，以济不通，致远以利天下，盖取诸《涣》。服牛乘马，引重致远，以利天下，盖取诸《随》。重门击柝（tuò），以待暴客，盖取诸《豫》。断木为杵（chǔ），掘地为臼，臼杵之利，万民以济，盖取诸《小过》。弦木为弧，剡木为矢，弧矢之利，以威天下，盖取诸《睽（kuí）》。上古穴居而野处，后世圣人易之以宫室，上栋下宇，以待风雨，盖取诸《大壮》。古之葬者，厚衣之以薪，葬之中野，不封不树，丧期无数，后世圣人易之以棺椁（guǒ），盖取诸《大过》。上古结绳而治，后世圣人易之以书契，百官以治，万民以察，盖取诸《夬（guài）》。

【译文】

　　远古时期包牺氏统治天下时,他抬头观看天上的日月星辰等天象,低头察看大地上的地形地貌,观看鸟兽身上的纹理,以及在大地上生长的各种植物,近的取法于自身,远的取法于各类事物,从而创作出了八卦,用来与神灵的德性相通,并象征万物的情状。搓绳并把它们编织成网,用来捕捉鸟兽和鱼,这大概是受到《离》卦的启发吧。包牺氏去世后,神农氏兴起,他砍削树木制成耜,把木头弯曲制成耒,并把耒和耜的好处教给天下的民众,这大概是受到《益》卦的启发吧。在正午时设立市场,招致天下的民众,并聚集天下的货物,完成交易后散去,使人们各自得到所需的物品,这大概是受到《噬嗑》卦的启发吧。神农氏去世后,黄帝、尧、舜兴起,他们会通变化前人的成果,使百姓用起来不会厌倦疲乏;对它们作神奇的改造,使其更适合民众之需要。《易经》之道反映了事物发展到尽头就会发生变化,变化就能通达,通达就能长久,所以《大有》卦上九爻辞说"有上天保佑,吉祥,没有任何不利"。黄帝、尧、舜制作衣裳区分尊卑而使天下大治,这大概是受到《乾》《坤》两卦的启发吧。把木头从中间剖开,挖空后制成舟船,把树木刮削成船桨,舟船和船桨的好处是可以帮人渡过无法徒涉的水面,到达很远的地方并使天下之人获得利益,这大概是受到《涣》卦的启发吧。驾乘着用牛马拉的车,载着重物运到很远的地方,以利于天下之人,这大概是受到《随》卦的启发吧。设置重重门户并派人巡夜打更,以防备强盗,这大概是受到《豫》卦的启发吧。砍断树木制成春米用的杵,在地上挖掘洞穴作为春米用的臼,从而使民众得以利用臼和杵的好处,这大概是受到《小过》卦的启发吧。在弯曲的木条上加弦制成弓,把木棍削制成箭,用弓箭的作用,来威慑天下,这大概是受到《睽》卦的启发吧。上古时期的人或居住在洞穴中,或住在野外,后世的圣人则改成让人们居住在房屋之中,房屋的上面是栋梁,下面是屋檐,可以防御风雨的侵袭,这大概是受到《大壮》卦的启发吧。古代的人埋葬死者时,把死者用柴草厚厚地包裹起来,埋在野外，既不在上面堆土为坟，也不植树作为标记，而且没有明确的守丧期限，后世圣人则改成用棺椁来盛殓和埋葬死者，这大概是受到《大过》卦的启发吧。上古时期人们通过结绳记事的方法来处理事务，后世圣人则改成用文字，从而使百官能依靠文字来治理百姓，民众能依靠文字来弄清事理，这大概是受到《夬》卦的启发吧。

第三章

【原文】

是故《易》者，象也；象也者，像也。彖（tuàn）者，材也；爻也者，效天下之动者也。是故吉凶生而悔吝著也。

【译文】

所以《易经》的实质，就是象；所谓象，是指对事物形象的模拟。所谓卦辞，是对一卦之义的裁断；所谓爻，是仿效天下事物的变动的。所以才会从中产生吉凶，而悔和吝也会显现出来。

第四章

【原文】

阳卦多阴，阴卦多阳，其故何也？阳卦奇（jī），阴卦耦（ǒu）。其德行何也？阳一君而二民，君子之道也；阴二君而一民，小人之道也。

【译文】

阳卦中阴爻多，阴卦中阳爻多，这是什么原因呢？这是因为阳卦中的阳爻是奇数，阴卦中的阳爻是偶数。阳卦和阴卦各自代表什么样的德行呢？阳卦代表一君统治二民，这体现了君子之道；阴卦代表二君统治一民，反映的是小人之道。

第五章

【原文】

《易》曰："憧憧往来,朋从尔思。"子曰："天下何思何虑? 天下同归而殊涂,一致而百虑,天下何思何虑! 日往则月来,月往则日来,日月相推而明生焉;寒往则暑来,暑往则寒来,寒暑相推而岁成焉。往者屈也,来者信(shēn)也,屈信相感而利生焉。尺蠖(huò)之屈,以求信也;龙蛇之蛰,以存身也。精义入神,以致用也;利用安身,以崇德也。过此以往,未之或知也。穷神知化,德之盛也。"

《易》曰："困于石,据于蒺藜(jí),入于其宫,不见其妻,凶。"子曰："非所困而困焉,名必辱;非所据而据焉,身必危。既辱且危,死期将至,妻其可得见耶?"

《易》曰："公用射隼(sǔn)于高墉(yōng)之上,获之,无不利。"子曰："隼者禽也,弓矢者器也,射之者人也。君子藏器于身,待时而动,何不利之有? 动而不括,是以出而有获,语成器而动者也。"

子曰："小人不耻不仁,不畏不义,不见利不劝,不威不惩,小惩而大诫,此小人之福也。《易》曰'屦校(jùjiào)灭趾,无咎',此之谓也。善不积不足以成名,恶不积不足以灭身。小人以小善为无益而弗为也,以小恶为无伤而弗去也,故恶积而不可掩,罪大而不可解。《易》曰:'何校灭耳,凶。'"

子曰："危者,安其位者也;亡者,保其存者也;乱者,有其治者也。是故君子安而不忘危,存而不忘亡,治而不忘乱,是以身安而国家可保也。《易》曰:'其亡其亡,系于苞桑。'"

子曰："德薄而位尊,知(zhì)小而谋大,力小而任重,鲜不及矣。《易》曰:'鼎折足,覆公𫗧(sù),其形渥(wò),凶。'言不胜其任也。"

子曰："知几其神乎? 君子上交不谄,下交不渎,其知几乎。几者动之微,吉之先见者也。君子见几而作,不俟终日。《易》曰:'介于石,不终日,贞吉。'介如石焉,宁用终日,断可识矣。君子知微知彰,知柔知刚,万夫之望。"

子曰:"颜氏之子,其殆庶几乎,有不善未尝不知,知之未尝复行也。《易》曰:'不远复,无祗(zhī)悔,元吉。'""天地绸缊(yīnyūn),万物化醇;男女构精,万物化生。《易》曰'三人行,则损一人;一人行,则得其友',言致一也。"

子曰:"君子安其身而后动,易其心而后语,定其交而后求,君子修此三者,故全也。危以动,则民不与也;惧以语,则民不应也;无交而求,则民不与也。莫之与,则伤之者至矣。《易》曰:'莫益之,或击之,立心勿恒,凶。'"

【译文】

《易经》的《咸》卦九四爻辞中说:"相互之间往来不绝,朋友顺从你的想法。"对此,孔子说:"天下之事何必多费思虑呢?天下之事所经由的路各不相同,但最后都同归于一处;谋虑万端,结果都趋于一致,天下之事又何必多费思虑呢!太阳落下则月亮升起,月亮西沉则太阳升起,太阳和月亮互相推移而天地间充满光明;寒冷过去则暑热到来,暑热过去则寒冷到来,寒冷和暑热互相更替,就形成了年岁。往前时必先屈缩,回来时必先伸展,屈缩和伸展互相配合才能产生好的效果。尺蠖弯曲自己的身体,目的是为了伸展身体前进;龙和蛇蛰伏,是为了保全自己的身体。精研事物的义理达到神妙的境界,目的是为了充分发挥其作用;利用这些道理来安身立命,目的是为了提高自己的道德修养。除此之外,就不知道还有什么了。穷究事物的神妙之处和通晓变化之道,这是最大的德行。"

《易经》的《困》卦六三爻辞说:"被石头绊倒,手按在蒺藜上,进入居室,见不到自己的妻子,有凶险。"对此,孔子说:"在不应该被困的地方被困,名声必会受到损害;不应该依靠的东西而去依靠,必然会有生命危险。名声受到损害,生命面临危险,这就意味着死期即将到来,怎么还能见得到自己的妻子呢?"

《易经》的《解》卦上六爻辞说："王公站在高高的城墙上用箭射隼，射中后把它捕获，没有任何不利。"对此，孔子说："隼是鸟类，弓矢是器械，用弓矢射隼的是人。君子把器械藏在身上，等待时机而行动，这会有什么不利呢？行动而没有阻滞，所以一出手就有收获，这说的是要具备现成的器械才可采取行动。"

孔子说："小人不会因为自己不仁而感到羞耻，不会因为自己不义而感到畏惧，见不到利益就不会去努力，不采取刑罚措施就起不到惩戒的作用，受到小的惩罚而起到大的劝诫作用，这对小人来说是一种福分。《易经》的《噬嗑》卦初九爻辞说'脚上带着刑具，脚趾被割去，没有别的灾殃'，说的就是这个道理。不积累善行就无法成名，不积累恶行就不会有亡身之祸。小人认为小的善行不会带来什么好处而不愿去做，认为小的恶行不会带来什么损害而不予以去除，以致最后恶行积累到无法遮蔽，罪行大到难以解救。所以《易经》的《噬嗑》卦上九爻辞说：'肩扛刑具，耳朵被割去，有凶险。'"

孔子说："危险，是因为安享其位而不知防范；灭亡，是因为自以为已有的一切可以不用付出而长久保持；祸乱，是因为在局面稳定时不知道保持警惕。所以君子在安定时不忘危险，存在时担忧灭亡，局面稳定时预防祸乱，所以身体安康而国家政权得以保持。因此《易经》的《否》卦九五爻辞中说：'时时提醒自己：将要灭亡，将要灭亡，就会像系在丛生的桑树上一样稳固。'"

孔子说："才德浅薄却高居尊位，智力有限却去图谋大事，力量很小却去承担重任，这样很少有不遭受祸患的。《易经》的《鼎》卦九四爻辞说：'鼎足折断，把王公的美食都倒了出来，鼎身上沾满了食物，有凶险。'说的就是力不胜任的情况。"

孔子说："能够知道事物的细微征兆，这应该是够神奇的了吧？君子与居于上位的人相交时不谄媚，与处于下位的人相交时不轻慢，这可以说是知道事物的细微征兆了吧。'几'是极其微小的变动，是最早显现出来的吉凶征兆。君子看到事物的细微征兆就采取行动，连一天都不会等待。《易经》的《豫》卦六二爻辞说：'耿介如石,很快就能悟知事理,占问得吉兆。'既然耿介如石,怎么还需要一整天的时间呢？当时就可明察事理。君子看到细微的征兆就能知道事物明显时的状况,看到阴柔就能推知阳刚,为万民所景仰。"

孔子说："颜回这个人的修养大概已经接近完美了吧,他对自己言行中的过错很快就能察觉,一经察觉就绝对不会再犯。《易经》的《复》卦初九爻辞说:'刚走不远就返回,没有令人后悔之事,大吉。'""天地间阴阳二气交感,万物化育凝聚;雌雄两性交合,万物化育生长。《易经》的《损》卦六三爻辞说'三个人同行,会减损一个人;一个人独行,则会得到朋友',说的是同心一意的意思。"

孔子说："君子在安定自身后再采取行动,在内心平静后再说话,确定交情后再向人求助,君子能做到这三个方面,所以做事才周全完备。在自身危险的情况下采取行动,民众不会来参与;在内心恐惧的情况下说话,民众不会响应;没有交情而向人求助,民众不会给予帮助。没有人来帮助,那么伤害他的人就会到来。这正如《易经》的《益》卦上九爻辞所说:'没有人帮助他,有人攻击他,做事没有恒心,有凶险。'"

第六章

【原文】

子曰："乾坤,其《易》之门邪(yé)?"乾,阳物也;坤,阴物也。阴阳合德而刚柔有体,以体天地之撰,以通神明之德。其称名也,杂而不越。于稽其类,其衰世之意邪？夫《易》彰往而察来,而微显阐幽。开而当名辨物,正言断辞则备矣。其称名也小,其取类也大。其旨远,其辞文,其言曲而中,其事肆而隐。因贰以济民行,以明失得之报。

【译文】

　　孔子说:"《乾》《坤》两卦,是《易经》的门户吧?"乾,代表阳性的事物;坤,代表阴性的事物。阴和阳之间互相配合,从而有了事物或刚或柔的形体,以此来体现天地生化万物之功,来与神灵的德性相贯通。《易经》涉及的概念名称繁多,却井然有序。考察卦爻辞中的事理,反映的大概是殷末衰世的状况吧?《易经》能够彰显已经过去的事情,察知将要发生的事情,从浅显的事物中发现微妙之理,使幽深难测之事得以阐明。《易经》在进行表达时,名称恰当,明辨事物,言论端正,文辞决断,内容十分完备。《易经》所用的概念名称具体而微,但所涉及的事理却很广大。《易经》的旨意深远,文辞优美,语言婉转而符合事理,陈述事情显明直接却蕴含深刻的道理。《易经》用阴阳之理来帮助民众行动,并使人们明白得失报应的道理。

第七章

【原文】

　　《易》之兴也,其于中古乎? 作《易》者,其有忧患乎? 是故《履》,德之基也;《谦》,德之柄也;《复》,德之本也;《恒》,德之固也;《损》,德之修也;《益》,德之裕也;《困》,德之辨也;《井》,德之地也;《巽(xùn)》,德之制也。《履》和而至,《谦》尊而光,《复》小而辨于物,《恒》杂而不厌,《损》先难而后易,《益》长裕而不设,《困》穷而通,《井》居其所而迁,《巽》称而隐。《履》以和行,《谦》以制礼,《复》以自知,《恒》以一德,《损》以远害,《益》以兴利,《困》以寡怨,《井》以辩义,《巽》以行权。

【译文】

　　《易经》的产生,大概是在中古时期吧? 创作《易经》的人,心中大概怀有忧患吧? 所以,《履》卦说明了道德修养的基础,《谦》卦说明了道德修养的关键，《复》卦说明了道德修养的根本，《恒》卦说明了如何巩固道德修养，《损》卦说明了如何进行道德修养，《益》卦说明了如何充实道德修养，《困》卦说明了如何辨别是否有道德修养，《井》卦说明了道德修养达到的境界，《巽》卦说明了听从道德规范的约束。《履》卦说明通过和悦的方式达到目的，《谦》卦说明自我贬抑才能光大其德，《复》卦说明要从细微之处辨明事物的道理，《恒》卦说明循环运行而不厌烦止息，《损》卦说明凡事先难后易的道理，《益》卦说明德行在于不断充实而不造作，《困》卦说明困穷到了极点必会通达，《井》卦说明要安居其所而德行不断上升，《巽》卦说明要根据时势而不露形迹。《履》卦可以用来使人们的行为和谐，《谦》卦可以用来使人们的行为合于礼，《复》卦可以用来使人有自知之明，《恒》卦可以用来使人的德行始终如一，《损》卦可以用来使人远离祸害，《益》卦可以用来创办有利之事业，《困》卦可以用来使人不怨天尤人，《井》卦可以用来辨明道义，《巽》卦可以用来使人以变通的方法处理问题。

第八章

【原文】

《易》之为书也不可远。为道也屡迁，变动不居，周流六虚，上下无常，刚柔相易，不可为典要，唯变所适。其出入以度外内使知惧，又明于忧患与故，无有师保，如临父母。初率其辞，而揆（kuí）其方，既有典常。苟非其人，道不虚行。

【译文】

《易经》这本书不可远离。《易经》之道处于不停的变化之中，它变动而不停留，在六个爻位中反复流动，或上或下，没有恒定的模式，阳刚和阴柔互相变化，不可把它看作固定不变的法则，而是要一切以变化为准。《易经》之道通过卦内爻象的变动和卦外事物的吉凶显现出来,使人们知道惕惧,又能使人明白忧患与其中的缘故,虽然没有师保,却好像父母在面前教诲一样。开始时遵循卦爻辞,揣测其中的道理,慢慢地就会掌握其中的规律。但是,如果不是贤明之人,《易经》之道就不会因他而产生作用。

第九章

【原文】

《易》之为书也,原始要终以为质也。六爻相杂,唯其时物也。其初难知,其上易知,本末也。初辞拟之,卒成之终。若夫杂物撰德,辩是与非,则非其中爻不备。噫亦要存亡吉凶,则居可知矣。知(zhì)者观其彖辞,则思过半矣。

二与四同功而异位,其善不同,二多誉,四多惧,近也。柔之为道,不利远者,其要无咎,其用柔中也。三与五同功而异位,三多凶,五多功,贵贱之等也。其柔危,其刚胜邪(yé)。

【译文】

《易经》这本书,是以推究事物的开始、探求事物的终结为实质内容的。六爻错综交杂,反映的是不同的时位和与其相对应的事物。根据初爻难以知道事物的全貌,根据上爻则容易知道事物的全貌,因为初爻和上爻象征着事物的开始和结尾。初爻爻辞模拟事物的开始,上爻爻辞则表示事物的终结。至于要聚集事物,历数并选择衡量其特性,辨别是非,则不依靠二、三、四、五这四个中爻就不能完备。啊!如果想要探求存亡吉凶,那么只要安居家中就可以得知。有智慧的人只要细细分析卦辞,就能领悟一卦中一半以上的意义了。

二爻和四爻功能相同,但因为居于不同的爻位,它们所代表的好坏也就有区别,二爻多赞誉,四爻多惊惧,这是因为四爻逼近代表君位的五爻。阴柔之道，不利于远离，想要没有灾殃，就应当柔和守中。三爻和五爻功能相同，但因为所居的爻位不同而有区别，三爻多凶险，五爻多事功，这是因为它们代表的贵贱等级不同而导致的。这说明阴爻居三和五位有危险，而阳爻居三和五位则可胜任吧。

第十章

【原文】

《易》之为书也，广大悉备。有天道焉，有人道焉，有地道焉。兼三才而两之，故六。六者非它也，三才之道也。道有变动，故曰爻；爻有等，故曰物；物相杂，故曰文；文不当，故吉凶生焉。

【译文】

《易经》这本书包括的内容极为广泛而且齐备。其中既包括天道，又包括人道，也包括地道。把包括天、地、人三才的两个三画卦相重叠，所以就有了六画卦。这六画不是别的，反映的仍是天、地、人三才之道。道在不断地变化，所以把象征这种变化的称为爻；爻有位置、功能等方面的区别，所以也象征事物；事物之间互相错杂，就表现为不同的爻画；爻画所处的位置是否恰当，就产生了吉和凶。

第十一章

【原文】

《易》之兴也，其当殷之末世，周之盛德邪（yé），当文王与纣之事邪，是故其辞危。危者使平，易者使倾。其道甚大，百物不废。惧以终始，其要无咎，此之谓《易》之道也。

《易经》的产生,大概是在商朝末年,周的德业开始兴盛的时候吧,反映的是周文王和商纣王的事情吧,所以它的卦爻辞中充满了忧惧不安。常怀忧惧者得以平安,轻率简慢者则会被倾覆。这个道理极为宏大,所有事物都因此而不衰败。自始至终抱着惊惧的心理,才能没有灾殃,这就叫作《易经》之道。

第十二章

【原文】

夫乾,天下之至健也,德行恒易以知险;夫坤,天下之至顺也,德行恒简以知阻。能说(yuè)诸心,能研诸侯之虑,定天下之吉凶,成天下之亹(wěi)亹者。是故变化云为,吉事有祥。象事知器,占事知来。天地设位,圣人成能;人谋鬼谋,百姓与能。八卦以象告,爻象以情言,刚柔杂居,而吉凶可见矣。变动以利言,吉凶以情迁,是故爱恶(wù)相攻而吉凶生,远近相取而悔吝生,情伪相感而利害生。凡《易》之情,近而不相得则凶,或害之,悔且吝。将叛者其辞惭,中心疑者其辞枝,吉人之辞寡,躁人之辞多,诬善之人其辞游,失其守者其辞屈。

【译文】

乾是天下最为刚健的,它的德行是恒常平易并能知道险难之所在;坤是天下最为柔顺的,它的德行是恒常简约并能知道阻碍之所在。平易简约之道能使人内心愉悦,能研判诸侯们的思虑,确定天下事物的吉凶,并成就天下之人为之不懈地奋斗的功业。所以遵循变化之道而采取行动,吉利之事便会出现祥瑞。通过模仿事物的形象而知道如何制作器物,通过占问以预知未来。天地的位置确立后,圣人在其中施展自己的才能；圣人不光与人谋划，还通过卜筮（shì）与鬼神谋划，连普通百姓也参与其能力的发挥。八卦通过卦象来告知，卦爻辞通过揭示事理来陈述，阴爻和阳爻交杂处于一卦之中，事物的吉凶就可以反映出来。六爻的变动是根据是否有利而言的，是吉是凶则依据情理而变化，所以爱和恶互相斗争就产生了吉凶，远和近互相依托就产生了悔吝，真实和虚伪互相感应而产生了利和害。《易经》的实情是：爻与爻之间离得很近时，如果不能相处融洽，就会有凶险，或许还会受到伤害，从而产生后悔和悔恨。将要背叛的人说的话会有羞惭之意，心中有疑虑的人说的话支离散乱，善良的人说话简洁，急躁的人说话多，诬陷好人的人说的话虚浮不实，失去操守的人说的话不合道理。

说卦传

第一章

【原文】

昔者圣人之作《易》也，幽赞于神明而生蓍（shī），参天两地而倚数，观变于阴阳而立卦，发挥于刚柔而生爻，和顺于道德而理于义，穷理尽性以至于命。

【译文】

过去圣人创作《易经》的时候，暗中受到神灵的帮助而发明用蓍草来进行占问，通过考察天地的奇偶之数而确立天地的总数，观察辨别阴阳之数而设立卦，通过把握阳爻和阴爻的内在特性而确定变爻。顺应道德的要求并用正义来进行治理，穷究事物的内在之理和固有特性，以至于把握事物的命运。

第二章

【原文】

昔者圣人之作《易》也，将以顺性命之理。是以立天之道曰阴与阳，立地之道曰柔与刚，立人之道曰仁与义。兼三才而两之，故《易》六画而成卦；分阴分阳，迭用柔刚，故《易》六位而成章。

【译文】

过去圣人创作《易经》，是为了顺应万物的天赋和禀受中所体现的内在规律。所以确立天道为阴和阳，确立地道为柔和刚，确立人道为仁和义。把包括天、地、人三才的两个三画卦相重叠，所以《易经》以六爻组成一卦；六爻又分为阴位和阳位，阴爻和阳爻更迭居于阴位和阳位上，所以《易经》的六爻组成了一个丰富多彩的系统。

第三章

【原文】

天地定位，山泽通气，雷风相薄，水火不相射(yì)。八卦相错。数往者顺，知来者逆，是故《易》逆数也。

雷以动之，风以散之，雨以润之，日以烜(xuǎn)之，艮(gèn)以止之，兑以说(yuè)之，乾以君之，坤以藏之。

【译文】

天和地确定高和下的位置，山和泽的气息互相沟通，雷和风互相搏击震荡，水和火互相依存。八卦所象征的事物之间就是这样彼此交错关联的。述说往事总是按照由远而近的时间顺序，这称为顺；预测未来则是按照由近及远的时间顺序，这称为逆；《易经》是用来预测未来的，所以《易经》逆着顺序述说。

雷可以震动万物，风可以散布万物，雨可以滋润万物，太阳可以晒干万物，艮可以抑止万物，兑可以愉悦万物，乾可以主宰万物，坤可以收藏万物。

第四章

【原文】

帝出乎震,齐乎巽(xùn),相见(xiàn)乎离,致役乎坤,说(yuè)言乎兑,战乎乾,劳乎坎,成言乎艮。万物出乎震,震东方也。齐乎巽,巽东南也;齐也者,言万物之洁齐也。离也者,明也,万物皆相见,南方之卦也;圣人南面而听天下,向明而治,盖取诸此也。坤也者,地也,万物皆致养焉,故曰致役乎坤。兑,正秋也,万物之所说也,故曰说言乎兑。战乎乾,乾西北之卦也,言阴阳相薄也。坎者,水也,正北方之卦也,劳卦也,万物之所归也,故曰劳乎坎。艮,东北之卦也,万物之所成终而所成始也,故曰成言乎艮。

【译文】

造物者使万物产生于震位,整齐地生长于巽位,充分呈现于离位,获得帮助于坤位,和悦于兑位,阴阳相结合于乾位,疲倦于坎位,完成于艮位。万物产生于震位,震是指东方。整齐地生长于巽位,巽是指东南方;齐,指的是万物洁净整齐的意思。离象征明,它使万物都得以呈现,离在方位上指南方;圣人面朝南而治理天下,面向着光明进行治理,大概就取法于此。坤象征地,万物都得到它的养育,所以说获得帮助于坤位。兑在时令上为秋分,万物都在此时和悦成熟,所以说和悦于兑位。阴阳相结合于乾位,乾在方位上指西北,表明阴和阳在此互相搏击。坎象征水,在方位上指北方,是象征疲劳的卦,万物在此时都归藏休息,所以说疲倦于坎位。艮在方位上代表东北,万物于此终结又重新开始,所以说完成于艮位。

第五章

【原文】

神也者,妙万物而为言者也。动万物者莫疾乎雷,桡(náo)万物者莫疾乎风,燥万物者莫熯(hàn)乎火,说(yuè)万物者莫说乎泽,润万物者莫润乎水,终万物始万物者莫盛乎艮。故水火相逮,雷风不相悖,山泽通气,然后能变化既成万物也。

【译文】

所谓神,是就其能让万物神妙地化育而言的。震动万物,没有比雷更急剧而猛烈的;扰乱万物,没有比风更迅疾的;使万物变干燥,没有能超过火的;使万物变得和悦,没有能超过泽的;滋润万物,没有能超过水的;使万物终结并重新开始,没有比艮更盛大的。所以水和火互相影响,雷和风不相悖逆,山和泽气息相通,然后才能使存在于天地间的万物发生变化。

第六章

【原文】

乾,健也;坤,顺也;震,动也;巽,入也;坎,陷也;离,丽也;艮,止也;兑,说也。

乾为马,坤为牛,震为龙,巽为鸡,坎为豕(shǐ),离为雉,艮为狗,兑为羊。

乾为首,坤为腹,震为足,巽为股,坎为耳,离为目,艮为手,兑为口。

乾,天也,故称乎父;坤,地也,故称乎母。震一索而得男,故谓之长男;巽一索而得女,故谓之长女。坎再索而得男,故谓之中男;离再索而得女,故谓之中女。艮三索而得男,故谓之少男;兑三索而得女,故谓之少女。

乾为天,为圜(yuán),为君,为父,为玉,为金,为寒,为冰,为大赤,为良马,为老马,为瘠马,为驳马,为木果。

坤为地,为母,为布,为釜,为吝啬,为均,为子母牛,为大舆,为文,为众,为柄;其于地也为黑。

震为雷,为龙,为玄黄,为旉(fū),为大涂,为长子,为决(xuè)躁,为苍筤(láng)竹,为萑(huán)苇;其于马也为善鸣,为馵(zhù)足,为作足,为的颡(sǎng);其于稼也为反生;其究为健,为蕃鲜。

巽为木,为风,为长女,为绳直,为工,为白,为长,为高,为进退,为不果,为臭(xiù);其于人也为寡发,为广颡,为多白眼;为近利市三倍;其究为躁卦。

坎为水,为沟渎,为隐伏,为矫輮(róu),为弓轮;其于人也为加忧,为心病,为耳痛,为血卦,为赤;其于马也为美脊,为亟心,为下首,为薄蹄,为曳(yè);其于舆也为多眚(shěng);为通,为月,为盗;其于木也为坚多心。

离为火,为日,为电,为中女,为甲胄,为戈兵;其于人也为大腹;为干卦,为鳖,为蟹,为蠃(luó),为蚌,为龟;其于木也为科上槁。

艮为山,为径路,为小石,为门阙(què),为果蓏(luǒ),为阍(hūn)寺,为指,为狗,为鼠,为黔喙(huì)之属;其于木也为坚多节。

兑为泽,为少女,为巫,为口舌,为毁折,为附决;其于地也为刚卤;为妾,为羊。

【译文】

乾表示刚健,坤表示柔顺,震表示震动,巽表示进入,坎表示陷入,离表示附丽,艮表示静止,兑表示愉悦。

乾像马,坤像牛,震像龙,巽像鸡,坎像猪,离像野鸡,艮像狗,兑像羊。

乾像头,坤像腹,震像脚,巽像大腿,坎像耳朵,离像眼睛,艮像手,兑像口。

乾象征天,所以称为父;坤象征地,所以称为母。震是坤母首次向乾父求合而得的男性,所以称为长男;巽是乾父首次向坤母求合而得的女性,所以称为长女。坎是坤母第二次向乾父求合而得的男性,所以称为中男;离是乾父第二次向坤母求合而得的女性,所以称为中女。艮是坤母第三次向乾父求合而得的男性,所以称为少男;兑是乾父第三次向坤母求合而得的女性,所以称为少女。

乾象征的事物有:天,天体,君主,父亲,玉,金,寒冷,冰,大红色,良马,老马,瘦马,毛色斑驳的马,树上的果实。

坤象征的事物有:地,母亲,布,锅,吝啬,平均,小母牛,大车,文采丰富,大众,器物的柄;对于土地而言又象征黑色。

震象征的事物有:雷,龙,青和黄混杂的颜色,花朵,大路,长子,行动迅捷,青色的竹,成熟的芦苇;对于马来说,又象征擅长鸣叫,后左足白色,爱举起前蹄,额头为白色;对于庄稼来说,则象征果实长在地下的植物;它发展到终极,则象征刚健,象征事物茂盛而鲜明。

巽象征的事物有:树木,风,长女,用准绳取直,工巧,白色,长,高,或进或退,不果断,气味;对于人来说,则象征头发稀少,宽额头,眼白多;又象征可获近三倍之利的好买卖;巽卦发展到终极,则象征浮躁。

坎象征的事物有:水,沟渠,隐伏,屈伸,弓和轮子;对于人来说,则象征增添忧愁,有心病,耳痛,血,红色;对于马来说,则象征背部漂亮,性子急躁,爱低头,马蹄薄,牵引车子;对于车来说,则象征常遭损坏;又象征畅通,月亮,盗贼;对于树木来说,则象征坚硬而多尖刺。

离象征的事物有:火,太阳,闪电,中女,铠甲和头盔,戈矛兵器;对于人来说,则象征腹部大;又象征干燥,鳖,蟹,螺,蚌,龟;对于树木来说,则象征树干空心而上端枯槁。

艮象征的事物有：山，小路，小石头，门阙，瓜果，守宫门的阉寺，手指，狗，鼠，黑嘴的鸟兽；对于树木来说，则象征坚硬多节。

兑象征的事物有：泽，少女，巫师，口和舌，毁坏摧折，果实脱离植株；对于地来说，则象征硬结的盐碱地；又象征妾和羊。

序卦传

【原文】

有天地，然后万物生焉。盈天地之间者唯万物，故受之以《屯（zhūn）》，屯者盈也，屯者物之始生也。物生必蒙，故受之以《蒙》，蒙者蒙也，物之稚也。物稚不可不养也，故受之以《需》，需者饮食之道也。饮食必有讼，故受之以《讼》。讼必有众起，故受之以《师》，师者众也。众必有所比，故受之以《比》，比者比也。比必有所畜，故受之以《小畜》。物畜然后有礼，故受之以《履》。履而泰，然后安，故受之以《泰》，泰者通也。物不可以终通，故受之以《否（pǐ）》。物不可以终否，故受之以《同人》。与人同者，物必归焉，故受之以《大有》。有大者不可以盈，故受之以《谦》。有大而能谦必豫，故受之以《豫》。豫必有随，故受之以《随》。以喜随人者必有事，故受之以《蛊》，蛊者事也。有事而后可大，故受之以《临》，临者大也。物大然后可观，故受之以《观》。可观而后有所合，故受之以《噬嗑（shìhé）》，嗑者合也。物不可以苟合而已，故受之以《贲（bì）》，贲者饰也。致饰然后亨则尽矣，故受之以《剥》，剥者剥也。物不可以终尽剥，穷上反下，故受之以《复》。复则不妄矣，故受之以《无妄》。有无妄然后可畜，故受之以《大畜》。物畜然后可养，故受之以《颐》，颐者养也。不养则不可动，故受之以《大过》。物不可以终过，故受之以《坎》，坎者陷也。陷必有所丽，故受之以《离》，离者丽也。

有天地然后有万物，有万物然后有男女，有男女然后有夫妇，有夫妇然后有父子，有父子然后有君臣，有君臣然后有上下，有上下然

542

后礼义有所错（cù）。夫妇之道不可以不久也，故受之以《恒》，恒者久也。物不可以久居其所，故受之以《遁》，遁者退也。物不可以终遁，故受之以《大壮》。物不可以终壮，故受之以《晋》，晋者进也。进必有所伤，故受之以《明夷》，夷者伤也。伤于外者必反于家，故受之以《家人》。家道穷必乖，故受之以《睽（kuí）》，睽者乖也。乖必有难，故受之以《蹇（jiǎn）》，蹇者难也。物不可以终难，故受之以《解》，解者缓也。缓必有所失，故受之以《损》。损而不已必益，故受之以《益》。益而不已必决，故受之以《夬（guài）》，夬者决也。决必有遇，故受之以《姤（gòu）》，姤者遇也。物相遇而后聚，故受之以《萃》，萃者聚也。聚而上者谓之升，故受之以《升》。升而不已必困，故受之以《困》。困乎上者必反下，故受之以《井》。井道不可不革，故受之以《革》。革物者莫若鼎，故受之以《鼎》。主器者莫若长子，故受之以《震》，震者动也。物不可以终动，止之，故受之以《艮（gèn）》，艮者止也。物不可以终止，故受之以《渐》，渐者进也。进必有所归，故受之以《归妹》。得其所归者必大，故受之以《丰》，丰者大也。穷大者必失其居，故受之以《旅》。旅而无所容，故受之以《巽（xùn）》，巽者入也。入而后说（yuè）之，故受之以《兑》，兑者说也。说而后散之，故受之以《涣》，涣者离也。物不可以终离，故受之以《节》。节而信之，故受之以《中孚》。有其信者必行之，故受之以《小过》。有过物者必济，故受之以《既济》。物不可穷也，故受之以《未济》终焉。

【译文】

有了天地，然后才生长出了万物。充满天地之间的只有万物，所以继象征天、地的《乾》《坤》两卦的是《屯》卦，屯是阴阳之气充盈的意思，又指万物开始生长。事物生长必然从萌芽状态开始，所以继之以《蒙》卦，蒙是萌生的意思，指事物还处于幼小的状态。幼小的事物不能不养育，所以继之以《需》卦，需反映的是用饮食来养育的道理。

争夺饮食必然会导致争讼，所以继之以《讼》卦。争讼必然有众多的人起来参与，所以继之以《师》卦，师就是众人的意思。众多的人之间必然会发生亲密的关系，所以继之以《比》卦，比是亲近和睦的意思。关系亲密必然会带来财物的积聚，所以继之以《小畜》卦。财物积聚后便会产生礼仪制度，所以继之以《履》卦。践行礼仪制度而通畅，然后就能安定，所以继之以《泰》卦，泰就是通畅的意思。事物不可能一直通畅，所以继之以《否》卦。事物不可能一直闭塞，所以继之以《同人》卦。与别人心意、行为相同，事物必然前来归附，所以继之以《大有》卦。财富极多但是不应该因此而骄傲自满，所以继之以《谦》卦。财富极多而又能谦虚就必然能和悦欢乐，所以继之以《豫》卦。和悦欢乐则必定有人来随从，所以继之以《随》卦。以喜悦的心情随从别人必然会从事某种事情，所以继之以《蛊》卦，蛊是从事某种事情的意思。做事情才能发展壮大，所以继之以《临》卦，临就是大的意思。事物盛大然后受到人们的仰观，所以继之以《观》卦。事物受到人们的仰观就能使人们心意相合，所以继之以《噬嗑》卦，嗑就是相合的意思。事物之间不能苟且相合，所以继之以《贲》卦，贲就是文饰的意思。文饰太过分则亨通也就到了尽头，所以继之以《剥》卦，剥是剥落的意思。事物不能一直剥落下去，往上达到了极点就会向下回返，所以继之以《复》卦。能够回复正道就不会妄为，所以继之以《无妄》卦。不妄为就会有积聚，所以继之以《大畜》卦。财物积聚多了就可用于保养，所以继之以《颐》卦，颐就是保养的意思。不经过保养就不可采取行动，所以继之以《大过》卦。事物不能一直处于过大的状态，所以继之以《坎》卦，坎是陷入危险的意思。陷入危险时一定要找到可以依附的地方，所以继之以《离》卦，离就是依附的意思。

　　有了天地然后才有万物，有了万物然后才有男女两性，有了男女两性然后才有夫妻，有了夫妻产生后代然后才有父子，有了父子然后

544

才有君臣关系,有了君臣关系然后才有地位的上下之分,有了地位的下上之分然后才能实施礼义。夫妻关系不能不长久保持,所以在象征夫妻感应的《咸》卦后继之以《恒》卦,恒是长久的意思。事物不能在一个地方久居不动,所以继之以《遁》卦,遁是退避的意思。事物不能一直退避,所以继之以《大壮》卦。事物不能始终处于强壮的状态,所以继之以《晋》卦,晋是前进的意思。前进必会遭受损伤,所以继之以《明夷》卦,夷就是损伤的意思。在外面受到损伤必然会返回家中,所以继之以《家人》卦。立家之道被破坏就必然会出现背离之事,所以继之以《睽》卦,睽就是背离的意思。发生背离之事后必然会面临艰难,所以继之以《蹇》卦,蹇就是艰难的意思。事物不能一直处于艰难之中,所以继之以《解》卦,解就是松缓的意思。过于松缓必然会带来损失,所以继之以《损》卦。不断地减损自己一定会带来好处,所以继之以《益》卦。持续不断地增益一定会造成溃决,所以继之以《夬》卦,夬就是溃决的意思。溃决之后必然会有某种遇合,所以继之以《姤》卦,姤就是遇合的意思。事物相遇后就能聚合,所以继之以《萃》卦,萃就是聚合的意思。聚合后向上发展称为升,所以继之以《升》卦。不断地上升一定会导致困穷,所以继之以《困》卦。在上面遇到困穷就必然会返回下面,所以继之以《井》卦。水井的特点是要不时地加以整治清理,所以继之以《革》卦。改变事物效果最明显的是鼎,所以继之以《鼎》卦。掌握权力最合适的是长子,所以继之以《震》卦,震是震动的意思。事物不能一直震动不止,应该让它停下来,所以继之以《艮》卦,艮就是静止的意思。事物不能一直静止不动,所以继之以《渐》卦,渐就是渐进的意思。前进就必然会有归宿,所以继之以《归妹》卦。得到合适的归宿就必定能壮大,所以继之以《丰》卦,丰就是盛大的意思。过于盛大一定会失去其居所,所以继之以《旅》卦。外出旅行而找不到容身之所,所以继之以《巽》卦,巽是进入居所的意思。进入居所之后感到喜悦，所以继之以《兑》卦，兑就是喜悦的意思。喜悦之后又会离散，所以继之以《涣》卦，涣就是离散的意思。事物不能一直离散，所以继之以《节》卦。能节制就会受到信任，所以继之以《中孚》卦。有诚信的人一定会履行承诺，所以继之以《小过》卦。超乎寻常的人必能获得成功，所以继之以《既济》卦。事物的发展不会穷尽，所以继之以《未济》卦并作为六十四卦的终结。

杂卦传

【原文】

《乾》刚《坤》柔。《比》乐《师》忧。《临》《观》之义，或与或求。《屯（zhūn）》见（xiàn）而不失其居，《蒙》杂而著。《震》起也，《艮（gèn）》止也。《损》《益》，盛衰之始也。《大畜》时也，《无妄》灾也。《萃》聚而《升》不来也。《谦》轻而《豫》怠也。《噬嗑（shìhé）》食也，《贲（bì）》无色也。《兑》见而《巽（xùn）》伏也。《随》无故也，《蛊》则饬（chì）也。《剥》烂也，《复》反也。《晋》昼也，《明夷》诛也。《井》通而《困》相遇也。《咸》速也，《恒》久也。《涣》离也，《节》止也。《解》缓也，《蹇（jiǎn）》难也。《睽（kuí）》外也，《家人》内也。《否（pǐ）》《泰》，反其类也。《大壮》则止，《遁》则退也。《大有》众也，《同人》亲也。《革》去故也，《鼎》取新也。《小过》过也，《中孚》信也。《丰》多故也，亲寡《旅》也。《离》上而《坎》下也。《小畜》寡也。《履》不处也。《需》不进也。《讼》不亲也。《大过》颠也。《姤（gòu）》遇也，柔遇刚也。《渐》女归待男行也。《颐》养正也。《既济》定也。《归妹》女之终也，《未济》男之穷也。《夬（guài）》决也，刚决柔也，君子道长，小人道忧也。

【译文】

《乾》卦表示阳刚，《坤》卦表示阴柔。《比》卦表示欢乐，《师》卦表示忧愁。《临》卦和《观》卦的意义，前者是施与，后者是求取。《屯》卦表示万物开始呈现其形象并各得其所，《蒙》卦表示万物错杂生长并且形态显著。《震》卦表示震动奋起，《艮》卦表示安稳静止。

547

《损》卦和《益》卦分别表示兴盛和衰败的开始。《大畜》卦讲的是积蓄能力、德行以待时机,《无妄》卦讲的是防止灾祸。《萃》卦讲的是聚合,《升》卦讲的是上升而不回返。《谦》卦讲的是不要过分看重自己,《豫》卦讲的是沉溺于享乐容易让人怠惰。《噬嗑》卦讲的是咀嚼食物,《贲》卦讲的是文饰时不要用色彩。《兑》卦喜悦外现而《巽》卦逊顺内敛。《随》卦表示无事休息,《蛊》卦则表示起而治事。《剥》卦表示因烂熟而剥落,《复》卦表示返回。《晋》卦表示白昼,《明夷》卦则表示光明泯灭。《井》卦表示通畅,《困》卦表示受到阻遏。《咸》卦表示感应迅速,《恒》卦表示恒久。《涣》卦表示离散,《节》卦表示制止。《解》卦表示缓解,《蹇》卦表示艰难。《睽》卦表示因背离而被排除在外,《家人》卦表示团结和睦于内。《否》卦和《泰》卦的意义正好相反。《大壮》卦表示事物大为强壮时要知道停下来,《遁》卦表示要懂得退避。《大有》卦表示收获极多,《同人》卦表示与人亲近。《革》卦表示除去旧的东西,《鼎》卦表示取得新的东西。《小过》卦指小有过失或超过,《中孚》卦表示有诚信。《丰》卦表示多故旧朋友,《旅》卦表示亲人寡少。《离》卦表示火性上炎,《坎》卦表示水往下流。《小畜》卦表示积蓄较少。《履》卦表示践行礼义而不停止。《需》卦表示不冒进。《讼》卦表示互不亲近。《大过》卦象征木舟覆没,事物颠倒。《姤》卦表示相遇,即阴柔者遇到阳刚者。《渐》卦表示女子出嫁须等待男子迎娶而行。《颐》卦表示以正道颐养。《既济》卦表示已经成功。《归妹》卦表示女子有其归宿,《未济》卦表示男子面临困穷的局面。《夬》卦表示决断,即阳刚者裁决阴柔者,因此君子之道增长,小人之道败亡。

548

附录:《周易》重要概念
术语释义

B

八卦 由阳爻"—"和阴爻"‐‐"组合而成的八种形式,分别为乾(☰)、坤(☷)、坎(☵)、离(☲)、震(☳)、艮(☶)、巽(☴)、兑(☱)。又称经卦。

比 指六画卦中相邻的两个爻之间的关系,如初与二、二与三、三与四、四与五、五与上均为相比的关系。"承"和"乘"则属两种较为特殊的比的关系。参见"承乘"。

别卦 见六十四卦。

卜筮 用龟甲和蓍草来预测吉凶。卜:用龟甲来预测吉凶。筮:用蓍草来预测吉凶。

C

承乘 反映相邻的上下爻之间关系的术语,下爻相对于上爻为承,上爻相对于下爻为乘。如下爻为阴,上爻为阳,则称为阴承阳、阳乘阴;反之,则称为阳承阴、阴乘阳。在《周易》中,通常情况下,阳乘阴、阴承阳预示有利或吉祥,阳承阴、阴乘阳则预示不利或有凶险。

D

大象传 见《象传》。

大衍之数 指运用《易经》占筮时所用的蓍草数,共为五十根。衍:通"演",指推演。详见《系辞传上》第九章。

当位 在一个六画卦中,二、四、六位为偶数位,也称阴位;一、三、五位为奇数位,也称阳位。《周易》认为,阴爻居阴位、阳爻居阳位就是当位(也称"位当""得位""正位"等),当位通常预示有利或吉祥;阴爻居阳位、阳爻居阴位就是不当位(也称"位不当""未得位""未当位"等),不当位通常预示不利或有凶险。不过,对此不能作绝对化的理解。

G

卦 《周易》中一套有象征意义的符号,由阳爻"—"和阴爻"--"相配合而成。由三个爻组成的卦有八个,称为八卦;由六个爻或八卦重叠而形成了六十四卦。

卦辞 六十四卦每卦的开头用来说明全卦宗旨、意义或所预示的吉凶的文辞。如《乾》卦卦辞为:"元亨,利贞",意为:"大为亨通,有利之占问"。

卦名 指每一卦的名称,包括八卦的卦名(如乾、坤、坎、离)和六十四卦的卦名(如《乾》《震》《泰》《旅》)。六十四卦中有八个卦的卦名与八卦的卦名完全相同。在本书中,凡涉及六十四卦的卦名时多用书名号,涉及八卦的卦名时则不用书名号。

卦位 指组成六十四卦的两个经卦的位置,位于下面的称为下卦,又称内卦;位于上面的称为上卦,又称外卦。如《泰》卦(䷊)上面为经卦中的坤卦,下面为经卦中的乾卦,就称《泰》卦为由内卦乾和外卦坤组成,又称为下乾上坤:

以《泰》卦为例

卦象 指八卦及六十四卦所象征之事物。就八卦而言,如乾象征天、坤象征地、震象征雷、坎象征水,等等。就六十四卦而言,如《谦》卦象征山在大地的下面、《晋》卦象征太阳从大地上升起、《坎》卦象征水接续而至,等等。具体内容可参见《说卦传》及《大象传》。

卦序 指八卦和六十四卦的排列次序,通常指六十四卦的排列次序。通行本《周易》从《乾》《坤》两卦开始,到《未济》卦结束。《序卦传》认为,六十四卦的这种排列顺序不是随意的,而是有其内在根据的,从《乾》《坤》两卦开始,是因为《乾》象征天,《坤》象征地,有天地才有万物;最后以《未济》卦结束,是因为未济的意思是没有完成,而事物的发展是没有止境的。卦序在《周易》正文中用卦名加序号的方式来表示,如"乾第一""坤第二""未济第六十四"。

卦主 在六画卦中,对该卦的卦义起决定作用的爻,称为卦主,如《乾》卦(䷀)的九五爻、《大有》卦(䷍)的六五爻。也称主爻。

H

河图 据古代传说,伏羲时有龙马从黄河中出来,其身上有八卦状的纹,此即所谓河图;伏羲仿此纹样而创作了八卦。

J

经卦 见八卦。

L

两仪 指阴和阳。

六十四卦 指由六个爻重叠组成的六十四个符号,也可以看作

是由八卦两两重叠组成的符号。如䷀(乾)、䷊(泰)、䷘(无妄)等。也称为别卦。

洛书 据古代传说,夏禹时有神龟从洛水中出来,其背上有文字,此即所谓洛书;禹仿此而创作了《洪范》"九畴"(即治理天下的九条大法,内容见《尚书·洪范》)。

N

内卦 组成六画卦的两个三画卦中位于下面的那个三画卦。又叫下卦。参见卦位。

S

三才 指天、地、人。三画卦中最上面的一画代表天,中间的一画代表人,最下面的一画代表地;六画卦中最上面的两画代表天,中间的两画代表人,最下面的两画代表地。

上卦 见外卦。

十翼 见《易传》。

时中 合乎时宜,无过与不及。

说卦传　对八卦的性质及其所象征的事物等进行说明的文辞。《说卦传》指出，乾为天，表示强健；坤为地，表示柔顺；震为雷，表示震动；巽为风，表示进入；坎为水，表示深陷；离为火，表示附丽；艮为山，表示静止；兑为泽，表示喜悦。这对于我们理解《易经》卦爻辞的意义有重要的参考价值。

四象　指春、夏、秋、冬四季，也指老阴、老阳、少阴和少阳。

T

太极　宇宙的本体，阴阳未分时的混沌状态。

同位爻　指六画卦中的初爻与四爻、二爻与五爻、三爻与上爻。因六画卦可看作由两个三画卦重叠而成，则四爻、五爻、上爻在上卦中的位置与初爻、二爻、三爻相同，故称。

彖传　专门用来解释《易经》六十四卦中每一卦的卦名、卦辞及其意义的文辞。《彖传》与六十四卦相配，也分为六十四节；又与上下经相配，分为上下两篇。《彖传》的"彖"是"断"的意思，即用来论断卦名和卦辞的意义。

W

外卦　组成六画卦的两个三画卦中位于上面的那个三画卦。又叫上卦。参见卦位。

文言传　对《乾》《坤》两卦卦辞和爻辞的意义进行解释和发挥的文辞。在《周易》六十四卦中，只有《乾》《坤》两卦有《文言传》，通常认为，这是因为《乾》《坤》两卦在六十四卦中的地位较其他各卦重要，所以才有这种特殊的待遇。与《乾》《坤》两卦的《彖传》和《象传》对《乾》《坤》卦爻辞的解释相比，《文言传》的解释要更为详细和系统。

X

系辞传　对《易经》的内容、结构、性质、作用和价值等进行全方位解释的文辞。《系辞传》文字较多，分为《系辞传上》和《系辞传下》两部分。"系辞"的意思是系连于《易经》经文下面的解释之辞。《系辞传》值得我们重视的内容主要有三个方面：一是提出了伏羲创立八卦、《易经》产生于商周之际的观点；二是提出"一阴一阳之谓道"等观点，开始了对《易经》的哲学解释；三是具体介绍了运用《易经》进行占筮的方法。

下卦　见内卦。

象传　专门用来解释卦名、卦义、爻辞等的文辞。"象"是形象、象征的意思，因《象传》解释卦名、卦义、爻辞多以卦象和爻象为依据，故称。其中用来解释卦名、卦义的文辞共六十四条，随经文分为上下两篇，称为《大象传》；解释爻辞的文辞共三百八十四条（加上"用九"和"用六"则为三百八十六条），也随经文分为上下两篇，称为《小象传》。《大象传》在解释卦名、卦义时采用了统一的体例，即先讲该六画卦由哪两个三画卦组成，再解释这种组成的意义，最后说明人（主要指君子、君主等）如何根据此卦象行事。《小象传》的体例较《大象传》复杂，因为它在解释爻辞时除了根据爻象、爻位，还对爻辞的意义进行发挥。

小象传　见《象传》。

序卦传　对《易经》六十四卦卦名的意义及排列顺序进行详细说明的文辞。全文分为两段，第一段论述前三十卦的排列顺序，第二段论述后三十四卦的排列顺序。《序卦传》认为，六十四卦的每个卦名都有其特殊的含义，而六十四卦的排列恰好反映了这种含义发展变化的顺序。《序卦传》注重对事物内部联系的认识，具有重要的启发意义。

Y

阳卦　八卦中只有一个阳爻的卦，包括震（☳）、坎（☵）、艮（☶）三卦。其中震代表长男，因其初爻为阳；坎代表中男，因其中爻为阳；艮代表少男，因其上爻为阳。

阳位　指一个六画卦中的一、三、五这三个爻位，因其为奇数位，奇数属阳，故称。

阳爻　见爻。

爻 指一长画"⚊"和两短画"⚋"两种符号,其中"⚊"称为阳爻,"⚋"称为阴爻。阳爻和阴爻互相重叠就形成了八卦和六十四卦。

爻辞 六十四卦中每卦的每一爻后面用来说明该爻的内容或预示的吉凶等的文辞。如《益》卦初九爻辞:"利用为大作,元吉,无咎",意为:"利于做大事,大吉,没有灾殃"。

爻题 《周易》称阴爻为六,阳爻为九,把六和九与爻位相结合,就称为爻题。如《泰》卦(☷☰)的爻题依次为初九、九二、九三、六四、六五、上六:

上六
六五
六四
九三
九二
初九

以《泰》卦为例

爻位 指组成六画卦的每一个爻在卦中的位次,由下至上分别为初、二、三、四、五、上:

上
五
四
三
二
初

以《同人》卦为例

爻象 指阴爻和阳爻所象征的事物及其特性。如阳爻象征日、明、刚健、白天、君子等,性质多为正面、积极、进取;阴爻象征月、暗、柔弱、夜晚、小人等,性质多为负面、消极、退守。

易经 成书于西周时期的卜筮书。《易经》由六十四卦的卦名、卦序、卦辞、爻题、爻辞组成,共有六十四篇,分为上、下两部分,上半部分共三十卦,从《乾》卦开始,到《离》卦结束,称为《上经》;下半部分共三十四卦,从《咸》卦开始,到《未济》卦结束,称为《下经》。

易传 对《易经》进行解释的文字,共有七种,分别为《彖传》《象传》《文言传》《系辞传》《说卦传》《序卦传》《杂卦传》,其中《彖传》《象传》《系辞传》依据《易经》分为上下经的体例,也分为上下篇,所以《易传》共由十篇文章组成。这十篇文章紧紧围绕《易经》展开论述,阐发《易经》中所蕴含的微言大义,仿佛《易经》的羽翼,所以又称之为《十翼》。《易传》对《易经》的思想作了深入挖掘和阐发,从而使《周易》成为一部充满丰富哲理的著作。

阴卦 八卦中只有一个阴爻的卦,包括巽(☴)、离(☲)、兑(☱)三卦。其中巽代表长女,因其初爻为阴;离代表中女,因其中爻为阴;兑代表少女,因其上爻为阴。

阴位 指一个六画卦中的二、四、六这三个爻位,因其为偶数位,偶数属阴,故称。

阴阳 自然界中两种对立和相互消长的气或力量。《周易》中把阴阳交替视作宇宙的根本规律,并引申为上下、君臣、夫妻等关系。也指根据《易经》卜筮时所得的六、七、八、九这四个数中的阴数和阳数,其中六、八为阴数,七、九为阳数。

阴爻 见爻。

应位 在一个六画卦中,初与四、二与五、三与上在位置上存在对应关系,《周易》认为,若对应之爻为一阴一阳,则称为有应(通常用"上下应""刚柔应"等来表示),有应预示有利或吉祥;若对应之爻同为阴爻或阳爻,则称为无应(也称为"敌应"),无应则预示不利或有凶险。不过,对此不能作绝对化的理解。

Z

杂卦传 对《易经》六十四卦卦义的概括说明,但它不像《序卦传》那样依据六十四卦的排列顺序来展开论述,而是把六十四卦中的五十六卦根据其意义两两对举来进行解释。因其论述时完全打乱了六十四卦的排列顺序,故称。

占断之辞 《易经》作为卜筮之书,卦爻辞中充满了大量判断或预示祸福的字词,如吉、亨、利、悔、吝、厉、咎、凶等,这些字词就称为占断之辞。占断之辞有相对固定的含义,对我们理解《周易》的内容极为重要,如其中的吉指吉祥,亨指亨通,利指有利,悔指后悔,吝指悔恨,厉指危险,咎指灾殃,凶指凶险,等等。

中与中正 《周易》把六画卦中的二位和五位称为中位,这是因为二位居下卦之中位,五位居上卦之中位。因此,凡居二位和五位的爻都可以称为中。另外,二位属阴位,五位属阳位,所以,如果阴爻居二位或阳爻居五位,就不光是中,而且又正,称之为中正。中象征守中不偏,正象征行正道,所以凡是处于中位尤其是中正之位的爻大多预示有利或吉祥。

周易 由《易经》和《易传》两部分组成。也专指《易经》。为了避免混淆,本书在提到《周易》时,均包含《易经》和《易传》两部分。

主爻 见卦主。

图书在版编目（CIP）数据

周易的智慧/冯国超译注 . -- 北京：华夏出版社有限公司，
2024.2

ISBN 978-7-5222-0556-4

Ⅰ . ①周… Ⅱ . ①冯… Ⅲ . ①《周易》－通俗读物 Ⅳ . ①B221-49

中国国家版本馆 CIP 数据核字（2023）第 168734 号

周易的智慧

译　　注	冯国超	
责任编辑	陈小兰	
特约编辑	李增慧	
责任印制	周　然	

出版发行	华夏出版社有限公司	
经　　销	新华书店	
印　　装	河北宝昌佳彩印刷有限公司	
版　　次	2024 年 2 月北京第 1 版	
	2024 年 2 月北京第 1 次印刷	
开　　本	880×1230　1/32	
印　　张	18	
字　　数	580 千字	
定　　价	69.00 元	

华夏出版社有限公司 地址：北京市东直门外香河园北里 4 号　邮编：100028
网址：www.hxph.com.cn　电话：（010）64663331（转）
若发现本版图书有印装质量问题，请与我社营销中心联系调换。